上海市高职院校一流专业建设"会计"系列教材

小企业
成本会计 (第二版)

总主编／严玉康
主　编／励　丹　谢咏梅

立信会计出版社
LIXIN ACCOUNTING PUBLISHING HOUSE

图书在版编目(CIP)数据

小企业成本会计 / 励丹,谢咏梅主编. —2 版. —上海:立信会计出版社,2019.10
ISBN 978-7-5429-6309-3

Ⅰ.①小… Ⅱ.①励… ②谢… Ⅲ.①中小企业—成本会计—高等职业教育—教材 Ⅳ.①F276.3

中国版本图书馆 CIP 数据核字(2019)第 234276 号

策划编辑	蔡莉萍
责任编辑	蔡莉萍
封面设计	南房间

小企业成本会计(第二版)

出版发行	立信会计出版社	
地　　址	上海市中山西路 2230 号	邮政编码　200235
电　　话	(021)64411389	传　　真　(021)64411325
网　　址	www.lixinaph.com	电子邮箱　lixinaph2019@126.com
网上书店	http://lixin.jd.com	http://lxkjcbs.tmall.com
经　　销	各地新华书店	
印　　刷	上海天地海设计印刷有限公司	
开　　本	787 毫米×1092 毫米　　1/16	
印　　张	17.5	
字　　数	393 千字	
版　　次	2019 年 10 月第 2 版	
印　　次	2019 年 10 月第 1 次	
印　　数	1—3 000	
书　　号	ISBN 978-7-5429-6309-3/F	
定　　价	45.00 元	

如有印订差错,请与本社联系调换

上海市高职院校一流专业建设"会计"系列教材
编审委员会

主　任　项家祥
副主任　尹雷方　严玉康
总策划　严玉康　戎其玉
编　委　严玉康　李　敏　吕　薇　李晓荣
　　　　　刘舒叶　朱丹萍　李　杰　励　丹
　　　　　刘振峰　谢咏梅　周　曼　张　戈

前言（第二版）

根据教委实施"高等职业教育质量工程"，开展"高职院校一流专业建设"工作的要求，作为上海市高职院校"会计一流专业"建设单位，我们策划编写了"上海市高职院校一流专业建设'会计'系列教材"，以满足高职院校培养"服务于有潜质的小企业，培养'会算、会管、会写'，具有'一人多能、多岗兼顾'"的复合型会计专业人才的需要。

《小企业成本会计》是"上海市高职院校一流专业建设'会计'系列教材"中的一本，属于会计专业的一门主干课程，主要阐述成本会计的基础理论和方法，包括成本的构成、成本费用的分类、正确划分各种费用界限的重要性、要素费用归集与分配的方法和程序、完工产品与在产品的费用分配的方法、各类企业成本计算的基本方法和辅助方法、主要成本报表的编制方法和成本分析的基本方法等内容。在教材编写过程中，我们注重理论联系实际，注重知识更新，力求体现最新的法律、法规改革内容，具有"体系新颖、内容简洁、注重实用"的特点，教材配备了大量的课后练习，并配有教学微课，以满足高职教学的实际需求。

本教材共分为13章，分别为：小企业成本会计概述，成本核算的要求和一般程序，要素费用的归集与分配，辅助生产费用的归集与分配，制造费用的归集与分配，生产损失的归集和分配，完工产品与在产品的费用分配，产品成本计算方法概述，成本计算的品种法，成本计算的分批法，成本计算的分步法，成本计算的分类法和成本报表与成本分析等内容。

本教材蕴含了教学团队多年的教学实践和教改成果，教材第一版问世至今近三年，期间，团队"面向小微企业，聚焦'三会'能力，培养'一人多能、多岗兼顾'的复合型会计人才的创新实践"的教改项目获得了"国家级教学成果一等奖"。"小企业会计系列教材"也已被全国四十多所院校选为专业教材，得到了同行的认可和青睐。

随着经济的发展，我国的会计法律制度也在不断地修订和完善，特别是近年来财政部先后颁布了多项规范性文件，引导会计行业向管理会计转型，培养管理型会计专业人才。为此，我们在最新法律规范基础上，充分吸收了广大读者对《小企业成本会计》第一版的修改意见和建议，完成了教材的修订。相较第一版而言，第二版的教材体现以下最新特点：文字更加凝练、准确；在保证知识点的基础上，篇幅明显缩短；更加贴近业务实际，注重应用。

我国的经济仍处于快速发展中，配套的教学改革进一步深入，我们也将与时俱进对教材作出新的调整，欢迎广大读者在使用教材的过程中不断提出新的修订意见，使之日臻完善。

编 者

2019年9月

总　序

为深入贯彻国家以及上海市中长期教育改革和发展规划纲要,加快落实《国务院关于加快发展现代职业教育的决定》,全面推进上海市教育综合改革,深化职业教育内涵发展,加快培养知识型、发展型技能人才,从2015年起,上海市启动了以"高等职业教育质量提升计划项目"为主的"开展高职院校一流专业建设"工作。其一流建设切入点或力求达成的目标是:在上海市高等教育内涵建设"085"工程已建设一批高职院校重点专业的基础上,对接国际标准、服务产业升级、聚焦民生需求,遴选建设20个左右国内领先、具有国际竞争力的高职一流专业,开发与国际先进标准对接的专业教学标准,促进高职院校专业建设科学化、标准化和规范化。

作为上海市特色高职院校及示范性民办高校的建设单位——上海东海职业技术学院(简称上海东海学院),从1993年创办以来,在专业设置与结构布局上,把握不同时期地方经济和社会发展对高素质技能人才多样化的要求,结合自身办学条件与民办高校灵活的办学机制,传承上海东海学院"自尊自强、认真求真"的创业精神,创立与形成了以经管类专业为主体,以机电工程类和艺术设计类专业为两翼的专业定位与发展格局,较好地适应了我国经济新常态下产业升级与创新发展的需要,满足了高职院校学生学习专业技能及成就一生事业的发展需要。

尤其是由上海东海学院长年积淀而创建的"会计"品牌专业,其人才培养目标重点锁定在有角度(瞄准有发展潜质小企业,与普通高校错位发展)、有高度(办学质量超前,可与名牌院校同类专业建设媲美)、有深度(课程内涵充实,注重会算、会管、会写的能力提升),即重点锁定在"既会算收入、算支出、算成本、算经济效益,又会管资金、管资产、管负债、管效率、管效益,还会把算的结果和管的效果以应用文形式表达出来"的财会复合型人才这个点上。上海东海学院在高职院校中脱颖而出,成为上海市教委第一批立项进行一流专业重点建设的高职院校。

围绕高职院校一流专业建设,通过近2年的积淀与近半年的冲刺,由上海东海学院校长项家祥教授、副校长尹雷方教授、经管学院院长严玉康教授等领衔主编的"上海市高职院校一流专业建设'会计'系列教材"面世了。第一期教材出版包括《小企业会计基础》《小企业财务会计》《小企业成本会计》《小企业财务管理》《小企业会计电算化》《小企业会计综合实训》。

本套"上海市高职院校一流专业建设'会计'系列教材"的编写,以财务会计基本理论和《小企业会计准则》为指南,以小企业日常会计核算与管理的内容为重点,在解析《小企业会计准则》的同时,根据高职院校学生特点和企业的实际需要,突出"新颖""简洁"和"实用"的特点,且语言文字简明易懂。本系列的每本教材均有适量的"知识拓展"

与"温馨提醒",必要的图表解析与解答提示,并配合教学微课,这就使得本系列教材不仅具有可读性,还增强了实用性与操作性。本系列的每本教材各章前安排的"案例导入",具有教学提示作用;每本教材各章后安排的"知识归纳""基本训练(包括单项选择题、多项选择题、判断题)"和"实战演练",既复习和巩固了教学内容,又对教学内容作了必要的提示与补充,便于读者进一步理解与消化所学的知识。

本套"上海市高职院校一流专业建设'会计'系列教材"的编写,不仅是上海东海学院在创建上海市特色高职院校及示范性民办高校中所取得的突出成果,也是上海东海学院为上海市"开展高职一流专业建设"所作出的努力和贡献。衷心希望本系列教材的出版,能加速推动上海高等职业教育质量的不断提升。

2016年4月10日

目录 Contents

第 1 章　小企业成本会计概述 ……………………………………… 1

小企业产品成本的高低将直接影响到小企业的盈利能力和市场竞争能力,成本在小企业的经济管理中具有重要的作用,本章将带你对小企业成本会计进行初步的认知。

　第 1 节　成本的概念和作用 ………………………………………… 2
　第 2 节　成本会计的对象和职能 …………………………………… 4
　第 3 节　成本信息的质量要求 ……………………………………… 5
　第 4 节　成本会计工作的组织 ……………………………………… 6
　知识归纳 ……………………………………………………………… 9
　基本训练 ……………………………………………………………… 9

第 2 章　成本核算的要求和一般程序 ……………………………… 11

成本核算是成本管理的基础,本章学习的主要内容是成本核算的基本要求、各项费用划分的界限、生产费用的多种分类、成本核算的一般程序和账户的设置。

　第 1 节　成本核算的要求 …………………………………………… 12
　第 2 节　生产费用的分类 …………………………………………… 16
　第 3 节　产品成本核算的账户体系和程序 ………………………… 19
　知识归纳 ……………………………………………………………… 22
　基本训练 ……………………………………………………………… 23
　实战演练 ……………………………………………………………… 26

第 3 章　要素费用的归集与分配 …………………………………… 27

为了科学地进行成本管理和成本核算,小企业必须对各种费用进行分类。本章学习的主要内容是各项要素费用的归集和分配方法。

　第 1 节　要素费用归集和分配的原则 ……………………………… 28

第 2 节　材料费用的归集与分配 ·· 29
第 3 节　职工薪酬的归集与分配 ·· 34
第 4 节　外购动力及其他费用的归集与分配 ···························· 41
知识归纳 ··· 46
基本训练 ··· 47
实战演练 ··· 51

第 4 章　辅助生产费用的归集与分配 ·· 55

辅助生产部门提供的产品和劳务，主要是为基本生产车间和管理部门使用和服务的。辅助生产费用的归集和分配方法是本章需掌握的主要内容。

第 1 节　辅助生产费用的归集 ·· 56
第 2 节　辅助生产费用的分配 ·· 57
知识归纳 ··· 65
基本训练 ··· 66
实战演练 ··· 68

第 5 章　制造费用的归集与分配 ·· 73

制造费用是一项间接费用，在生产多种产品的车间，需采用合理、简便的方法，将归集的制造费用分配计入各种产品成本。

第 1 节　制造费用的归集 ··· 74
第 2 节　制造费用的分配 ··· 76
知识归纳 ··· 82
基本训练 ··· 82
实战演练 ··· 84

第 6 章　生产损失的归集与分配 ·· 89

生产损失是小企业围绕生产环节发生的不可避免的负支出，本章介绍的是生产损失中的废品损失和停工损失的归集和分配。

第 1 节　生产损失概述 ·· 90
第 2 节　废品损失的归集与分配 ·· 91
第 3 节　停工损失的归集与分配 ·· 97
知识归纳 ··· 100
基本训练 ··· 100
实战演练 ··· 103

第 7 章　完工产品与在产品的费用分配 ········· 105

> 取得在产品的收、发和结存的数量资料,是正确计算完工产品成本的前提。小企业归集的生产费用在完工产品与在产品之间的分配有七种方法可供选择。

第 1 节　在产品的数量管理 ········· 106
第 2 节　完工产品与在产品之间的费用分配方法 ········· 109
第 3 节　完工产品入库的核算 ········· 119
知识归纳 ········· 120
基本训练 ········· 120
实战演练 ········· 123

第 8 章　产品成本计算方法概述 ········· 129

> 小企业应当根据生产经营的特点和管理要求,确定适合本企业的成本核算方法。成本核算方法包括基本方法和辅助方法两大类。

第 1 节　制造业产品生产的类型 ········· 130
第 2 节　生产类型和管理要求对成本计算的影响 ········· 131
第 3 节　产品成本计算的基本方法和辅助方法 ········· 133
知识归纳 ········· 135
基本训练 ········· 136

第 9 章　成本计算的品种法 ········· 139

> 品种法是产品成本计算的最基本的方法,本章要掌握的主要内容是品种法的适用范围和核算程序。

第 1 节　品种法概述 ········· 140
第 2 节　品种法核算案例 ········· 142
知识归纳 ········· 152
基本训练 ········· 152
实战演练 ········· 153

第 10 章　成本计算的分批法 ········· 157

> 分批法主要适用于小批或单件生产的企业或车间,本章要学习的有一般分批法和简化分批法两种分批法的核算方法与程序。

第 1 节　分批法概述 ········· 158
第 2 节　一般分批法核算案例 ········· 160
第 3 节　简化分批法的核算 ········· 162

知识归纳 ………………………………………………………… 167
　　基本训练 ………………………………………………………… 168
　　实战演练 ………………………………………………………… 170

第 11 章　成本计算的分步法 ………………………………… 175

> 成本计算分步法有逐步结转和平行结转两种方法,主要适用于大量大批多步骤生产,且在管理上要求分步骤核算的企业。

　　第 1 节　分步法概述 …………………………………………… 176
　　第 2 节　逐步结转分步法 ……………………………………… 177
　　第 3 节　平行结转分步法 ……………………………………… 187
　　知识归纳 ………………………………………………………… 192
　　基本训练 ………………………………………………………… 194
　　实战演练 ………………………………………………………… 196

第 12 章　成本计算的分类法 ………………………………… 203

> 分类法是产品成本计算的一种辅助方法,本章介绍的是分类法的核算以及联产品和副产品成本的计算。

　　第 1 节　分类法概述 …………………………………………… 204
　　第 2 节　分类法的核算 ………………………………………… 205
　　第 3 节　联产品和副产品的成本计算 ………………………… 212
　　知识归纳 ………………………………………………………… 219
　　基本训练 ………………………………………………………… 220
　　实战演练 ………………………………………………………… 222

第 13 章　成本报表与成本分析 ……………………………… 227

> 成本报表是企业的内部报表,旨在为企业各有关部门和有关人员提供必要的成本信息,成本报表的编制与分析是本章的主要内容。

　　第 1 节　成本报表 ……………………………………………… 228
　　第 2 节　成本分析 ……………………………………………… 236
　　知识归纳 ………………………………………………………… 251
　　基本训练 ………………………………………………………… 252
　　实战演练 ………………………………………………………… 254

附录　关于印发《企业产品成本核算制度(试行)》的通知 ……… 258

第 1 章

小企业成本会计概述

通过本章你可以学到：

- 成本的概念和作用
- 成本会计的对象和职能
- 成本会计的信息质量要求
- 成本会计的工作组织
- 与成本会计相关的法规和制度

案例导入

肖玥是东海财经学院会计系的大一学生,暑假回家,老爸要求其在家族企业的会计部门实习。肖玥想,我在大学学了1年的会计,小小家族企业的会计工作,小菜一碟!当爸爸将一堆原始凭证、费用分配表、账簿和车间台账放在肖玥面前,要求她尝试计算本月完工产品成本时,她完全抓瞎了!完工产品成本怎么算啊?会计学基础、财务会计课程里没有具体介绍啊?原来,成本会计是会计学基础和财务会计的后续课程,是会计专业的主干课程之一,也是初级会计职称考试的内容。美国著名的会计学家、斯坦福大学会计学荣誉教授查尔斯是这样描述成本会计的:在商界任何一项成果,从偏僻的小店铺到最大的跨国公司,都需要成本会计的原则与实务。

肖玥了解后,暗暗下了决心,这门课我一定好好学习,下次放假回来我就会计算完工产品成本了!

第1节 成本的概念和作用

一、成本的概念

《成本会计》的起源

成本是指在生产经营过程中所耗费的生产资料转移的价值和劳动者为自己劳动所创造的价值的货币表现,也就是企业在生产经营中所耗费的资金总和。

马克思的政治经济学指出:商品的价值由三部分组成。即:$W=C+V+M$。其中:C是生产中消耗的生产资料的价值,包括生产中消耗的劳动手段的价值(如厂房、机器设备的价值)和劳动对象的价值(如原材料的价值),V是劳动者为自己劳动所创造的价值(如职工薪酬),M是劳动者为社会劳动创造的价值(剩余价值)。因此,从理论上说,生产中消耗的生产资料的价值加上劳动者为自己创造的价值构成了商品的成本($C+V$)。

我国《企业会计准则》规定,企业采用制造成本法计算产品成本。在制造成本法下,生产经营耗费分为制造成本和期间费用,制造成本包括直接材料、直接人工和制造费用,期间费用包括管理费用、财务费用和销售费用。

财政部2013年8月16日颁发的《企业产品成本核算制度(试行)》定义:产品成本,是指企业在生产产品过程中所发生的材料费用、职工薪酬等,以及不能直接计入而按一定标准分配计入的各种间接费用。

> **知识拓展**
>
> 美国财务会计准则委员会1980年对成本的定义：成本是指经济活动中发生的价值牺牲，即为了消费、储蓄、交换、生产等所放弃的资源。

盘点上世纪中国十大会计名家

二、成本的作用

成本既是反映和控制企业生产经营管理工作的综合性价值指标，又是确定企业生产经营损益的基础。在市场经济条件下，成本具有十分重要的作用。

（一）是补偿生产耗费的尺度

为了保证小企业再生产的不断进行，必须对生产耗费进行补偿，而成本就是补偿份额的基本尺度。企业在取得销售收入后，须将相当于成本的份额划分出来，用于补偿生产经营中的资金耗费，才能使企业得以按原有规模持续经营。在产品销售收入不变的情况下，成本越低，需要补偿的生产耗费就越少，企业得到的利润就越多，对企业的生存和发展就越有利。

（二）是反映企业工作质量的综合指标

成本是一项综合性的指标，企业生产技术和经营管理等方面的水平最终会在产品成本中体现出来，如产品的质量好坏、商品产量的大小、劳动生产率的高低、生产工艺是否先进、材料消耗是否节约、固定资产的利用情况等均能直接或间接地影响到成本水平的高低。因此，企业可以通过对成本的预测、控制、考核和分析，不断改进生产技术和生产工艺，改善经营管理，降低各种耗费，提高经济效益。

（三）是制定商品价格的重要因素

商品的市场定价需考虑的因素很多，如生产成本、供求关系、市场竞争态势等。由于商品成本是产品价值的主要组成部分，而商品的价格又是围绕产品的价值上下波动的，因此，商品成本是制定商品价格的重要因素。但是，制定商品价格的重要依据是社会平均成本而不是某个企业的个别成本。所谓社会平均成本是指行业内不同企业生产同种商品或提供同种服务的平均成本。商品的价格是由商品的社会平均成本加社会平均利润构成的。

（四）是进行经营预测、决策与分析的重要依据

在商品的价格水平、质量和功能相似的时候，商品成本的高低就成了影响该商品在市场上竞争能力和盈利能力强弱的重要因素。企业在进行经营预测、决策与分析的时候，要对比相关经济参数，开展成本效益分析，选择投入少、产出多、技术先进、工艺流程合理的方案组织实施，以充分发挥成本在经营决策中的作用，使小企业在市场竞争中处于有利的地位。

第2节　成本会计的对象和职能

一、成本会计的对象

微课：成本与费用

👉 成本会计是成本计算与会计记账原理相结合的处理程序和方法，是成本确认、计量、记录、分配、计算等一系列行为的总和。成本会计的对象是指成本会计核算和监督的内容。不同的企业，不同的经济活动（如生产产品、提供劳务、建设项目等），成本的内涵不同，成本会计对象的内容也不同。

工业制造业的基本生产经营活动是生产、销售产品，而产品的生产过程，同时也是生产的耗费过程。生产耗费包括生产资料中的劳动手段（如机器设备）和劳动对象（如原材料）的耗费、劳动力（如人工）的耗费和其他各项相关支出。企业在一定时期内发生的、用货币表现的生产耗费即为企业的生产费用。企业为生产一定种类、一定数量的产品所支出的各种生产费用的总和就是这些产品的成本。实际工作中，成本的开支范围是由国家法律、法规加以界定的，为了加强经济核算，一些不形成产品价值的损失，按现行法规也计入产品成本，如废品损失、季节性和修理期间的停工损失等。这些制造过程中发生的各种生产费用的支出和产品成本的形成，构成了成本会计核算和监督的主要内容。

此外，用于销售商品而发生的销售费用、企业管理部门为组织和管理生产经营活动而发生的管理费用和为筹集资金而发生的财务费用，由于与产品生产没有直接关系，因而是按发生的期间进行归集，作为期间费用处理，直接计入当期损益，不计入产品成本。这些期间费用也是成本会计核算和监督的内容。

👉 因此，成本会计的对象可以概括为：企业生产经营过程中的生产经营业务成本和期间费用。

需要注意的是，成本会计的对象不是成本对象，成本会计的对象是成本会计中的另一个重要的概念。

二、成本会计的职能

成本会计的职能，是指成本会计作为一种管理经济的活动，在生产经营过程中所能发挥的作用。成本会计的基本职能是成本核算和成本监督。

（一）成本的核算职能

成本核算是指对生产经营过程中实际发生的成本、费用进行记录、归集、计算、分配，作出相关的账务处理，并编制成本报表，为成本管理提供客观、真实的成本资料的过程。成本核算贯穿于经济活动的全过程，为了保证成本核算的正确性，必须做好成本核算的各项基础工作，正确划分各种费用的界限，并根据生产经营的特点和管理要求选用合适的成本计算方法。

(二)成本的监督职能

成本监督是指对成本核算的合法性、合理性和有效性进行审核和监督,使之符合成本会计的相关规范,以达到预期的成本管理目标。成本会计的监督包括事前监督、事中监督和事后监督。

事前监督包括成本预测、成本决策和成本计划等。成本预测是指成本核算提供的信息及相关资料运用专门的方法,对未来成本水平及其变化趋势作出科学的估计。成本决策是指根据决策理论通过成本预测及有关资料分析运用定性或定量的方法从若干个成本预测方案中选择最佳方案的过程。成本计划是指根据成本决策所确定的最佳方案以货币形式具体规定企业在计划期内为完成生产经营任务将要发生的各种生产耗费以及为达到目标应采取的各种措施。

电子商务的成本会计思考

事中监督主要是成本控制。成本控制是指企业在生产经营过程中,根据生产计划对各项将要发生和已经发生的成本费用进行审核、监控,防止成本超支和浪费,为完成成本计划护航。

事后监督包括成本分析和成本考核。成本分析是指根据成本核算等相关资料,分析成本水平与构成,研究影响成本变动的各种因素,寻找降低成本的有效途径级措施。成本考核是指在成本分析的基础上,定期考查、审核成本目标的实现情况和成本计划指标的完成情况。

成本会计的核算与监督两大职能是辩证统一、相辅相成的。没有正确、及时的核算,监督就失去了存在的基础,就无法在成本管理中行使控制、分析和考核的职能;同时,因为有了有效的监督,成本会计才能为企业提供真实可信的成本信息。核算、监督缺一不可。

对于成本会计的职能,也有直接描述为 7 大职能的,即:成本预测、成本决策、成本计划、成本核算、成本控制、成本分析和成本考核。

第 3 节　成本信息的质量要求

为了提高成本管理水平,小企业成本会计提供的成本会计信息需符合《小企业会计准则》和《企业产品成本核算制度(试行)》等的规定。

微课:从成本信息到会计信息的质量要求

一、通用的会计信息质量要求

财务会计的信息质量要求同样也是成本会计的信息质量要求,即高质量的会计信息必须具备可靠性、相关性、可理解性、可比性、实质重于形式、重要性、谨慎性和及时性等基本特征。

(一)可靠性

可靠性是指会计核算应当以实际发生的交易或事项为依据,如实反映企业的财务状况、经营成果和现金流量。

（二）相关性

相关性是指企业的会计核算所提供的会计信息应当符合国家宏观经济管理的要求，满足有关各方了解企业财务状况和经营成果的需要，满足企业加强内部经营管理的需要。

（三）可理解性

可理解性是指企业的会计核算和编制的财务报表应当清晰明了，便于理解和应用。对于报表中难以用数字明确的问题，应当用文字加以说明。

（四）可比性

可比性是指企业的会计核算应当按照规定的会计处理方法进行，前后各期保持一致，会计核算口径应当一致，相互可比。

（五）实质重于形式

实质重于形式是指企业应当按照交易或事项的经济实质进行会计核算，而不应当仅仅按照它们的法律形式作为会计核算的依据。

（六）重要性

重要性是指企业在会计核算过程中对交易或事项应当区别其重要程度，采用不同的核算方式予以反映。

（七）谨慎性

谨慎性是指企业在进行会计核算时，不得多计资产或收益、少计负债或费用，对可能发生的费用和损失应当合理估计，但不得计提秘密准备。

（八）及时性

及时性是指企业的会计核算应当及时进行，不得提前和延后。

二、特殊的会计工作原则

成本会计是为企业内部成本管理和生产经营管理服务的一个会计分支体系，其目标和功能均有异于财务会计，因而还有其特殊的会计工作原则。

（一）效益性原则

效益性原则是指成本会计理论和方法要以提高经济效益为中心，成本会计的实际应用要能达到提高经济效益的目的。

（二）灵活性原则

灵活性原则是指成本计算的方法具有灵活性，更多体现企业内部管理的要求而不是企业外部信息使用者的要求。

（三）受益性原则

受益性原则是指在费用分配上遵循"谁受益，谁负担"的原则，按受益的多少来分配费用，充分体现费用分配的合理公平。

第4节　成本会计工作的组织

为了充分发挥成本会计的职能，完满完成成本会计的任务，小企业需根据本单位生产规模的大小、生产经营情况的特点和成本管理的要求科学地组织成本会计工作。

一、成本会计人员

小企业一般不需设置专门的成本会计机构,但需要配备专职或兼职的成本会计人员。小企业为了提高工作效率、降低管理费用,一般采取集中工作方式。集中工作方式是指企业的成本会计工作主要由厂部会计机构集中进行,车间等部门只负责原始记录和原始凭证的填制并对它们进行审核、整理和汇总。

成本会计人员需具备认真、仔细、实事求是、敢于坚持原则的职业素质,业务上不仅要具有较为全面的会计知识,而且要掌握一定的生产技术知识和经营管理知识。为了完成成本管理的任务,成本会计人员应经常深入企业生产经营的各个环节,了解实际情况,及时发现管理中存在的问题,提出改进的意见和建议,充分发挥成本会计的管理功能。

知识拓展

小企业划分标准见图表1-1。

图表1-1

小企业划分的标准

行　业	小型企业划分标准			微型企业划分标准		
	从业人员（人）	营业收入（万元）	资产总额（万元）	从业人员（人）	营业收入（万元）	资产总额（万元）
农、林、牧、渔业		50～500			50以下	
工业(包括采矿业,制造业,电力、热力、煤气及水生产和供应业)	20～300	300～2 000		20以下	300以下	
建筑业		300～6 000	300～5 000		300以下	300以下
批发业	5～20	1 000～5 000		5以下	1 000以下	
零售业	10～50	100～500		10以下	100以下	
交通运输业(不含铁路运输业)	20～300	200～3 000		20以下	200以下	
仓储业	20～100	100～1 000		20以下	100以下	
邮政业	20～300	100～2 000		20以下	100以下	
住宅业	10～100	100～2 000		10以下	100以下	
餐馆业	10～100	100～2 000		10以下	100以下	
信息传输业(包括电信、互联网和相关服务)	10～100	100～1 000		10以下	100以下	

(续表)

行　业	小型企业划分标准			微型企业划分标准		
	从业人员（人）	营业收入（万元）	资产总额（万元）	从业人员（人）	营业收入（万元）	资产总额（万元）
软件和信息技术服务业	10～100	50～1 000		10 以下	50 以下	
房地产开发经营		100～1 000	2 000～5 000		100 以下	2 000 以下
物业管理	100～300	500～1 000		100 以下	500 以下	
租赁和商务服务业	10～100		100～8 000	10 以下		100 以下
其他未列明行业	10～100			10 以下		

二、成本会计的法规及制度

成本会计是企业会计工作的重要组成部分，会计工作的法律、法规均适用于成本会计工作。

（一）国家层面的法规

1. 会计法律

《中华人民共和国会计法》是会计法律制度中层次最高的法律，是制定其他法规的依据，是指导会计工作的最高准则。

2. 会计行政法规

会计行政法规是由国务院发布，或由国务院有关部门拟定由国务院批准后发布，用以调整经济生活中某些方面会计关系的法律规范，会计行政法规主要有《企业财务会计报告条例》和《总会计师条例》等。

3. 国家统一的会计制度

此类会计制度主要有：《企业会计准则》《小企业会计准则》《企业会计制度》《会计档案管理办法》《企业产品成本核算制度（试行）》《会计从业资格管理办法》《财政部门实施会计监督办法》等。

（二）地方层面的法规

地方性会计法规是指省、自治区、直辖市、计划单列市、经济特区的人民代表大会及其常务委员会在与宪法、法律和行政法规不抵触的情况下，根据本地区特定情况制定、发布的会计规范性文件。

（三）企业内部的制度

企业在不违反以上法律规范的前提下，可以根据本企业生产经营的特点和管理要求，制定本企业的成本管理会计的规章制度，如成本预测和决策制度、成本定额制度、成本计划编制制度、成本控制制度、成本核算规定及流程制度等。

温馨提醒

《企业产品成本核算制度(试行)》

2014年1月1日起在除金融保险业以外的大中型企业范围内施行，鼓励其他企业执行。执行本制度的企业不再执行《国营工业企业成本核算办法》。

……

第五十一条 小企业参照执行本制度。

财政部

2013年8月16日

《成本会计》的学科地位

知识归纳

1. 成本是指在生产经营过程中所耗费的生产资料转移的价值和劳动者为自己劳动所创造的价值的货币表现，也就是企业在生产经营中所耗费的资金总和。
2. 成本的作用：①是补偿生产耗费的尺度。②是反映企业工作质量的综合指标。③是制定商品价格的重要因素。④是进行经营预测、决策与分析的重要依据。
3. 成本会计是成本计算与会计记账原理相结合的处理程序和方法，是成本确认、计量、记录、分配、计算等一系列行为的总和。
4. 成本会计的对象可以概括为：企业生产经营过程中的生产经营业务成本和期间费用。
5. 成本会计的基本职能是成本核算和成本监督。

基本训练

一、单项选择题

1. 实际工作中的成本开支范围与理论成本包括的内容是（　　）。
   A. 完全一致的　　B. 完全不同的　　C. 有一些差别的　　D. 有很大差别的
2. 成本会计的基本职能是（　　）。
   A. 预测和决策　　B. 核算和监督　　C. 计划和控制　　D. 分析和考核
3. 会计信息质量要求中的（　　）是指企业在会计核算过程中对交易或事项应当区别其重要程度，采用不同的核算方式予以反映。
   A. 重要性　　B. 谨慎性　　C. 及时性　　D. 可比性
4. 下列（　　）法规、制度是属于国家层面的。
   A. 成本预测制度　　　　　　B. 成本决策制度
   C.《小企业会计准则》　　　　D. 成本定额制度
5. 下列（　　）制度是属于企业内部的。

A.《企业会计制度》 B.《会计档案管理办法》
C.《会计从业资格管理办法》 D. 成本控制制度

6. 成本会计的（　　）是指成本计算的方法具有灵活性，更多体现企业内部管理的要求而不是企业外部信息使用者的要求。
A. 效益性原则 B. 安全性原则
C. 受益性原则 D. 灵活性原则

二、多项选择题

1. 成本是商品经济发展到一定阶段的产物，它由（　　）构成。
A. 生产中所消耗的原材料的价值
B. 企业为获得职工提供的服务而给予各种形式的报酬以及其他相关支出
C. 用于产品生产的固定资产的折旧费
D. 企业利润

2. 成本会计的职能是核算和监督，也可以表述为（　　）。
A. 成本预测、成本决策 B. 成本核算、成本控制
C. 成本计划 D. 成本分析和成本考核

3. 成本会计的信息质量要求包括（　　）。
A. 实质重于形式和重要性 B. 谨慎性和及时性
C. 可靠性和相关性 D. 可理解性和可比性

4. 成本的作用主要表现为（　　）。
A. 制定产品价格的重要依据
B. 是补偿生产耗费的尺度
C. 是反映企业工作质量的综合指标
D. 是进行经营预测、决策与分析的重要依据

5. 企业应根据（　　）来组织成本会计工作。
A. 对外报告的需要 B. 本单位生产规模的大小
C. 本单位成本管理的要求 D. 本单位生产经营情况的特点

6. 成本会计特殊的会计工作原则主要有（　　）。
A. 灵活性原则 B. 受益性原则
C. 效益性原则 D. 实质重于形式原则

三、判断题

1. 成本的价值由三部分组成。即：$W = C + V + M$。　　　　　　　　　　（　　）
2. 期间费用不计入产品成本，但他们与产品成本核算有着密切联系，也是成本会计反映和监督的内容。　　　　　　　　　　　　　　　　　　　　　　　　（　　）
3. 成本会计的基本职能与会计的基本职能是一致的。　　　　　　　　（　　）
4. 小企业也应设置专门的成本会计机构。　　　　　　　　　　　　　（　　）
5.《企业产品成本核算制度（试行）》不适用于小企业。　　　　　　　（　　）
6. 受益性原则是指在费用分配上遵循"谁受益，谁负担"的原则，是成本会计的特殊原则。　　　　　　　　　　　　　　　　　　　　　　　　　　　（　　）

课后习题答案

第2章 成本核算的要求和一般程序

CHAPTER 2

通过本章你可以学到:

- 成本核算的要求
- 成本核算须划分的 5 个界限
- 生产费用的多种分类
- 成本核算的一般程序
- 产品成本核算的主要账户

Learning objectives 学习目标

盘点中国最值钱的五大财经专业证书

案例导入

肖玥开始进入成本核算的学习了,老师先讲了个故事:阿甘正传是美国1955年创造第三大收入的电影,但其制作商在该片上映后报告说近1年的时间亏损了6 000万美元。这是因为尽管其票房收入方面非常成功(总计1.91亿美元),但费用支出却超过2.5亿美元,包括:制造成本5 000万美元、营销成本7 400万美元、分销费用6 200万美元;支付给主演6 200万美元;利息及其他费用超过600万美元。由于亏损,应根据净利润分成的影片制片人一无所获,影片原著的作者自影片上映后的1年根本未得到报酬。在电影中,阿甘称生活好像一盒巧克力,你不知道你将得到什么口味。或者由于制作商没有成本的观念,对于没有弄清每项成本的概念及核算就同意按利润分成的人就是这样,会得到"苦的口味"。

老师说了解成本核算的要求和成本核算的一般程序,这是成本会计核算的基础,是进入成本会计核算的重要准备,这一章里要弄清正确划分5个方面的界限,肖玥下定决心一定好好学习,不要苦味的巧克力!

第1节 成本核算的要求

《企业产品成本核算制度》

一、建立和完善成本核算基础

为了保证成本会计的信息质量,必须加强成本核算的基础工作。

(一) 建立、健全原始记录制度

原始记录是反映生产经营活动的第一手资料,是履行成本会计职能的基本依据。健全的原始记录体系是指在企业内部各部门和各生产环节中,发生人力、物力、财力的消耗和转移活动,都要建立准确的记录制度和及时传递的流程。产品生产过程中原材料及燃料动力的消耗、生产工时的消耗、生产设备的折旧、其他费用的开支、在产品的转移、废品的发生与返修、产成品及自制半成品的送检及入库等,都必须有原始记录并填制相关的原始凭证。同时,还要制定原始记录与凭证的传递程序制度,明确原始凭证流经的部门、停留的时间和处理的程序,做好原始凭证的填制、传递、审核和保管工作。为成本核算及时地提供正确的资料和信息。

(二) 建立、健全物资的计量和管理制度

建立和健全物资的计量、收发、领退和盘点制度,是正确计算成本的重要

环节。为了保证入库存货的数量和质量,必须做好存货入库的计量和验收工作;为了保证领退存货的记录完整,必须及时办理领料退料手续;为了保证存货账实相符,必须定期或不定期进行库存盘点。

(三) 建立健全定额、计划价格等的制定和修订制度

定额是指在一定生产技术组织条件下,对人力、物力和财力的消耗及占用等所规定的数量标准。与成本核算有关的消耗定额主要包括原材料(费用)消耗定额、燃料和动力(费用)消耗定额、工时定额、(制造)费用定额和产量定额。根据定额计算的定额消耗量或定额费用通常被作为分配实际成本或费用的标准,而先进可行的定额是对产品成本进行控制和考核的依据。

在计划管理基础较好的企业,为了分清企业内部各部门的经济责任,便于分析和考核各部门的成本计划完成情况和管理业绩及简化成本会计核算工作,应对原材料、半成品、企业内各部门相互提供的劳务,制定计划价格(内部结算价格),作为企业内部结算和考核的依据,计划价格的制定应尽可能符合实际。

企业的定额和计划价格一般在年度内不变,保持相对稳定。但随着生产的发展、技术的进步、劳动生产率的提高和市场的变化,定额和计划价格应该经常修订,使之与实际情况和管理要求相匹配,充分发挥其在成本管理中的作用。

二、正确划分各种费用界限

为了正确核算产品成本,还需正确划分以下5个方面的界限。

(一) 正确划分收益性支出和非收益性支出的界限

收益性支出是指收益期不超过1年或1个营业周期的支出,或者说是企业为了取得当期收益而发生的支出。因此,收益性支出应当全部计入当期的成本费用,作为当期损益列入利润表,通过与当期的收入配比并从当期的收入中得到补偿。收益性支出包括产品生产过程中发生的各项生产费用和生产经营过程中发生的期间费用,如生产领用原材料、生产工人的薪酬、管理费用、销售费用等。

非收益性支出包括资本性支出、营业外支出、所得税费用支出和利润分配支出。资本性支出是指收益期超过1年或1个营业周期的支出,是企业为了取得多个会计年度的收益而发生的支出,如购建固定资产,购置、自创无形资产和对外长期投资等的支出。资本性支出形成企业的非流动资产,作为资产列入企业的资产负债表。而非流动资产的价值应该在其使用期内按一定的方法分期计入相关的成本费用,从企业的长期收入中陆续得到补偿。营业外支出是指企业发生的与其生产经营业务没有直接关系的各项支出,如非流动资产处置损失、公益性捐赠支出、盘亏损失、罚款支出等。营业外支出不得计入成本费用。所得税费用支出是指企业在取得经营所得和其他所得的情况下,按照所得税法应向国家缴纳税金而发生的支出。由于所得税费用是企业的利

润总额形成后计算缴纳的,因而也不计入成本费用。利润分配支出是指企业的税后利润在其所有者内部的分配,亦与成本费用无关。

企业要正确划分收益性支出和非收益性支出的界限,防止多计或少计成本。

(二)正确划分生产费用和期间费用的界限

生产费用是指企业在一定时期内产品生产过程中消耗的生产资料的价值和支付的劳动报酬之和。企业为生产一定种类、一定数量的产品所支出的各种生产费用之和,就是这些产品的生产成本。由于某一会计期间投产的产品不一定在当期全部完工,而已经完工的产品不一定在当期全部销售。因而某一会计期间的生产费用并不一定是应当计入当期损益的产品销售成本。期间费用是指本期发生的不能直接或间接计入营业成本而是直接计入当期损益的各项费用,包括销售费用、管理费用和财务费用。

企业应正确划分生产费用和期间费用的界限,防止两类费用互串,从而人为地调节各期的产品成本和利润。

(三)正确划分跨期费用的界限

企业应遵循权责发生制的会计信息质量要求,正确核算跨期费用,即待摊费用和预提费用。本月支付,但属于本月及以后各月受益的费用应作为待摊费用,在各月间合理分摊,计入成本(受益期限超过1年的,作为长期待摊费用处理)。本月虽未支付,但本月已经受益,应由本月负担的费用应作为预提费用,计入本月的成本。但是为了简化核算,对于数额较小的跨期费用,也可以将其全部计入支付月份的成本。

正确划分跨期费用是权责发生制质量要求的具体体现,是会计核算的重要原则之一。现行的《小企业会计准则》虽然没有规定设置"待摊费用"和"预提费用"账户,但设置了"预收账款""预付账款"和"应付利息"等账户,体现权责发生制原则。

(四)正确划分不同产品的费用界限

若企业生产多种产品,还必须将应由本月产品成本负担的生产费用,在本月生产的各种产品之间进行正确的划分。属于某种产品单独发生的、能够直接计入该种产品的费用,应直接计入该种产品成本;属于几种产品共同发生,不能直接计入某种产品的费用,则应采用适当的分配方法,分配计入这几种产品成本。

只有正确划分不同产品的费用界限,才能正确计算各种产品的总成本和单位成本,才能防止生产费用在可比产品与不可比产品之间、盈利产品与亏损产品之间、征税产品与免税产品之间任意转移,借以掩盖成本超支或以盈补亏。

(五)正确划分完工产品和在产品的费用界限

产品生产至月末,会出现3种情况:①投产的产品全部完工。这时该产品所归集的全部生产费用就是全部完工产品的总成本。②投产的产品全部未完工。这时该产品所归集的全部生产费用就是全部未完工产品即在产品成本。

③投产的产品部分完工,部分未完工。则应将该种产品的生产费用,采用适当的方法,在完工产品和在产品之间进行分配,分别计算出完工产品成本和在产品成本。

正确划分完工产品和在产品的费用界限,防止任意提高或降低月末在产品成本,人为调节完工产品成本。

以上5个方面的费用界限划分过程,也是产品成本计算和期间费用的归集过程。在这一过程中应贯彻受益性原则,即谁受益谁负担,何时受益何时负担,多受益多负担,少受益少负担。

温馨提醒

《企业产品成本核算制度(试行)》
……
第五条 企业应当根据所发生的有关费用能否归属于使产品达到目前场所和状态的原则,正确区分产品成本和期间费用。

知识拓展

出现的问题及要防止的错误做法见图表2-1。

图表2-1

费用界限	会出现的问题	要防止的错误做法
第一个费用界限	影响长期资产与当期损益	乱挤和少计生产经营管理费用
第二个费用界限	影响产品成本与当期损益	乱计支出,认为调解当期损益
第三个费用界限	影响产品成本与当期损益	混淆生产费用和经营管理费用的界限,借以调节各月产品成本和各月损益
第四个费用界限	影响各种产品成本的高低	在盈利产品与亏损产品之间,以及在可比产品和不可比产品之间任意增减生产费用,以盈补亏,掩盖超支
第五个费用界限	影响产品成本计算的正确性	任意提高或降低月末在产品费用,人为调解完工产品的成本

三、选择合适的财产物资的计价、结转方法

小型工业企业的生产经营过程,同时也是各种劳动的耗费过程。在各种劳动耗费中,财产物资的耗费(即生产资料价值的转移)占有相当的比重。因此,这些财产物资计价和价值结转方法是否恰当,会对成本计算的正确性产生

重要的影响。企业财产物资计价和价值结转方法主要包括：固定资产原值的计算方法、折旧的计提方法、折旧率的选择；固定资产修理费用是否采用待摊或预提方法，期限的长短；固定资产与低值易耗品的划分标准；材料成本的组成内容、材料按实际成本进行核算时发出材料成本的计算方法、材料按计划成本进行核算时材料成本差异率的种类（个别差异率、分类差异率还是综合差异率，本月差异率还是上月差异率等）；低值易耗品和包装物价值的摊销方法、摊销率的高低及摊销期限的长短等。为了正确地计算成本，对于各种财产物资的计价和价值的结转，都应采用既合理又简便的方法。国家有规定的，应采用国家统一规定的方法。相关方法一经确定，应保持相对稳定，不得随意改变，以保证成本信息的可比性，同时防止人为的调节成本费用。

第2节 生产费用的分类

电子商务企业的生产费用

小型工业企业生产经营过程中的耗费是多种多样的，为了科学地进行成本管理，正确计算产品成本和期间费用，需要对种类繁多的费用进行合理分类。费用可以按不同的标准分类，其中最基本的是按费用的经济内容和经济用途分类。

一、费用按经济内容分类

费用按照经济内容（或经济性质）可分为劳动对象消耗的费用、劳动手段消耗的费用和活劳动所消耗的费用三部分，即生产费用要素。费用要素通常分为7项，每一项要素又可称为要素费用。

（1）外购材料。是指企业为进行生产经营而耗用的一切向外购进的原料及主要材料、半成品、辅助材料、包装物、备品配件和低值易耗品等。

（2）外购燃料。是指企业为进行生产经营而耗用的一切向外购进的各种燃料，包括固体燃料、液体燃料和气体燃料等。

（3）外购动力。是指企业为进行生产经营而耗用的一切向外购进的各种动力，包括电力、热力和风力等。

（4）职工薪酬。是指企业为进行生产经营而发生的各种职工薪酬。

（5）折旧费。这是指企业按照规定的固定资产折旧方法，对用于生产经营的固定资产计算提取的折旧费用。

（6）利息支出。是指按规定计入财务费用的借款利息减去利息收入后的净额。

（7）其他支出。是指不属于以上各类要素，但应由产品成本或期间费用负担的费用支出，如外部加工费、办公费、差旅费、水电费、租赁费、保险费和劳动保护费等。

费用按经济内容分类，方便企业了解一定时期内各种要素费用的构成和水平,同时可以为编制相关计划和预算提供数据资料,有利于企业加强费用管理。但是这种分类不能反映费用的用途和发生地点,不能确定费用支出与各种产品之间的关系,不便于分析成本升降的原因以及费用支出的节约与浪费的程度。

二、费用按照经济用途分类

(一) 生产费用按照经济用途分类

生产费用按照经济用途可分为计入产品成本的生产费用和不计入产品成本的生产费用。对于计入产品成本的生产费用还可进一步划分为若干项目,在会计上称为产品生产的成本项目,制造企业一般设置直接材料、燃料和动力、直接人工和制造费用等成本项目。

(1) 直接材料是指构成产品实体的原材料以及有助于产品形成的主要材料和辅助材料。包括原材料、辅助材料、备品配件、外购半成品、包装物、低值易耗品等。

(2) 燃料和动力是指直接用于产品生产的燃料和动力。

(3) 直接人工是指直接从事产品生产的工人的职工薪酬。

(4) 制造费用是指企业为生产产品和提供劳务而发生的各项间接费用,包括企业生产部门(如生产车间)发生的水电费、固定资产折旧、无形资产摊销、生产部门管理人员的薪酬、劳动保护费、国家规定的有关环保费用、季节性和修理期间的停工损失等。

以上按照经济用途划分的 4 个成本项目是基本的成本项目,企业也可根据产品生产的特点和成本管理的要求进行增减。如产品成本中燃料动力费用比重不大的企业,可以不设"燃料和动力"成本项目;需要单独核算废品损失的,可以增设"废品损失"项目,需要单独核算停工损失的,还可以增设"停工损失"项目;在采用分步法核算产品成本的企业,为了考核上步骤转入本步骤的半成品成本,可以增设"自制半成品"或"半成品"成本项目等。根据成本项目计算成本,能够清楚地反映直接用于产品生产上的原材料、职工薪酬和耗用于组织与管理生产上的各项支出数额,这就有助于反映与监督产品消耗定额和费用预算的执行情况,便于查找产品成本升降的原因,有利于加强成本管理与成本分析。

(二) 期间费用按照经济用途分类

小型工业企业的期间费用按照经济用途可分为销售费用、管理费用和财务费用。

1. 销售费用

销售费用是指企业在产品销售过程中发生的费用,以及为销售本企业产品而专设的销售机构的各项经费,包括运输费、装卸费、包装费、保险费、展览费和广告费,以及为销售本企业商品而专设的销售机构(含销售网点、售后服务网点等)的职工薪酬费用、类似职工薪酬性质的费用、业务费等。

2. 管理费用

管理费用是指企业为组织和管理企业生产经营所发生的各项费用,包括企业的董事会和行政管理部门在企业的经营管理中发生的,或者应由企业统一负担的公司经费(包括行政管理部门职工薪酬费用、修理费、机物料消耗、低值易耗品摊销、办公费和差旅费等)、工会经费、社会保险费、劳动保险费、董事会费(包括董事会成员津贴、会议费和差旅费等)、聘请中介机构费、咨询费(含顾问费)、诉讼费、业务招待费、房产税、车船税、城镇土地使用税、印花税、技术转让费、矿产资源补偿费、无形资产摊销、职工教育经费、研究与开发费用、排污费、存货盘亏或盘盈(不包括应计入营业外支出的存货损失)等。

3. 财务费用

财务费用是指企业为筹集生产经营所需资金而发生的各项费用,包括利息支出(减利息收入)、汇兑损失(减汇兑收益)以及相关的手续费等。

三、生产费用的其他分类

(一)生产费用按与生产工艺的关系分类

1. 直接费用

在构成产品成本的各项生产费用中,直接用于产品生产的费用,称为直接生产费用,如原料费用、主要材料费用、生产工人薪酬和专用机器设备折旧费用等。

2. 间接费用

在构成产品成本的各项生产费用中,间接用于产品生产的费用,称为间接生产费用,如机物料消耗、辅助工人薪酬和车间设备、厂房折旧费用等。

正确地划分直接费用和间接费用,对于正确地计算产品成本有着重要作用。直接费用一般可以根据有关凭证直接计入产品成本;间接费用一般要按照一定的分配标准进行分配计入产品成本,而分配标准是否合理直接影响产品成本计算的准确性。

(二)生产费用按计入产品成本的方法分类

1. 直接计入费用

直接计入费用是指可以分清哪种产品所耗用、可以直接计入某种产品成本的费用。

2. 间接计入费用

间接计入费用是指不能分清哪种产品所耗用、不能直接计入某种产品成本、而必须按照一定标准分配计入有关的各种产品成本的费用。

生产费用按与生产工艺的关系分类和按计入产品成本的方法分类之间既有联系,又有区别。它们之间的联系表现在:直接生产费用在多数情况下是直接计入费用,如原料、主要材料费用大多能够直接计入某种产品成本;间接生产费用在大多数情况下是间接计入费用,如机物料消耗大多需要按照一定标准分配计入各种有关产品成本。但它们毕竟是对生产费用的两种不同分类,直接生产费用与直接计入费用、间接生产费用与间接计入费用不能等同。例如,在只生产一种产品企业(或车间)中,直接生产费用和间接生产费用都可以直接计入这种产品的成本,因而均属于直接计入费用;又如,在用同一种原材料同时生产出几种产品的联产品生产企业(或车间)中,直接生产费用和间接生产费用都需要按照一定标准分配计入有关的各种产品成本,因而均属于间接计入费用。

> **知识拓展**
>
> 生产费用按与产量的关系还可以分为变动费用(变动成本)和固定费用(固定成本)。固定成本是指其总额在一定时期和一定业务量范围内,不受业务量增减变动影响而保持不变的成本。例如,按直线法计算的固定资产折旧、管理人员的薪酬、机器设备的租金等。变动成本是指其总额随着业务量的变动而呈正比例变动的成本。例如,直接材料、直接人工、包装材料等。

第3节 产品成本核算的账户体系和程序

一、成本核算的账户体系

(一) 成本核算的主要账户

为了按照经济用途归集和分配生产费用、计算产品成本,小型制造企业需要设置"生产成本""制造费用"账户和期间费用账户。

"生产成本"账户属于成本类账户,用以核算企业进行工业性生产发生的各项生产成本,包括生产各种产品(产成品、自制半成品、提供劳务等)、自制材料、自制工具、自制设备等所发生的各项生产费用。企业的生产可分为基本生产和辅助生产两类。基本生产是指基本生产车间为完成企业主要生产任务而进行的产品生产;辅助生产是指辅助生产车间为基本生产车间和其他部门提供服务而进行的产品生产或劳务供应。因此在"生产成本"账户下,应分设"基本生产成本"和"辅助生产成本"两个二级明细账户进行核算。为了简化会计分录和减少核算层次,企业也可以将"基本生产成本"和"辅助生产成本"升级为总账账户。为了方便阐述,本教材将"基本生产成本"和"辅助生产成本"升级为总账账户。这样"基本生产成本""辅助生产成本"和"制造费用"三个账户就构成了产品成本核算的基本账户体系。

单井成本绩效考核体系

1. "基本生产成本"账户

该账户是成本类账户,用以核算企业的基本生产车间为生产各种产品、自制半成品和自制设备所发生的各项生产费用。当基本生产车间发生直接材料、直接人工、燃料和动力及应承担的辅助生产成本和制造费用转入时,记入借方;当各种产品、自制半成品和自制设备完工验收入库时,记入贷方;余额在借方,表示期末尚未加工完毕的各种在产品成本。"基本生产成本"应按产品品种或产品批别、生产步骤等成本计算对象设置产品成本明细分类账。

2."辅助生产成本"账户

该账户是成本类账户,用以核算企业的辅助生产车间为基本生产车间提供产品、自制工具及劳务所发生的各项生产费用。当辅助生产车间发生直接材料、直接人工及其他生产费用时,记入借方;当期末按辅助生产车间为基本生产车间及其他部门所提供的产品、自制工具或劳务数量进行分配时,记入贷方;期末通常无余额,倘若有余额,表示期末尚未加工完毕的在产品成本。"辅助生产成本"应按辅助生产车间或生产的产品、劳务分设明细分类账。

3."制造费用"账户

该账户是成本类账户,用以核算企业为生产产品和提供劳务而发生的各项间接费用。该账户借方登记企业发生的各种不能直接记入"基本生产成本"和"辅助生产成本"账户的各项间接费用,如车间管理人员薪酬、折旧费、修理费、办公费、水电费等;贷方登记转入"基本生产成本"和"辅助生产成本"账户的应由各种成本计算对象负担的间接费用;该账户月末一般无余额。在"制造费用"账户下,应按不同的车间和部门设置明细分类账户进行明细分类核算。

另外,为了归集和结转销售费用、管理费用和财务费用等期间费用,应该分别设立"销售费用""管理费用"和"财务费用"总账账户。

> **温馨提醒**
>
> 按照《小企业会计准则》规定,小企业不设置"待摊费用"账户和"预提费用"账户,但为了核算企业已经支出,但摊销期限在1年以上(不含1年)的各项费用,可设置"长期待摊费用"账户。小企业的长期待摊费用包括:已提足折旧的固定资产的改建支出、经营租入固定资产的改建支出、固定资产的大修理支出和其他长期待摊费用等。

(二) 生产成本明细账

 生产成本明细账也称产品成本明细账,它是按照产品成本计算对象设置,分别成本项目登记和归集生产费用,用以计算产品总成本和单位成本的明细账。产品成本明细账应根据有关原始凭证和各种要素费用分配表,如材料、职工薪酬、燃料、电力等费用分配表和辅助生产费用分配表、制造费用分配表等进行登记。产品成本明细账的具体格式因产品成本计算方法和成本核算组织形式的不同而有所区别,但一般都采用多栏式,按照成本项目设置专栏,其格式如图表 2-2 所示。

图表 2-2

产品成本明细账

产品名称：甲产品　　　　　　　　××年××月　　　　　　　　单位：元

月	日	摘　　要	直接材料	直接人工	燃料和动力	制造费用	成本合计
		月初在产品成本					
		本月生产费用					
		生产费用合计					
		本月完工产品成本					
		月末在产品成本					

二、成本核算的一般程序

👉 成本核算的一般程序是指对企业在生产经营过程中发生的各项费用，在已经确定成本计算对象、成本项目和成本计算期的前提下，按照成本核算的要求，逐步进行生产费用的归集和分配，最后计算出各种产品的成本和各项期间费用的基本过程。成本核算的一般程序归纳如下。

（一）分配和归集本月发生的要素费用

小企业对于当月发生的外购材料、外购燃料、外购动力、职工薪酬、折旧费和利息支出等要素费用应进行严格的审核，并根据费用的用途，分别按生产费用与期间费用的开支范围的规定，确定各项费用应记入"基本生产成本""辅助生产成本"和"制造费用"等成本类账户，还是应记入"销售费用""管理费用"和"财务费用"等期间费用账户。然后根据各张原始凭证反映的具体经济业务，编制费用分配表分配后或者直接记入上述各有关账户。

（二）正确处理跨期费用，确定应计入本月产品成本的费用

小企业应根据权责发生制原则和收入与支出配比原则的要求，分清跨期摊配费用的归属期：本月支付应由本月负担的生产费用，计入本月产品成本；以前月份支付应由本月负担的生产费用，分配摊入本月产品成本；应由本月负担而以后月份支付的生产费用，预先计入本月产品成本。也就是说本月支付的生产费用，不一定都计入本月产品成本；本月产品成本负担的生产费用，也不一定都是本月支付的。

（三）分配辅助生产费用

期末，小企业应将"辅助生产成本"账户所归集的辅助生产费用，按其服务的对象和提供产品、自制工具或劳务的数量，编制"辅助生产费用分配表"，通过分配后，将其转入"基本生产成本""制造费用"等成本类账户和"管理费用""销售费用"等期间费用账户。

（四）分配制造费用

小企业应将"制造费用"所归集的间接生产费用，选用适当的分配标准，编制"制造费用分配表"，在各受益产品之间进行分配。并根据分配的结果，将制造费用转入"基本生产成本"账户及其所属的明细分类账户。

（五）计算并结转完工产品成本

小企业应将"基本生产成本"账户所属的各明细账户所归集的生产费用，采用合适的方法，在完工产品与期末在产品之间进行分配，对于完工产品，小企业应依据各完工产品成本明细账，编制完工产品成本计算单，计算出完工产品的总成本和单位成本，并将完工产品总成本转入"库存商品"账户。

产品成本核算程序如图表 2-3 所示。

图表 2-3

产品成本核算程序图

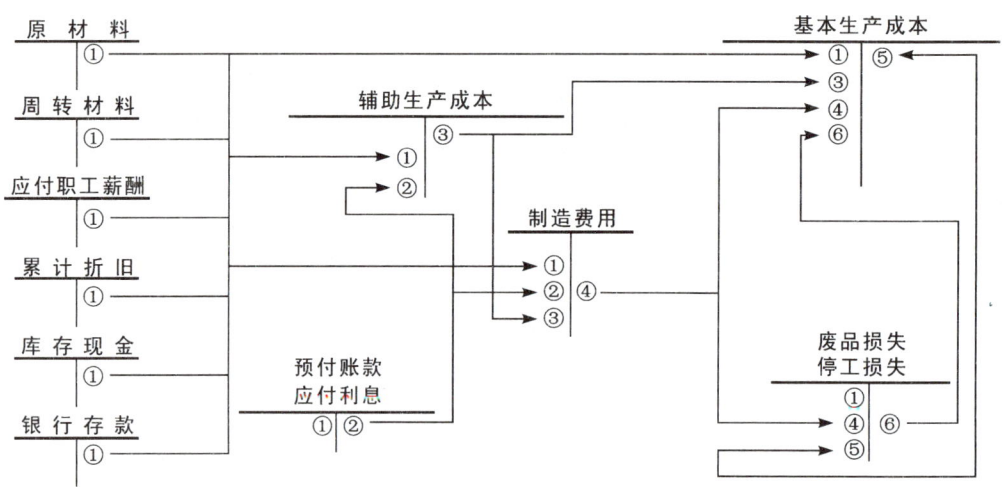

知识归纳

1. 为了正确核算产品成本，必须划分 5 个方面的界限：①正确划分收益性支出和非收益性支出的界限。②正确划分生产费用和期间费用的界限。③正确划分跨期费用的界限。④正确划分不同产品的费用界限。⑤正确划分完工产品和在产品的费用界限。

2. 小企业的费用按照经济内容分类，可分为：①外购材料。②外购燃料。③外购动力。④职工薪酬。⑤折旧费。⑥利息支出。⑦其他支出。

3. 制造企业一般设置直接材料、直接人工、燃料和动力和制造费用等 4 个成本项目。

4. 分清直接费用、间接费用和直接计入费用、间接计入费用的联系和区别。

5. 成本核算的一般程序是指对企业在生产经营过程中发生的各项费用,按照成本核算的要求,逐步进行归集和分配,最后计算出各种产品的成本和各项期间费用的基本过程。

一、单项选择题

1. 为了正确计算产品成本,必须正确划分(　　)的界限。
   A. 收益性支出和非收益性支出
   B. 待摊费用和预提费用
   C. 管理费用和财务费用
   D. 制造费用和期间费用

2. 制造费用应按(　　)设置明细账。
   A. 产品品种
   B. 产品的生产步骤
   C. 产品的生产批别
   D. 车间部门

3. 下列各项中,属于直接生产费用的是(　　)。
   A. 辅助生产工人薪酬
   B. 车间机物料消耗
   C. 车间厂房折旧费
   D. 车间机器设备折旧费

4. 生产成本包括直接材料、直接人工、制造费用和(　　)等。
   A. 管理费用
   B. 销售费用
   C. 财务费用
   D. 废品损失

5. (　　)属于"生产成本"中的间接计入费用。
   A. 生产男鞋领用的材料
   B. 生产女鞋领用的材料
   C. 生产男鞋、女鞋共同耗用的材料
   D. 生产车间组织进行男鞋生产、女鞋生产的管理人员工资

6. 下列各项中,属于产品成本项目的是(　　)。
   A. 直接材料
   B. 外购动力
   C. 工资
   D. 利息费用

7. 下列不能计入产品成本的费用是(　　)。

A. 燃料和动力

B. 生产工人薪酬

C. 车间管理人员的职工薪酬

D. 期间费用

8. 下列应计入产品成本的费用是( )。

A. 计提的生产工人的职工教育经费

B. 管理部门设备的修理费

C. 员工宿舍的折旧费

D. 因筹资支付给银行的手续费

9. "基本生产成本"账户核算的内容是( )。

A. 销售产品发生的广告费

B. 生产产品发生的各项耗费

C. 按规定支付的房产税、印花税等

D. 借款利息

10. "辅助生产成本"账户核算的内容不包括( )。

A. 辅助生产车间自制材料发生的各项费用

B. 辅助生产车间自制工具发生的各项费用

C. 辅助生产车间员工的薪酬

D. 辅助生产车间的产品参加展销活动支付的费用

二、多项选择题

1. 费用要素包括( )。

A. 直接材料

B. 外购材料

C. 外购动力

D. 外购燃料

2. 为了确保成本计算正确无误,应正确划分收益性支出和非收益性支出的界限,以及( )的界限。

A. 生产费用和期间费用

B. 不同产品

C. 完工产品和月末在产品

D. 跨期费用

3. 下列选项所列费用中,不应计入企业产品成本的有( )。

A. 企业组织、管理生产经营活动所发生的期间费用

B. 被没收的财物,因违规支付的滞纳金、罚款、企业赞助、捐赠支出

C. 车间房屋及机器设备的折旧费、租赁费、低值易耗品的摊销费等

D. 购买或自建固定资产、无形资产、其他资产的支出

4. 建立和完善成本核算基础,包括( )。

A. 建立、健全原始记录制度

B. 建立、健全物资的计量和管理制度

C. 建立、健全折旧制度

D. 建立、健全定额、计划价格等的制定和修订制度

5. 成本核算的一般程序,包括分配归集和各项要素费用,正确处理跨期费用,以及( )。

   A. 分配和结转辅助生产费用

   B. 分配和结转制造费用

   C. 分配和结转完工产品成本

   D. 编制成本会计报表

6. 下列各项中,属于直接计入费用的有( )。

   A. 几种产品共同耗用的原材料费用

   B. 一种产品耗用的生产工人工资

   C. 几种产品共同负担的机器设备折旧费

   D. 一种产品负担的制造费用

7. "基本生产成本"账户应按( )等成本计算对象设置产品成本明细分类账。

   A. 产品品种

   B. 生产车间

   C. 生产步骤

   D. 产品批别

8. 下列各项中,属于直接生产费用的是( )。

   A. 专用生产设备的动力用电

   B. 车间机物料消耗

   C. 生产工人薪酬

   D. 构成产品实体的主要材料

三、判断题

1. 产品成本项目是生产费用按其经济用途的分类。( )
2. 产品成本中燃料动力费用比重不大的企业,可以不设"燃料和动力"成本项目。( )
3. 生产费用要素是生产费用按其经济用途的分类。( )
4. 《小企业会计准则》规定,小企业应该设置"待摊费用"账户和"预提费用"账户。( )
5. 费用按经济内容进行分类,便于分析各种费用的支出是否节约、合理。( )
6. 企业生产工人的职工薪酬、车间管理人员的职工薪酬都应该记入直接人工成本项目。( )
7. 直接生产费用既可能是直接计入费用,也可能是间接计入费用。( )
8. 在生产车间只生产一种产品的情况下,所有生产费用均为直接计入费用。( )
9. "辅助生产成本"账户月末应无余额。( )
10. "制造费用"账户是核算企业为生产产品和提供劳务而发生的各种直接费用和间接费用。( )

请用线条、箭头作连接,绘制成本核算账务处理的基本程序图。

课后习题答案

第 3 章 要素费用的归集与分配

通过本章你可以学到：

- 要素费用归集和分配的原则
- 材料费用的归集与分配
- 职工薪酬的归集与分配
- 外购动力的归集与分配
- 折旧费用的分配

案例导入

晚上躺在被窝里同学们正热烈地讨论着白天老师留下的思考题,"企业的哪些支出构成产品成本?"王华说,"这应该不难吧,我们在学习会计学基础时,已经知道产品成本由料、工、费构成,那就是原材料、职工薪酬和各种费用。""原材料容易认定,但职工薪酬有点难认定,是指所有人员的薪酬吗?炊事员、门卫大爷的薪酬也算产品成本?"李铭道,"那费用就更复杂了,我们已经学过的就有管理费用、销售费用、财务费用和制造费用,这都是产品成本么?"蔡伟插道,"企业往往不止生产一种产品,而且一年四季、周而复始地生产,按月计算成本,哎呀呀,怎么算啊。"肖悦接道。同学们你一言我一语谈论着,好久没有统一的结果……

微课:两桶油为什么不降价

第1节 要素费用归集和分配的原则

生产过程中发生的各项生产费用应按其使用部门和用途进行归集和分配。

一、基本生产车间对设有成本项目的直接生产费用的处理

对于基本生产车间发生的、用于产品生产并设有成本项目的直接生产费用,如果是能分清产品品种的直接计入费用,如构成产品实体的原料及主要材料、生产用的动力和生产人员薪酬等,应直接记入"基本生产成本"总分类账及相关的产品成本明细账。如果是涉及多种产品的间接计入费用,则应采用适当的分配方法,经分配后再记入"基本生产成本"总分类账及相关的产品成本明细账。

二、基本生产车间对未设成本项目的直接生产费用及间接生产费用的处理

对于基本生产车间发生的、用于产品生产但没有专设成本项目的直接生产费用以及间接生产费用,如机器设备的折旧费、修理费和生产管理人员的薪酬等。发生时,应先记入"制造费用"总分类账及相关的明细账,月末再将归集的制造费用按一定的标准分配记入受益产品的产品成本明细账中。

间接计入费用的分配,应选择适当的分配方法。所谓适当的分配方法一般是指生产费用分配所采用的标准与所分配的费用之间关系较为密切。采用

这些标准不但分配的结果合理、取数容易,而且计算也较为简便。分配间接计入费用的标准主要有:产品的重量、体积、产量、产值、生产工时、机器工时、原材料消耗量或原材料费用、定额消耗量、定额费用等。分配间接计入费用的基本计算公式为:

$$费用分配率＝待分配费用总额÷分配标准总数$$
$$某分配对象应负担的费用＝该分配对象标准数×费用分配率$$

三、辅助生产车间的各项生产费用的处理

辅助生产车间的各项生产费用的分配方法,与基本生产车间的分配方法基本相同。但在辅助生产车间规模不大,发生的制造费用较少的情况下,对于辅助生产车间的制造费用,可以不通过"制造费用"账户核算,而直接记入"辅助生产成本"的总分类账及相关的产品成本明细账。月末,辅助生产费用应按受益情况通过一定的账务处理程序,分配转入"基本生产成本""制造费用""销售费用"和"管理费用"等账户。

四、期间费用的处理

对于生产经营过程中发生的用于产品销售的费用、用于管理和组织生产经营活动的费用以及用于筹集生产经营资金发生的费用等各项期间费用,应分别计入"销售费用""管理费用""财务费用"总分类账及所属明细账。

各种要素费用的分配,一般应编制相应的费用分配表,据以编制会计分录,并登记各种成本、费用的总分类账及其明细账。

第2节 材料费用的归集与分配

一、材料费用的归集

材料费用是指企业在生产经营过程中耗用材料的价值表现,包括耗用的主要材料、辅助材料、外购半成品、修理用备件、包装材料、燃料等。耗用材料是发生材料费用的直接原因,其主要标志是材料的领用。企业生产过程领用的材料品种、数量很多,为明确各部门的经济责任,便于分配材料费用,以及不断降低材料的消耗,在领用材料时,应办理必要的领料手续,并经有关人员审核签字后,才能办理领料。

为了进行材料收入、发出和结存的明细核算,应该按照材料的品种、规格设立材料明细账。账中根据收发料凭证(包括退料凭证)登记收发材料的数量和金额;并根据期初结存材料的数量和金额,以及本期收发材料的数量和金额,计算登记期末结存材料的数量和金额。

材料收发结存的日常核算,应根据成本管理的要求,按照材料的实际成本进行,也可以按照材料的计划成本进行。

二、材料费用的分配

企业发生的材料费用包括原料及主要材料费用、外购半成品费用、辅助材料费用、修理用备件费用、包装物费用和燃料费用等,无论是外购或是自制的材料,都应依据审核后的领、退料凭证,按照材料的领用部门及具体用途进行分配。

(一)原材料费用的分配

1. 原材料费用分配的对象

企业在生产经营过程中领用的各种原材料,应按照领料部门及领料用途,分别确定不同的对象加以分配。

盘点那些天价的原材料

(1)基本生产车间为制造产品而耗费的,构成产品实体或有助于产品形成的原料及主要材料、外购半成品和辅助材料等,应记入"基本生产成本"账户。

(2)辅助生产车间为进行辅助产品或劳务生产而耗费的各种材料,应记入"辅助生产成本"账户。

(3)各生产车间或分厂因组织管理生产和维护机器设备而耗费的各种材料,应记入"制造费用"账户。

(4)产品销售部门因销售产品而耗费的各种材料,应记入"销售费用"账户。

(5)行政管理部门耗费的各种材料,应记入"管理费用"账户。

2. 原材料费用分配的原则

原材料分配应贯彻直接计入原则和重要性原则。

(1)直接计入原则。对直接用于产品生产的材料费用,应尽量直接计入有关产品的成本,以真实反映产品的制造成本。因为任何分配计入的方法,都存在着一定的假定性和主观性。

(2)重要性原则。对于占产品成本比重较大的直接材料费用,应记入产品成本明细账中的"直接材料"成本项目单独列示,包括可直接计入原材料费用和需分配计入的原材料费用,以反映产品制造成本的结构。对于占产品成本比重较小的,多个成本计算对象共同耗用的直接材料费用和间接材料费用,为简化核算,也可先由"制造费用"账户归集,期末再按一定的标准分配记入产品成本明细账中的"制造费用"成本项目。

3. 原材料费用的分配方法

企业的材料费用在产品成本中一般都占有较大的比重,其费用归集与分配正确与否,直接关系到产品成本计算的正确性。因此,对材料费用的归集与分配,必须力求准确。在领用构成产品实体的原材料时,应尽可能在"领料单"上注明用途,以便根据领料凭证分清各成本计算对象的原材料消耗情况,并将其直接记入该成本明细账的"原材料"成本项目内。对于不能分清各成本计算对象的,则需采用适当的分配方法进行分配。原材料费用分配的方法很多,这里主要介绍定额消耗量比例法和定额费用比例法。

(1)定额消耗量比例法。定额消耗量比例法是指以原材料定额消耗量作为分配标准来分配原材料费用的方法。在几种产品都有消耗定额,且消耗定额比较准确的情况下,可以采用这种方法进行原材料费用分配。消耗定额是指生产单位产品可供消耗的数量限额;定额消耗量指一定产量下按照消耗定额计算的可供消耗的数量限额。按原材料定额消耗量比例直接分配原材料费用的计算公式如下:

$$\text{某种产品原材料定额消耗量} = \text{该种产品的实际产量} \times \text{单位产品原材料消耗定额}$$

$$\text{原材料消耗量分配率} = \frac{\text{待分配的原材料实际消耗总量}}{\text{各种产品原材料定额消耗量之和}}$$

$$\text{某种产品原材料实际耗用量} = \text{该种产品的定额消耗量} \times \text{原材料消耗量分配率}$$

$$\text{某种产品应分配的原材料费用} = \text{该种产品原材料实际耗用量} \times \text{原材料单价}$$

【例3-1】 东海工厂生产的甲、乙两种产品,共同耗用 A 种原材料 1 430 千克,单价 6 元,计 8 580 元。其中甲产品生产 200 件,消耗定额 5 千克/件;乙产品生产 100 件,消耗定额 3 千克/件。原材料费用分配计算如下:

甲产品原材料定额消耗量＝200×5＝1 000(千克)
乙产品原材料定额消耗量＝100×3＝300(千克)
原材料消耗量分配率＝1 430÷(1 000＋300)＝1.1
甲产品原材料实际耗用量＝1 000×1.1＝1 100(千克)
乙产品原材料实际耗用量＝300×1.1＝330(千克)
甲产品应分配的原材料费用＝1 100×6＝6 600(元)
乙产品应分配的原材料费用＝330×6＝1 980(元)

这种分配方法不仅计算、分配了各种产品应负担的原材料费用,而且还为考核原材料消耗定额的执行情况提供了资料。但在实际工作中,原材料费用的分配分 4 步计算较为繁琐,为简化计算过程,也可根据定额消耗量比例法直接分配原材料费用。其计算公式为:

$$\text{原材料消耗量分配率} = \frac{\text{待分配的原材料费用总额}}{\text{各种产品原材料定额消耗量之和}}$$

$$\text{某种产品应分配的原材料费用} = \text{该种产品原材料定额耗用量} \times \text{原材料消耗量分配率}$$

仍用上例资料:

原材料消耗量分配率＝8 580÷1 300＝6.6
甲产品应分配的原材料费用＝1 000×6.6＝6 600(元)
乙产品应分配的原材料费用＝300×6.6＝1 980(元)

两种方法的计算结果相同。后者虽然计算过程简单,但不能反映各种产品原材料的实际消耗情况,也没有比较与消耗定额的差距,不利于加强原材料消耗的实物管理和定额管理。

(2) 定额费用比例法。定额费用比例法是指以原材料定额费用作为分配标准来分配原材料费用的方法。定额费用是指消耗定额或定额消耗量的货币表现。

按原材料定额费用比例分配原材料费用的计算公式如下:

$$\text{某种产品的原材料定额费用} = \text{该种产品实际产量} \times \text{单位产品原材料费用定额}$$

$$\text{原材料费用分配率} = \frac{\sum \text{各种产品原材料实际费用总额}}{\sum \text{各种产品原材料定额费用总额}}$$

$$\text{某种产品应分配的实际原材料费用} = \text{该种产品的原材料定额费用} \times \text{原材料费用分配率}$$

【例 3-2】 东湖工厂生产的丙、丁两种产品,共同耗用 A、B 两种主要材料,共计 75 240 元。本月投产丙产品 120 件,丁产品 150 件。丙产品材料消耗定额为:A 材料 9 千克,B 材料 5 千克;丁产品材料消耗定额为:A 材料 6 千克,B 材料 8 千克。其中 A 材料 20 元/千克,B 材料 16 元/千克。原材料费用分配计算如下:

丙、丁产品原材料定额费用:

丙产品:A 材料定额费用=120×9×20=21 600(元)

　　　　B 材料定额费用=120×5×16=9 600(元)

　　　　　　　　　　　　　　　　合计:31 200(元)

丁产品:A 材料定额费用=150×6×20=18 000(元)

　　　　B 材料定额费用=150×8×16=19 200(元)

　　　　　　　　　　　　　　　　合计:37 200(元)

原材料费用分配率=75 240÷(31 200+37 200)=1.1

原材料费用分配率>1,表示实际比定额超支。

原材料费用分配率<1,表示实际比定额节约。

丙、丁产品应分配的实际费用:

丙产品:31 200×1.1=34 320(元)

丁产品:37 200×1.1=40 920(元)

上述分配方法,既适用于原料及主要材料费用的分配,也适用于辅助材料和燃料费用的分配。此外,对于结合主要材料使用的辅助材料费用,也可按主要材料的耗用量比例或费用比例进行分配;对于与产品产量有联系的辅助材料,也可以按产品产量比例分配。

(3) 原材料费用分配表的编制。在实际工作中,各种原材料费用的分配一般是通过"原材料费用分配表"进行的。该表是月末根据分类整理后的领料单、退料单及废料交库单等凭证编制的。其格式及举例见图

表 3-1。

图表 3-1

原材料费用分配表

东湖工厂　　　　　　　　　　2019 年 5 月　　　　　　　　　　金额单位：元

应借科目		成本或费用项目	直接计入	分配计入			合计
				定额费用	分配率	分配金额	
基本生产成本	丙产品	直接材料	45 880	31 200	1.1	34 320	80 200
	丁产品	直接材料	57 400	37 200	1.1	40 920	98 320
		小　计	103 280	68 400		75 240	178 520
辅助生产成本	运　输	直接材料	4 500				4 500
	修　理	机物料	6 500				6 500
		小　计	11 000				11 000
制造费用	基本生产车间	机物料	3 200				3 200
销售费用		包装费	1 800				1 800
管理费用		其他	3 000				3 000
合　计			122 280			75 240	197 520

4. 原材料费用分配的账务处理

企业应于月末根据"原材料费用分配表"编制会计分录，并据以登记相关总分类账和明细分类账。现以图表 3-1 资料编制会计分录如下：

借：基本生产成本——甲产品（直接材料）　　　　　　　　　　80 200
　　　　　　　　——乙产品（直接材料）　　　　　　　　　　98 320
　　辅助生产成本——运输车间　　　　　　　　　　　　　　　 4 500
　　　　　　　　——修理车间　　　　　　　　　　　　　　　 6 500
　　制造费用　　　　　　　　　　　　　　　　　　　　　　　 3 200
　　销售费用　　　　　　　　　　　　　　　　　　　　　　　 1 800
　　管理费用　　　　　　　　　　　　　　　　　　　　　　　 3 000
　　贷：原材料　　　　　　　　　　　　　　　　　　　　　 197 520

（二）燃料费用的分配

燃料实际上也是材料，因而燃料费用分配的程序和方法与上述原材料费用分配的方法相同。小型工业企业生产经营过程中发生的燃料费用的核算，主要有以下两种处理方法。

1. 单独核算燃料费用

对燃料消耗量较大且在产品成本中所占比重较大的工业企业，需在产品成本明细账中设置"燃料和动力"成本项目，并增设"燃料"总分类账户，单独核算燃料的增加、减少和结存及燃料费用的分配情况。

直接用于产品生产的燃料费用,如分产品领用,属于直接计入费用,应直接计入各该产品成本的"燃料和动力"成本项目;如多种产品共同耗用,属于间接计入费用,应采用适当的方法,分配计入各有关产品成本的这一成本项目。燃料费用的分配标准一般有燃料的定额消耗量、定额费用、所耗原材料的数量或费用及产品的重量、体积等。

实际工作中,燃料费用的分配是通过编制"燃料费用分配表"进行的,该表是月末根据当月的燃料领退料单汇总后编制的(其格式与"原材料费用分配表"基本相同)。同时编制会计分录,并据以登记有关的总分类账和明细分类账。其会计分录如下:

借:基本生产成本——×产品(燃料和动力)
　　辅助生产成本——×车间
　　制造费用
　　销售费用
　　管理费用
　　贷:燃料

2. 不单独核算燃料费用

对燃料消耗量较小的工业企业可不单独核算燃料费用,将所耗用的燃料作为原材料的一个种类来核算。

案例:计提天价职工薪酬

第3节　职工薪酬的归集与分配

职工薪酬是指小企业为获得职工提供的服务而应付给职工的各种形式的报酬以及其他相关支出,小企业的职工薪酬通常包括以下内容。

(1) 短期薪酬。
(2) 离职后福利。
(3) 辞退福利。
(4) 其他长期职工福利。

为核算应付给职工的各种薪酬,小企业应设置"应付职工薪酬"账户。该账户贷方登记已分配计入相关成本费用的应付职工薪酬的数额;借方登记实际发放的职工薪酬的数额;期末余额一般在贷方,反映小企业应付而未付的职工薪酬的数额。该账户应按照"工资、奖金、津贴和补贴""职工福利费""非货币性福利""社会保险费""住房公积金""工会经费"和"职工教育经费""带薪缺勤""利润分享计划""设定提存计划""设定受益计划"和"辞退福利"设置明细进行核算。

一、工资费用的分配

(一) 工资费用分配的对象

工资费用的分配,是指将企业职工的薪酬作为一种费用按其发生部门和用途分别记入产品成本和期间费用等相关账户的过程,工资费用的分配是依据考勤记录、产量记录等原始凭证进行的。

工资费用应按其发生部门和用途进行归集和分配。

(1) 基本生产车间生产人员工资费用,能直接计入某种产品的,应直接记入"基本生产成本—×产品"账户的"直接人工"成本项目;不能直接计入某一产品成本的,可按实际生产工时、定额生产工时等比例分配记入"基本生产成本—×产品"的"直接人工"成本项目。

(2) 基本生产车间的管理人员的工资费用记入"制造费用"账户,月末分配结转至各种产品的成本中。

(3) 辅助生产车间人员的工资费用,原则上可比照基本生产车间进行处理。但由于辅助生产车间规模一般比较小,生产的产品或提供的劳务单一,通常简化处理,不设置"制造费用"明细账。因此,辅助生产车间生产工人与车间管理人员的工资费用也可以全部记入"辅助生产成本"账户。

(4) 专设销售部门人员的工资费用应记入"销售费用"账户。

(5) 行政管理人员工资费用,应记入"管理费用"账户。

(二) 工资费用的计算

1. 工资计算的原始记录

为了正确进行工资的计算,必须建立和健全工资计算的原始记录。这些原始记录主要有:

(1) 工资卡。工资卡又称职工工资目录,它应按每一职工设置,主要记录职工的工资级别和工资标准、工龄及享受的津贴等内容。

(2) 考勤记录。考勤记录是登记和反映每一职工出勤情况的原始记录,它是计算职工计时工资的基本依据,同时也是企业进行劳动管理的重要依据。

(3) 产量记录。产量记录是登记和反映每个工人或集体在出勤时间内完成的产品数量、质量和生产产品所用工时数量的原始记录。产量记录是企业计算计件工资的原始记录。

2. 计时工资的计算

☞ 计时工资是根据考勤记录,按照规定的标准计算的工资。计时工资主要分为月薪制与日薪制两种。

(1) 月薪制。它是指根据每位职工的月工资标准和出勤情况计算计时工资的方法。在月薪制下,不论各月日历天数多少,每月的标准工资相同,即只要职工该月出全勤,即可领取固定的月标准工资。如果发生缺勤情况可以按以下公式计算应付标准工资:

应付标准工资＝月标准工资－应扣缺勤工资
应扣缺勤工资＝缺勤日数×日工资率×缺勤扣款比例

或：

应付标准工资＝出勤天数×日工资率＋应发缺勤工资
应发缺勤工资＝缺勤日数×日工资率×(1－缺勤扣款比例)

为了按照职工出勤或缺勤计算应付的月工资，还应根据月标准工资计算日工资率，即每日平均工资。日工资标准有按日历天数计算和按法定工作日计算两种。

① 日工资标准按日历天数计算。采用这种方法计算时，全年总天数按国家统计口径360日计算，这样平均每月为30天，其计算公式如下：

日工资标准＝月工资标准÷30

按日历天数计算日工资标准时，由于休假日、节假日也计算工资，当连续缺勤期间含有休假日、节假日时，那么休假日、节假日也应按缺勤天数计算，予以扣发工资。

② 日工资标准按法定工作日计算。采用这种方法计算时，休假日和节假日都不计算工资，只有法定工作日才计算工资，其计算公式如下：

日工资标准＝月工资标准÷20.83
20.83＝[365(天)－104(双休日)－11(法定节假日)]÷12个月

按法定工作日计算日工资标准时，由于休假日与节假日是不计算工资的，因此当连续缺勤期间含有休假日、节假日的，缺勤天数要扣除休假日、节假日计算。

【例3-3】 东海工厂员工王刚的月工资标准为3 840元。5月份王刚病假3天，事假2天，周末休假8天，出勤18天。根据王刚的工龄，其病假工资按工资标准的80%计算。王刚的病假和事假期间没有节假日。

按四种计算方法分别计算王刚该月的应付工资如下。

按30天计算日工资率，按缺勤天数扣款方法计算月工资：

日工资率＝3 840÷30＝128(元)
应扣病假工资＝128×3×(1－80%)＝76.80(元)
应扣事假工资＝128×2＝256(元)
应付工资＝3 840－76.80－256＝3 507.20(元)

按30天计算日工资率，按出勤天数计算月工资：

应付出勤工资＝128×26＝3 328(元)
应付病假工资＝128×3×80%＝307.20(元)
应付工资＝3 328＋307.20＝3 635.20(元)

按20.83天计算日工资率，按缺勤天数扣款方法计算月工资：

日工资率＝3 840÷20.83＝184.349 5(元)
应扣病假工资＝184.349 5×3×(1－80％)＝110.61(元)
应扣事假工资＝184.349 5×2＝368.70(元)
应付工资＝3 840－110.61－368.70＝3 360.69

按 20.83 天计算日工资率，按出勤天数计算月工资：

应付出勤工资＝184.349 5×18＝3 318.29(元)
应付病假工资＝184.349 5×3×80％＝442.44(元)
应付工资＝3 318.29＋442.44＝3 760.73(元)

(2) 日薪制。它是指根据每位职工的日工资标准和出勤情况计算计时工资的方法。其计算公式如下：

应付职工计时工资＝日工资标准×出勤天数

采用日薪制计算应付职工计时工资时，由于各个月份实际日数不同，职工的出勤天数也不同，因此各个月份都要计算，工作量较大。日薪制通常适用于计算临时工的工资。

3. 计件工资的计算

☞ 计件工资是指根据工作班组产量记录或工作通知单登记的计件数量，乘以约定的计件单价计算的工资。由于产量统计中包含废品，因此在计算计件工资时需要分别料废和工废计算。料废是指因原材料质量不合格所产生的废品，是客观原因造成的。因此对于加工完毕后，在检验时发现的料废可以同合格品一样计算计件工资；工废是指因工人操作不当等过失原因所产生的废品，是主观原因造成的。因此不能计算计件工资，还可能根据具体情况对当事人处以罚款。其计算公式如下：

应付职工计件工资＝∑[(某种产品合格品数量＋该产品料废数量)×该种产品的计件单价]
产品的计件单价＝生产单位产品所需的工时定额×该级工人小时工资率

或

应付职工计件工资＝某工人所产产品定额工时总数×小时工资率

【例 3-4】 甲、乙两种产品都应由三级工人加工，其中甲产品的工时定额为 30 分钟；乙产品的工时定额为 45 分钟。三级工汪华本月共加工甲产品 120 件(其中工废 8 件)，乙产品 210 件(其中料废 10 件)。三级工的小时工资率为 16 元(日工资 128÷8 小时)。

甲、乙两种产品的计件工资单价计算如下：

甲产品计件单价＝16×30/60＝8(元)
乙产品计件单价＝16×45/60＝12(元)
汪华本月计件工资＝112×8＋210×12＝3 416(元)

或

甲产品的定额工时 112×30/60＝56(小时)
乙产品的定额工时 210×45/60＝157.5(小时)
汪华本月完成的定额工时总数＝56＋157.5＝213.5(小时)
汪华本月计件工资＝213.5×16＝3 416(元)

(三) 工资费用的分配方法

产品生产人员工资在采用计件工资形式下,归属对象明确,表现为直接计入费用。在采用计时工资形式下,如果生产单一产品,也表现为直接计入费用,如果生产多种产品,则应选择合理的标准,分配后计入产品成本。工资费用分配的计算公式如下:

$$\text{工资费用分配率}=\frac{\text{某车间生产人员计时工资总额}}{\text{该车间各种产品生产工时(实际或定额)总数}}$$

$$\text{某产品应负担的计时工资}=\text{该产品生产工时(实际或定额)}\times\text{工资费用分配率}$$

【例 3-5】 东海工厂生产甲、乙两种产品,5 月份生产人员计件工资分别为:甲产品 13 000 元,乙产品 21 000 元,甲、乙产品计时工资共计 126 000 元,甲、乙产品的生产工时分别为 4 000 小时和 2 000 小时。按生产工时比例分配如下:

工资费用分配率＝126 000÷(4 000＋2 000)＝21
甲产品应负担的计时工资＝4 000×21＝84 000(元)
乙产品应负担的计时工资＝2 000×21＝42 000(元)

工资费用分配是通过编制"工资费用分配表"进行的,东海工厂 5 月份的"工资费用分配表"如图表 3-2 所示。

图表 3-2

工资费用分配表

2019 年 5 月　　　　　　　　　　　　　　　金额单位:元

应借科目		成本或费用项目	直接计入	分配计入			工资费用合计
				生产工时	分配率	分配金额	
基本生产成本	甲产品	直接人工	13 000	4 000	21	84 000	97 000
	乙产品	直接人工	21 000	2 000	21	42 000	63 000
	小　计		34 000	6 000	21	126 000	160 000
辅助生产成本	运输	直接人工	15 600				15 600
	修理	直接人工	16 200				16 200
	小　计		31 800				31 800

(续表)

应借科目	成本或费用项目	直接计入	分配计入			工资费用合计
			生产工时	分配率	分配金额	
制造费用	职工薪酬	23 700				23 700
销售费用	职工薪酬	18 000				18 000
管理费用	职工薪酬	66 200				66 200
合　　计		173 700	—	—	126 000	299 700

(四) 工资费用分配的账务处理

企业应根据"工资费用分配表"编制会计分录,并登记有关总分类账和明细分类账,现以图表 3-2 资料编制会计分录如下:

借:基本生产成本——甲产品(直接人工)　　　　　　　97 000
　　　　　　　　——乙产品(直接人工)　　　　　　　63 000
　　辅助生产成本——运输车间　　　　　　　　　　　15 600
　　　　　　　　——修理车间　　　　　　　　　　　16 200
　　制造费用　　　　　　　　　　　　　　　　　　　23 700
　　销售费用　　　　　　　　　　　　　　　　　　　18 000
　　管理费用　　　　　　　　　　　　　　　　　　　66 200
　　贷:应付职工薪酬——工资、奖金、津贴和补贴　　　299 700

二、其他薪酬费用的分配

其他职工薪酬包括的内容较多,这里只讲述职工福利费、各种社会保险费、住房公积金、工会经费、职工教育经费的分配。按现行的有关规定,上述职工薪酬,应按照工资总额的一定比例提取,并根据受益对象计入相关资产的成本或当期费用。

【例 3-6】 2019 年 5 月,东海工厂按照规定计提社会保险费、住房公积金、工会经费、职工教育经费及福利费,以工资总额为计提基数,计提比例分别为:医疗保险 9.5%,养老保险 16%,失业保险费 0.5%,住房公积金 7%,工会经费 2%,职工教育经费 1.5%,根据上年职工福利费的实际发生情况,预计承担职工福利费为工资总额的 5%。

根据上述条件,东海工厂计提保险金福利费等的百分比共计 41.5%(9.5%+16%+0.5%+7%+2%+1.5%+5%)。

　　　　　计入基本生产成本——甲产品:97 000×41.5%=40 255(元)
　　　　　　　　　　　　　——乙产品:63 000×41.5%=26 145(元)
　　　　　计入辅助生产成本——运输车间:15 600×41.5%=6 474(元)
　　　　　　　　　　　　　——修理车间:16 200×41.5%=6 723(元)
　　　　　计入制造费用:23 700×41.5%=9 835.50(元)
　　　　　计入销售费用:18 000×41.5%=7 470(元)
　　　　　计入管理费用:66 200×41.5%=27 473(元)

编制会计分录如下:

借:基本生产成本——甲产品(直接人工)	40 255.00
——乙产品(直接人工)	26 145.00
辅助生产成本——运输车间	6 474.00
——修理车间	6 723.00
制造费用	9 835.50
销售费用	7 470.00
管理费用	27 473.00
贷:应付职工薪酬——社会保险费	28 471.50
——住房公积金	20 979.00
——设定提存计划	49 450.50
——工会经费和职工教育经费	10 489.50
——职工福利费	14 985.00

"工资费用分配表"和"其他职工薪酬费用分配"表也可以合并编制,如图表 3-3 所示。

图表 3-3

职工薪酬费用分配表

2019 年 5 月　　　　　　　　　　　　　　　　　　　　金额单位:元

应借科目		成本或费用项目	直接计入	分配计入			工资费用合计	其他职工薪酬(41.5%)
				生产工时	分配率	分配金额		
基本生产成本	甲产品	直接人工	13 000	4 000	21	84 000	97 000	40 255
	乙产品	直接人工	21 000	2 000	21	42 000	63 000	26 145
	小 计		34 000	6 000	21	126 000	160 000	66 400
辅助生产成本	运 输	直接人工	15 600				15 600	6 474
	修 理	直接人工	16 200				16 200	6 723
	小 计		31 800				31 800	13 207
制造费用		职工薪酬	23 700				23 700	9 835.50
销售费用		职工薪酬	18 000				18 000	7 470
管理费用		职工薪酬	66 200				66 200	27 473
合 计			173 700	—	—	126 000	299 700	124 375.50

温馨提醒

《小企业会计准则》第五十条指出,"小企业应当在职工为其提供服务的会计期间,将应付的职工薪酬确认为负债,并根据职工提供服务的受益对象,分别下列情况进行会计处理:(一)应由生产产品、提供劳务负担的职工薪酬,计入产品成本或劳务成本。(二)应由在建工程、无形资产开发项目负担的职工薪酬,计入固定资产成本或无形资产成本。(三)其他职工薪酬(含因解除与职工的劳动关系给予的补偿),计入当期损益。"

第4节　外购动力及其他费用的归集与分配

一、外购动力费用的分配

动力费用是指企业在营运中耗用电力、蒸气、煤气等动力所发生的费用。企业所需动力可以外购,也可以自制。这些动力有的直接用于产品生产,如机器设备动力用电;有的间接用于产品,如生产车间的照明用电;有的则用于经营管理,如行政管理部门用电,取暖等。这里主要介绍外购动力费用的核算。

逐渐走向主流的新能源

(一) 外购动力费用的归集

外购动力费用是由动力供应单位根据其安装在受益企业的仪表记录和经有关部门核准的单价计算收取的。由于动力供应单位确定受益企业耗用动力数量的抄表日并非固定在月末,因而与企业的成本计算期不相一致。为了正确计算各月的动力费用,又要适当简化核算,企业通常的做法是在外购动力费用的归集和分配时通过"应付账款"账户核算,以兼顾外购动力的付款期和企业的成本计算期不同的矛盾。在实际支付外购动力费用时,作会计分录如下:

借:应付账款——动力供应单位
　　应交税费——应交增值税(进项税额)
　贷:银行存款

(二) 外购动力费用的分配

外购动力费用的分配对象同原材料费用。其分配方法在有仪表记录的情况下,应根据仪表所示的耗用数量和单价计算;在没有仪表的情况下,应按照一定的标准在各种产品之间进行分配,如生产工人工时、机器功率时数、定额消耗量比例等。各车间、部门的动力用电和照明用电一般都分别安装电表,外购电力费用在各车间、部门可按用电度数分配;车间内的动力用电,一般不按产品分别安装电表,因而车间内动力用电费需按一定的标准在各该车间生产的产品中进行分配。其计算公式如下:

$$外购动力费用分配率 = \frac{待分配的外购动力总额}{各种产品的机器工时等}$$

某种产品应分配的外购动力费用＝该种产品的机器工时等×外购动力费用分配率

在外购动力费用的核算中,若企业在生产成本明细账中设置"燃料和动力"成本项目的,可将外购动力费用计入该项目内;若企业在生产成本明细账中未设有"燃料和动力"成本项目的,可将外购动力费用记入"制造费用"账户。外购动力费用分配是通过编制"外购动力(电力)费用分配表"进行的,并据以编制会计分录。

【例 3-7】 东海工厂2019 年5月份电表记录共耗用外购电力36 400度,每度0.90元,共计32 760元。基本生产车间直接用于产品的电力按生产工时分配,其他各部门耗用的电力按电表记录。基本生产车间生产甲、乙两种产品,共同耗用外购电力20 200度,两种产品的机器工时分别为12 250 小时和13 000 小时。其分配计算如下:

外购动力费用分配率=20 200×0.90÷(12 250+13 000)=0.72
甲产品电力费用=12 250×0.72=8 820(元)
乙产品电力费用=13 000×0.72=9 360(元)

东海工厂"外购电力费用分配表"如图表 3-4 所示。

图表 3-4

外购电力费用分配表

2019 年 5 月   金额单位:元

应借科目		成本或费用项目	机器工时（小时）	分配率	应分配电费
基本生产成本	甲产品	燃料和动力	12 250	0.72	8 820
	乙产品	燃料和动力	13 000	0.72	9 360
	小 计		25 250	0.72	18 180
辅助生产成本	运输	水电费			2 500
	修理	水电费			1 080
	小 计				3 580
制造费用	基本生产车间	水电费			3 000
销售费用		水电费			2 000
管理费用		水电费			6 000
合 计			—	—	32 760

企业应根据"电力费用分配表"编制会计分录,并据以登记有关总分类账和明细分类账,根据图表 3-4 资料,编制会计分录如下:

```
借:基本生产成本——甲产品(燃料和动力)              8 820
          ——乙产品(燃料和动力)              9 360
    辅助生产成本——运输车间                        2 500
          ——修理车间                        1 080
    制造费用                                      3 000
    销售费用                                      2 000
    管理费用                                      6 000
   贷:应付账款——供电部门                         32 760
```

二、折旧费用的分配

固定资产是指小企业为生产产品、提供劳务、出租或经营管理而持有的，使用寿命超过1年的有形资产。小企业的固定资产包括：房屋、建筑物、运输工具、设备、器具、工具等。固定资产在长期的使用过程中虽然保持实物形态不变，但其价值还是随着固定资产的使用和时间的推移而逐渐减少，这部分减少的价值就是固定资产折旧。固定资产折旧是企业生产经营过程的劳动资料耗费，它应以折旧费用的形式计入产品成本和期间费用。小企业应当对所有固定资产计提折旧，但已提足折旧仍继续使用的固定资产和单独计价入账的土地不得计提折旧。

折旧费用应按照固定资产的使用部门进行汇总、分配。就企业的生产单位（车间或分厂）来说，一种产品的生产往往需要使用多种机器设备，而每一种机器设备又可能生产多种产品。因此，机器设备的折旧费用虽属直接费用，但因其分配较为复杂，为简化成本核算，不专设成本项目，而与生产单位的其他用于产品生产的固定资产（如厂房）的折旧费用一同核算。按照《小企业会计准则》规定，固定资产的折旧费应当根据固定资产的受益对象计入相关资产成本或者当期损益。生产部门发生的折旧费用作为间接费用先按使用车间归集于"制造费用"账户中，月末随其他制造费用一起，按一定的方式分配后计入产品制造成本。非生产部门发生的折旧费用，则按部门分别记入有关期间费用账户。小企业应当按月计提折旧，当月增加的固定资产，当月不计提折旧，从下月起计提折旧；当月减少的固定资产，当月仍计提折旧，从下月起不计提折旧。折旧费用的计算方法和提取范围在财务会计课程中已详细阐述，这里不再重复。折旧费用的分配是通过编制"折旧费用分配表"进行的，根据"折旧费用分配表"编制会计分录，并据以登记相关总分类账及明细分类账。

【例 3-8】 2019 年 5 月东海工厂的"折旧费用分配表"如图表 3-5 所示。

图表 3-5

折旧费用分配表

2019 年 5 月　　　　　　　　　　　　　　　　　　单位：元

应借科目	车间部门	上月固定资产折旧额	上月增加的固定资产折旧额	上月减少的固定资产折旧额	本月固定资产折旧额
—	—	①	②	③	④=①+②-③
制造费用	基本生产车间	26 800	1 200	600	27 400
辅助生产成本	运输车间	2 200	800	1 200	1 800
	修理车间	3 800	700	900	3 600
销售费用		1 600	400		2 000
管理费用		1 400		200	1 200
合　计		35 800	3 100	2 900	36 000

根据图表3-5资料,编制会计分录如下:

借:制造费用 27 400
　　辅助生产成本——运输车间 2 800
　　　　　　　　——修理车间 3 600
　　销售费用 2 000
　　管理费用 6 200
　贷:累计折旧 42 000

温馨提醒

《小企业会计准则》第三十条指出,"小企业应当按照年限平均法(即直线法,下同)计提折旧。小企业的固定资产由于技术进步等原因,确需加速折旧的,可以采用双倍余额递减法和年数总和法。小企业应当根据固定资产的性质和使用情况,并考虑税法的规定,合理确定固定资产的使用寿命和预计净残值。固定资产的折旧方法、使用寿命、预计净残值一经确定,不得随意变更。"

三、其他费用的分配

(一) 利息费用的分配

小企业为从事生产经营活动而发生的借款的利息费用(不包括为购建固定资产而借入的基建借款),不计入产品成本,而是财务费用的一个项目。

短期借款的利息费用一般按季支付,为了正确划分各个月份的费用界限,可以采用预提利息费用的方法分月按计划预提,季末实际支付利息费用时冲减预提费用。实际支付利息与预提利息的差额在季末月份的财务费用中调整。

【例3-9】 东海工厂预计第二季度短期借款利息4 200元,平均每月预提利息1 400元,6月月末实际支付利息4 300元。

4~6月每月预提利息费用时,作会计分录如下:

借:财务费用 1 400
　贷:应付利息 1 400

6月份实际支付利息费用并调整预提差额时,作会计分录如下:

借:应付利息 4 200
　　财务费用 100
　贷:银行存款 4 300

也可以6月份不预提利息费用,在收到银行利息清单时直接作会计分录如下:

借：应付利息	2 800
财务费用	1 500
贷：银行存款	4 300

如果利息费用数额不大，为了简化核算，也可以不采用预提利息费用的方法，而在季末实际支付利息费用时一次全部计入当月的财务费用。

长期借款的利息费用应通过"长期借款"账户核算，计提长期借款的利息费用时，借记"财务费用"等账户，贷记"长期借款"账户。

（二）其他费用的分配

其他费用是指上述各项费用以外的其他费用支出，包括修理费、差旅费、邮电费、保险费、劳动保护费、运输费、办公费、水电费、技术转让费和业务招待费等。这些费用发生时，应根据这些费用的发生地点和用途，分别记入"制造费用""辅助生产成本""销售费用""管理费用"账户的借方和"银行存款"等账户的贷方。

【例3-10】 2019年5月，东海工厂以银行存款支付房屋修理费8 200元，其中基本生产车间应负担4 000元，修理车间应负担2 000元，行政管理部门应负担2 200元，作会计分录如下：

借：制造费用	4 000
辅助生产成本——修理车间	2 000
管理费用	2 200
贷：银行存款	8 200

小型工业企业的各种要素费用通过以上的阐述，已经按照费用的用途分别记入"基本生产成本""辅助生产成本""制造费用""销售费用""管理费用"和"财务费用"等账户的借方进行归集。其中记入"基本生产成本"账户借方的费用，已经分别记入各有关产品成本明细账的"直接材料""直接人工"和"燃料和动力"成本项目。

温馨提醒

《小企业会计准则》第三十二条规定：固定资产的日常修理费，应当在发生时根据固定资产的受益对象计入相关资产成本或者当期损益。也就是说生产车间所属固定资产的日常修理费应由"制造费用"负担，行政管理部门所属固定资产的日常修理费应由"管理费用"负担。而在《企业会计准则》中则规定企业生产车间（部门）和行政管理部门发生的固定资产修理费用等后续支出，作为"管理费用"核算。

知识归纳

1. 对于基本生产车间发生的、用于产品生产并专设成本项目的直接生产费用，如果是能分清产品品种的直接计入费用，应直接记入"基本生产成本"总分类账及相关的产品成本明细账；如果是涉及多种产品的间接计入费用，则应采用适当的分配方法，经分配后再记入"基本生产成本"总分类账及相关的产品成本明细账。

2. 对于基本生产车间发生的、用于产品生产但没有专设成本项目的直接生产费用以及间接生产费用，发生时，应先记入"制造费用"总分类账及相关的明细账，月末再将归集的制造费用按一定的标准分配记入受益产品的产品成本明细账中。

3. 间接计入费用的分配，应选择适当的分配方法。分配间接计入费用的标准主要有：产品的重量、体积、产量、产值、生产工时、机器工时、原材料消耗量或原材料费用、定额消耗量、定额费用等。分配间接计入费用的基本计算公式为：

$$费用分配率 = \frac{待分配费用总额}{分配标准总数}$$

某分配对象应负担的费用＝该分配对象标准数×费用分配率

4. 辅助生产车间的各项生产费用的分配方法，与基本生产车间的分配方法基本相同。但在辅助生产车间规模不大，发生的制造费用较少的情况下，对于辅助生产车间的制造费用，可以不通过"制造费用"账户核算，而直接记入"辅助生产成本"的总分类账及相关的产品成本明细账。月末，辅助生产费用应按受益情况通过一定的账务处理程序，分配转入"基本生产成本""制造费用""销售费用"和"管理费用"等账户。

5. 对于生产经营过程中发生的用于产品销售的费用、用于管理和组织生产经营活动的费用，以及用于筹集生产经营资金发生的费用等各项期间费用，应分别记入"销售费用""管理费用""财务费用"总分类账及所属明细账。

6. 原材料费用的分配方法主要有定额消耗量比例法和定额费用比例法。

7. 燃料费用分配的程序和方法与原材料费用分配的方法相同。主要有两种处理方法。①单独核算燃料费用。对燃料消耗量较大且在产品成本中所占比重较大的工业企业，需在产品成本明细账中设置"燃料和动力"成本项目，并增设"燃料"总分类账户，单独核算燃料的增加、减少和结存及燃料费用的分配情况。②不单独核算燃料费用。对燃料消耗量较小的工业企业可不单独核算燃料费用，将所耗用的燃料作为原材料的一个种类来核算。

8. 日工资标准有按日历天数计算和按法定工作日计算两种。①日工资标准按日历天数计算。其计算公式为：日工资标准＝月工资标准÷30。②日工资标准按法定工作日计算。其计算公式为：日工资标准＝月工资标准÷20.83。

基本训练

一、单项选择题

1. 用于生产产品构成产品实体的原材料费用,应记入( )账户。
   A. "基本生产成本"
   B. "制造费用"
   C. "管理费用"
   D. "销售费用"

2. 直接用于产品生产的燃料,应直接记入或者分配记入的账户是( )。
   A. "基本生产成本"
   B. "制造费用"
   C. "管理费用"
   D. "销售费用"

3. 为了提高产品成本计算的正确性,车间内生产人员的工资应记入( )账户,车间内管理、技术人员的工资应记入( )账户。
   A. "基本生产成本"
   B. "制造费用"
   C. "管理费用"
   D. "销售费用"

4. 某企业员工李晶,月标准工资3 800元,本月加班工资500元,本月病事假应扣工资300元,本月个人应负担的三险一金465元,本月应缴的个人所得税30元,则本月企业应付给李晶个人的工资总额是( )元。
   A. 3 800
   B. 4 000
   C. 3 535
   D. 3 505

5. 在下列( )的条件下,可按完工产品与月末在产品的数量比例,分配原材料费用。
   A. 原材料在生产开始时一次投入
   B. 原材料按生产进度陆续投入
   C. 产品成本中原材料费用比重较大
   D. 原材料费用消耗定额比较准确

6. 企业行政管理部门计提的固定资产折旧费,应借记( )。
   A. "其他业务成本"
   B. "管理费用"
   C. "制造费用"
   D. "辅助生产成本"

7. 企业为筹集资金而发生(支付)的手续费,应借记( )。
   A. "制造费用"

B. "管理费用"

C. "财务费用"

D. "销售费用"

8. 实行《小企业会计准则》的公司,基本生产车间生产设备日常修理费用应计入(   )。

   A. 管理费用

   B. 销售费用

   C. 财务费用

   D. 制造费用

9. 辅助生产车间不单独设置"制造费用"账户的,则辅助生产车间发生的管理人员工资应借记(   )账户。

   A. "管理费用"

   B. "制造费用"

   C. "辅助生产成本"

   D. "销售费用"

10. 对于基本生产车间发生的、用于产品生产但没有专设成本项目的直接生产费用以及间接生产费用,发生时,应先记入(   )账户,月末再将按一定的标准分配记入受益产品的产品成本明细账中。

    A. "管理费用"

    B. "制造费用"

    C. "辅助生产成本"

    D. "基本生产成本"

11. 辅助生产车间计提的固定资产折旧费,应借记(   )。

    A. "基本生产成本"

    B. "管理费用"

    C. "制造费用"

    D. "辅助生产成本"

12. 下列各项中应计入管理费用的是(   )。

    A. 银行借款的利息支出

    B. 银行存款的利息收入

    C. 企业的技术开发费

    D. 车间管理人员的工资

二、多项选择题

1. 生产经营过程中领用的材料,按照用途进行归类为:生产主要产品耗用、为基本生产车间等部门提供产品或劳务耗用、生产车间一般耗用、企业行政管理部门耗用,应分别记入下列账户(   )。

   A. "基本生产成本"

   B. "辅助生产成本"

C. "制造费用"
D. "管理费用"

2. 原材料费用的分配标准有( )。
   A. 材料定额消耗量
   B. 材料定额费用
   C. 产品体积
   D. 产量比例

3. 适当的间接计入费用的分配标准是指那些( )的标准。
   A. 分配结果合理
   B. 计算较为简便
   C. 取数容易
   D. 国家规定

4. 材料费用的分配对象主要有( )。
   A. 基本生产成本
   B. 辅助生产成本
   C. 制造费用
   D. 管理费用

5. 计入产品成本的职工薪酬,按其用途应分别借记( )账户。
   A. "销售费用"
   B. "基本生产成本"
   C. "制造费用"
   D. "管理费用"

6. 经过要素费用的分配,记入"基本生产成本"账户借方的费用,应分别记入各产品成本明细账的( )成本项目。
   A. "直接材料"
   B. "燃料和动力"
   C. "直接人工"
   D. "管理费用"

7. 分配间接计入费用的标准主要有( )。
   A. 成果类
   B. 消耗类
   C. 定额类
   D. 预算类

8. 本月应计提折旧的固定资产有( )。
   A. 上月增加的固定资产
   B. 本月增加的固定资产
   C. 上月减少的固定资产
   D. 本月减少的固定资产

9. 职工薪酬是企业为获得职工提供的服务而给予各种形式的报酬以及其他相关支出的总和,包括( )。

A. 短期薪酬

B. 其他长期职工福利

C. 离职后福利

D. 辞退福利

10. （　　）当月不提折旧。

A. 企业已提足折旧还在使用的固定资产

B. 单独计价入账的土地

C. 当月新增的固定资产

D. 当月减少的固定资产

三、判断题

1. 直接生产费用都是直接计入费用。　　　　　　　　　　　　　　　　　　（　　）
2. 专设成本项目的生产费用，都是直接生产费用。　　　　　　　　　　　　（　　）
3. 间接计入费用应采用适当的分配方法，分配以后分别记入各产品成本明细账及有关成本项目。　　　　　　　　　　　　　　　　　　　　　　　　　　　　（　　）
4. 直接用于辅助生产的费用以及用于基本生产，但没有专设成本项目的费用，应分别记入"辅助生产成本"和"制造费用"账户。　　　　　　　　　　　　　　（　　）
5. 几种产品生产共同耗用的，构成产品实体的原材料费用是直接生产费用，可以直接计入各种产品成本。　　　　　　　　　　　　　　　　　　　　　　　（　　）
6. 几种产品共同耗用原材料，在材料消耗定额比较准确的情况下，原材料费用可以按照产品的材料定额消耗量或材料定额费用比例分配。　　　　　　　　　（　　）
7. 按材料定额消耗量比例与按材料定额费用比例分配原材料费用，两种分配方法计算结果是不相同的。　　　　　　　　　　　　　　　　　　　　　　　　（　　）
8. 用于基本生产车间、辅助生产车间以及行政管理部门的照明用电，应计入管理费用。　　　　　　　　　　　　　　　　　　　　　　　　　　　　　　　　（　　）
9. 用于产品生产、照明、取暖的电力费用，应记入各种产品成本明细账的"燃料和动力"成本项目。　　　　　　　　　　　　　　　　　　　　　　　　　　（　　）
10. 生产工人、车间管理人员和技术人员的工资薪酬，是产品成本的重要组成部分，应该直接计入各种产品成本。　　　　　　　　　　　　　　　　　　　（　　）
11. 在计件工资形式下，如果是生产多种产品，应采用一定的分配标准分配工资费用后再记入各种产品成本明细账的"直接人工"项目。　　　　　　　　　（　　）
12. 企业发生的其他支出，如差旅费、邮电费、保险费、办公费、水电费、业务招待费等，应按照费用发生的部门和用途进行归类，分别计入产品成本和期间费用。

（　　）

13. 机器设备的折旧费是产品生产成本的组成部分，由于不单设成本项目，应先按照其使用车间归集于"制造费用"账户中，然后再与车间的其他制造费用一起分配计入产品成本。　　　　　　　　　　　　　　　　　　　　　　　　　　　（　　）
14. 借款的利息费用不计入产品成本，一般应作为期间费用，借记"财务费用"账户。

（　　）

业务题一

一、目的:练习按定额消耗量比例法分配原材料费用。

二、资料:海王公司生产甲、乙两种产品,共同耗用 F 种原材料 7 488 千克,单价 10 元,计 74 880 元,其中甲产品生产 300 件,消耗定额 15 千克/件;乙产品生产 150 件,消耗定额 22 千克/件。

三、要求:

1. 按原材料定额消耗量比例计算分配甲、乙产品实际耗用的原材料费用。
2. 用简化的方法,根据定额消耗量比例法直接分配原材料费用。

业务题二

一、目的:练习按定额费用比例法分配原材料费用。

二、资料:华晔工厂生产丙、丁两种产品,耗用 H、G 两种材料费用共计 128 232 元。本月投产丙产品 220 件,丁产品 250 件。丙产品 H 材料消耗定额 4 千克、G 材料消耗定额 7 千克;丁产品 H 材料消耗定额 5 千克、G 材料消耗定额 8 千克。H 材料 18 元/千克,G 材料 24 元/千克。

三、要求:按原材料定额费用比例计算分配丙、丁产品实际耗用的原材料费用。

业务题三

一、目的:练习按定额消耗量比例法分配原材料费用。

二、资料:进贤工厂原材料按实际成本计价,2019 年 5 月份材料费用及有关资料如图表 3-6 所示。

图表 3-6

原材料费用分配表

2019 年 5 月　　　　　　　　　　　　　　　金额单位:元

应借科目		成本或费用项目	直接计入	分配计入			合计
				定额消耗量(千克)	分配率	分配金额	
基本生产成本	丙产品	直接材料	26 440	7 000			
	丁产品	直接材料	31 460	5 000			
	小 计		57 900	12 000		42 240	
辅助生产成本		直接材料	5 400				
制造费用		机物料	5 150				
销售费用		其他	3 200				
管理费用		包装费	1 800				
合 计							

三、要求:

1. 按原材料定额消耗量比例计算分配丙、丁产品实际耗用的原材料费用,并完成上表的编制。

2. 根据上表编制会计分录。

业务题四

一、目的:练习燃料费用的分配及核算。

二、资料:进贤工厂单独核算燃料费用,2019年5月份燃料费用及有关资料如图表3-7所示。

图表3-7

燃料费用分配表

2019年5月　　　　　　　　　　　　　　　　　　金额单位:元

应借科目		成本或费用项目	直接计入	分配计入			合计
				定额消耗量(千克)	分配率	分配金额	
基本生产成本	丙产品	燃料和动力	2 300	1 270			
	丁产品	燃料和动力	3 400	1 805			
	小　计		5 700	3 075		12 300	
辅助生产成本		燃料和动力	4 100				
制造费用		燃料	1 780				
管理费用		其他	970				
合　计			12 550				

三、要求:

1. 按燃料定额消耗量比例计算分配丙、丁产品实际耗用的燃料费用,并完成上表的编制。

2. 根据上表编制会计分录。

业务题五

一、目的:练习职工薪酬业务的核算。

二、资料:2019年5月进贤工厂发生部分职工薪酬业务如下:

1. 生产工人赵辉生产甲产品1 000件,其中合格品950件,废品50件(工废40件,料废10件),计件单价2元;生产乙产品510件,其中合格品500件,废品10件(工废2件,料废8件),计件单价1.80元。

2. 生产工人孙强的月工资标准为3 840元。本月该工人事假4天、病假2天、休假10天、出勤15天。根据该工人的工龄,其病假工资按工资标准的80%计算。要求按下列情况分别计算孙强本月份的应得工资:

(1) 按30天计算日工资率,按缺勤天数扣款方法计算月工资额。

(2) 按30天计算日工资率,按出勤天数计算月工资额。

(3) 按20.83天计算日工资率,按缺勤天数扣款方法计算月工资额。

(4) 按20.83天计算日工资率,按出勤天数计算月工资额。

3. 本企业生产的甲、乙两种产品由5级技术工人加工完成。甲产品工时定额为30分钟/件,乙产品工时定额为45分钟/件。5级技术工人的小时工资率为28元。5级技术工人李静加工甲产品50件、乙产品40件。

4. 本企业基本生产车间生产甲、乙、丙三种产品,本月发生的生产工人计时工资共计70 200元。甲产品完工1 000件,乙产品完工400件,丙产品完工600件。单件产品的工时定额:甲产品为1小时,乙产品为2小时,丙产品为3小时。

三、要求:

1. 列出算式,分别计算赵辉、孙强和李静的工资(1~3题)。
2. 列出算式,计算甲、乙、丙三种产品各自应负担的工资费用。

业务题六

一、目的:练习职工薪酬业务的核算。

二、资料:香茗工厂"工资费用分配表"已知资料如图表3-8所示。甲、乙产品计时工资共计67 640元,按生产工时比例分配。同时需按照工资总额计提企业负担的五险一金:养老保险16%,医疗保险9.5%,失业保险0.5%,工伤保险1%,生育保险1%、住房公积金7%。

图表 3-8

职工薪酬费用分配表

2019年5月   金额单位:元

应借科目		成本或费用项目	直接计入	分配计入			工资费用合计	五险一金（ %）
				生产工时（小时）	分配率	分配金额		
基本生产成本	甲产品	直接人工	16 000	2 000				
	乙产品	直接人工	19 000	1 800				
	小计			3 800		67 640		
辅助生产成本	模具	职工薪酬	5 600					
制造费用		职工薪酬	23 800					
销售费用		职工薪酬	15 000					
管理费用		职工薪酬	46 600					
合计								

三、要求:要求填制完成"工资费用分配表",并编制会计分录。

业务题七

一、目的:练习其他费用的核算。

二、资料:2019年5月齐贤工厂份发生部分业务如下:

1. 发生办公费、业务招待费、手续费等共计6 030元,以银行存款支付。其中,第一基本生产车间1 300元,第二基本生产车间1 400元,辅助生产车间920元,行政管理部门1 700元,销售部门280元,财务费用(银行手续费)430元。

2. 本月"折旧费用分配表"如图表3-9所示。

图表 3-9

折旧费用分配表

2019 年 5 月　　　　　　　　　　　　　　　　　　　　　　　　　单位:元

应借科目	车间部门	上月固定资产折旧额	上月增加的固定资产折旧额	上月减少的固定资产折旧额	本月固定资产折旧额
制造费用	第一基本生产车间	12 030	2 000	3 000	11 030
制造费用	第二基本生产车间	20 800	1 200	1 600	20 400
辅助生产成本	修理车间	3 500	600	500	3 600
销售费用		1 200		200	1 000
管理费用		3 200	400		3 600
合　　计		40 730	4 200	5 300	39 630

3. 本月份耗电 40 000 度,单价 0.80 元,计应付电费 32 000 元。其中,基本生产车间动力用电 30 000 度,照明用电 2 000 度,行政管理部门用电 8 000 度。基本生产车间生产甲、乙两种产品,甲产品生产工时 36 000 小时,乙产品生产工时 24 000 小时。

三、要求:列出算式并编制会计分录。

课后习题答案

第 4 章
辅助生产费用的归集与分配

通过本章你可以学到：

- 什么是辅助生产
- 辅助生产成本的归集
- 辅助生产成本的直接分配法
- 辅助生产成本的交互分配法
- 辅助生产成本的计划成本分配法
- 辅助生产成本的代数分配法

案例导入

东海财经学院有一个校企合作的伙伴——嘉林玩具制造厂,生产塑料玩具。为了配合成本会计的教学,这天老师带着会计系的同学去工厂参观。工厂设有2个基本生产车间:第一车间和第二车间;2个辅助生产车间:模具车间和修理车间。期间,同学们看到了许多小时候喜欢的玩具,很是兴奋。参观完毕老师给同学们留了一个讨论题:辅助生产车间的主要任务(服务对象)是什么?辅助生产车间发生的成本费用是不是需要产品成本来负担?肖悦悄悄对室友王华说:"看来我们今天又要开'卧谈会'了"。

第1节　辅助生产费用的归集

一、辅助生产费用概述

☞ 辅助生产车间是指为基本生产车间和企业其他各部门服务而进行产品生产和劳务供应的车间,如为基本生产车间和企业其他各部门提供电、水、气、运输、修理等一种产品或劳务的生产车间;或为基本生产车间提供工具、模具、修理用备件等多种产品的生产车间。辅助生产车间在满足本厂需求的前提下,也可以对外单位提供产品或劳务,以充分发挥其生产能力。

☞ 辅助生产费用是指辅助生产车间为开展生产活动而发生的费用。其实质就是辅助生产车间生产的产品或提供的劳务的成本。由于辅助生产车间生产的产品或提供的劳务,首先,是为基本生产车间服务的,这部分辅助生产费用必然成为企业产品成本的组成部分;其次,是为企业其他各部门服务的,这部分辅助生产费用就成为企业的期间费用;再次,如有为外单位提供产品或劳务的,这部分辅助生产费用则作为企业的销售成本。很显然,辅助生产车间生产的产品或提供劳务的成本的高低,对企业的产品成本和期间费用的高低有着很大的影响,并且只有辅助生产车间生产的产品或提供劳务的成本确定分配以后,才能计算企业产品的生产成本和确定企业的期间费用。因此,正确、及时地计算辅助生产车间生产的产品和提供劳务的成本,合理分配辅助生产费用,对于降低产品成本,节约期间费用,以及正确计算产品成本和期间费用有着重要的意义。

二、辅助生产费用的归集

辅助生产费用的归集和分配是通过"辅助生产成本"账户进行的。"辅助生产成本"账户一般应按车间及产品或劳务的种类设置明细账,账内按成本项目设置专栏,进行明细核算。辅助生产费用的归集方式一般有两种。

(一)生产一种产品或提供一种劳务的辅助生产车间

辅助生产车间只生产一种产品或只提供一种劳务时,其发生的生产费用均由这一种产品或一种劳务负担,为直接计入费用。在这种情况下,为了简化核算工作,可以不设制"制造费用"账户,发生的直接费用、间接费用都直接归集在按车间设置的"辅助生产成本"明细账中,而"辅助生产成本"明细账则可以按照成本项目与费用项目相结合设置。其格式如图表4-1所示。

图表 4-1

辅助生产成本明细账

车间: 单位:元

日期	摘要	原材料	职工薪酬	折旧费	保险费	办公费	其他	合计	转出

(二)生产多种产品或提供多种劳务的辅助生产车间

生产多种产品或提供多种劳务的辅助生产车间,为了正确核算各种产品或劳务的成本,应按辅助生产车间的各种产品或劳务设置明细账户,并在明细账户内按规定的成本项目设置专栏,将各种产品或劳务所发生的直接费用,直接计入该产品或劳务成本的明细账户内;将辅助生产车间发生的间接费用,先在"制造费用"明细账户内归集,月末将归集的制造费用采用一定的方法在各种产品或劳务之间进行分配,然后转入辅助生产成本的各种产品或劳务的明细账户内。在这种情况下,辅助生产车间的产品或劳务成本的计算方法及明细账户设置与基本生产车间相同。

本节以后部分的内容,将只阐述生产一种产品或提供一种劳务的辅助生产车间的核算。

第2节　辅助生产费用的分配

辅助生产车间提供的产品或劳务,既可被用于基本生产的再加工,如自制材料;也可被用作劳动资料,如各种工具、模具;还有的则直接被产品生产活动和管理工作本身所消耗,如供水、供电、修理等。由于辅助生产车间所提供的产品和劳务种类不同,其分配转出的方向也不同。辅助生产提供的自制材料、工具、模具,应从"辅助生产成本"账户的贷方分别转入"原材料""低值易耗品"账户的借方;如果辅助生产车间提供的是水、电、蒸汽或运输、修理等劳务,则应该按提供的劳务数量或其他比例,在各受益对象之间进行分配。从"辅助生产成本"账户的贷方转入"基本生产成本""制造费用"" 销售费用"" 管理费用"

等账户的借方。

辅助生产费用的分配有两种情况,一种是企业内只有一个辅助生产车间,另一种是有 2 个或 2 个以上辅助生产车间。如果企业内只有一个辅助生产车间,该车间的产品或劳务的费用分配与其他费用的分配方法相同,谁受益,谁负担,此处不展开介绍。如果企业内有 2 个或 2 个以上辅助生产车间,那么某些辅助生产车间之间会有相互提供产品和劳务的情况,如运输车间为修理车间提供运输,修理车间为运输车间提供修理。这样,要计算运输成本,需要确定修理成本,而要计算修理成本,又需要确定运输成本,出现辅助生产费用的归集、分配互为条件的情况。因此,为了正确计算辅助生产产品和劳务的成本,在归集、分配辅助生产费用时,应在各辅助生产车间之间进行费用的交互分配。交互分配是辅助生产费用分配的重要特点。企业内有 2 个或 2 个以上辅助生产车间的辅助生产费用分配,通常采用的方法有直接分配法、交互分配法、计划成本分配法和代数分配法等。

微课:成本分配方法有哪些

一、直接分配法

直接分配法是指不考虑各辅助生产车间相互提供产品或劳务的情况,将各种辅助生产费用直接分配给辅助生产车间以外的各受益的对象的方法。其计算公式如下:

$$\text{辅助生产车间产品或劳务分配率} = \frac{\text{该车间辅助生产费用总额}}{\text{辅助生产车间对外提供的产品或劳务总量}}$$

$$\text{受益单位应分配的辅助生产费用} = \text{受益部门的受益数量} \times \text{辅助生产车间产品或劳务分配率}$$

【例 4-1】 东海工厂设有运输、机修两个辅助生产车间。2019 年 5 月份,运输车间归集的生产费用为 73 920 元,修理车间归集的生产费用为 62 400 元。2 个辅助生产车间对外提供的产品或劳务数量如图表 4-2 所示。

图表 4-2

各部门耗用辅助生产车间产品(劳务)情况表

受益的产品、车间或部门	运输车间(公里)	修理车间(工时)
运输车间	—	300
机修车间	800	—
基本生产车间	16 400	1 950
销售部门	13 600	150
行政管理部门	31 600	300
合　　计	62 400	2 700

根据上述资料,编制"辅助生产费用分配表"如图表 4-3 所示。

图表 4-3

辅助生产费用分配表(直接分配法)

2019 年 5 月　　　　　　　　　　　　　　　　金额单位:元

项　　目		运　输	修　理	合　　计
待分配辅助生产费用		73 920	62 400	136 320
供应辅助生产以外的劳务数量		62 400－800	2 700－300	—
单位成本(分配率)		1.20	26	—
基本生产车间	耗用数量	16 400	1 950	—
	分配金额	19 680	50 700	70 380
销售部门	耗用数量	13 600	150	—
	分配金额	16 320	3 900	20 220
行政管理部门	耗用数量	31 600	300	—
	分配金额	37 920	7 800	45 720
金额合计		73 920	62 400	136 320

根据"辅助生产费用分配表"(直接分配法),编制会计分录如下:

借:制造费用　　　　　　　　　　　　　　　　70 380
　　销售费用　　　　　　　　　　　　　　　　20 220
　　管理费用　　　　　　　　　　　　　　　　45 720
　贷:辅助生产成本——运输车间　　　　　　　73 920
　　　　　　　　——修理车间　　　　　　　　62 400

采用这一方法,在核算上较为简便,但分配结果不够准确。这种方法一般适用于辅助生产车间互相提供的产品或劳务数量不多、不进行交互分配、对企业产品成本准确性影响不大的情况。

二、交互分配法

👉 交互分配法是指先将辅助生产车间发生的费用在辅助生产车间之间进行交互分配,然后再将各辅助生产车间交互分配后的实际费用分配给辅助生产车间以外各受益单位的一种分配方法。采用这种分配方法,辅助生产费用的分配要分交互分配和对外分配 2 次进行。

1. 交互分配

即辅助生产车间之间相互分配费用。根据各辅助生产车间之间相互提供劳务数量以及交互分配前的辅助生产车间费用,先在辅助生产车间之间进行一次交互分配。其计算公式如下:

$$\text{某辅助生产车间交互分配率} = \frac{\text{该辅助生产车间交互分配前待分配费用总额}}{\text{该辅助生产车间提供的产品或劳务总量}}$$

$$\text{某辅助生产车间应负担的辅助生产费用} = \text{该辅助生产车间耗用其他辅助生产车间产品或劳务数量} \times \text{辅助生产车间交互分配率}$$

2. 确认交互分配后的辅助生产费用

$$\text{某辅助生产车间交互分配后的实际费用} = \text{该辅助生产车间交互分配前的费用} + \text{交互分配转入的费用} - \text{交互分配转出的费用}$$

3. 对外分配

即对辅助生产车间以外的受益单位分配。将各辅助生产车间交互分配后重新调整的辅助生产费用，对辅助生产车间以外的受益单位进行分配。其计算公式如下：

$$\text{某辅助生产车间对外分配率} = \frac{\text{该辅助生产车间交互分配后的实际费用}}{\text{该辅助生产车间对外提供的产品或劳务总量}}$$

$$\text{辅助生产车间以外的某受益单位应负担的辅助生产费用} = \text{该受益单位耗用产品或劳务量} \times \text{辅助生产车间对外分配率}$$

【例 4-2】 承[例 4-1]，按交互分配法分配辅助生产费用。

(1) 交互分配。

运输费用分配率 = 73 920 ÷ 62 400 = 1.184 6
修理车间应负担的运输费 = 800 × 1.184 6 = 947.68(元)
修理费用分配率 = 62 400 ÷ 2 700 = 23.111 1
运输车间应负担的修理费 = 300 × 23.111 1 = 6 933.33(元)

(2) 确认交互分配后的辅助生产费用。

运输车间交互分配后的实际费用 = 73 920 + 6 933.33 − 947.68 = 79 905.65(元)
修理车间交互分配后的实际费用 = 62 400 + 947.68 − 6 933.33 = 56 414.35(元)

(3) 对外分配。

运输车间对外分配率 = 79 905.65 ÷ 61 600 = 1.297 2
基本生产车间应负担的运输费 = 16 400 × 1.297 2 = 21 274.08(元)
专设销售机构应负担的运输费 = 13 600 × 1.297 2 = 17 641.92(元)
行政管理部门应负担的运输费 = 79 905.65 − 21 274.08 − 17 641.92 = 40 989.65(元)
修理车间对外分配率 = 56 414.35 ÷ 2 400 = 23.506 0
基本生产车间应负担的修理费 = 1 950 × 23.506 0 = 45 836.70(元)
专设销售机构应负担的修理费 = 150 × 23.506 0 = 3 525.90(元)
行政管理部门应负担的修理费 = 56 414.35 − 45 836.70 − 3 525.90 = 7 051.75(元)

根据以上计算结果，编制辅助生产费用分配表如图表 4-4 所示。
根据"辅助生产费用分配表"(交互分配法)，编制会计分录如下：

(1) 交互分配。

借：辅助生产成本——运输车间　　　　　　　　　　　　　　6 933.33
　　　　　　　　——修理车间　　　　　　　　　　　　　　947.68
　贷：辅助生产成本——修理车间　　　　　　　　　　　　　6 933.33
　　　　　　　　——运输车间　　　　　　　　　　　　　　947.68

图表 4-4

辅助生产费用分配(交互分配法)

2019 年 5 月　　　　　　　　　　　　　金额单位:元

项目		运输车间			修理车间			合计
		数量	分配率	金额	数量	分配率	金额	
待分配辅助生产费用		62 400	1.184 6	73 920	2 700	23.111 1	62 400	136 320
交互分配	运输	—	—	—	300	23.111 1	6 933.33	6 933.33
	修理	800	1.184 6	947.68	—	—	—	947.68
对外分配辅助生产费用		61 600	1.297 2	79 905.65	2 400	23.506 0	56 414.35	136 320
对外分配	基本生产车间	16 400		21 274.08	1 950		45 836.70	67 110.78
	销售部门	13 600		17 641.92	150		3 525.90	21 167.82
	行政管理部门	31 600		40 989.65	300		7 051.75	48 041.40
	合计	61 600		79 905.65	2 400		56 414.35	136 320

(2) 对外分配。

```
借:制造费用                           67 110.78
   销售费用                           21 167.82
   管理费用                           48 041.40
   贷:辅助生产成本——运输车间           79 905.65
              ——修理车间           56 414.35
```

交互分配法能够比较全面地反映各辅助生产车间的实际生产费用,它适用于各辅助生产车间之间提供的产品或劳务较多并有比较健全的原始记录、要求全面正确核算辅助生产以及产品成本的企业。

三、计划成本分配法

👉 计划成本分配法是指先将辅助生产费用的计划单位成本作为分配率,向各受益对象进行分配,再将按计划单位成本计算出的分配额与实际生产费用之间的差额进行调整的一种分配方法。

计划成本分配法的计算分三个步骤进行。

1. 按计划成本计算各受益部门应负担的辅助生产费用

计算公式如下:

各受益部门应负担的辅助生产费用 = 该部门接受产品或劳务的数量 × 计划单位成本

按计划成本计算的辅助生产费用 = $\sum$ 各受益对象应负担的辅助生产费用

= 该辅助生产车间提供的产品(劳务)总量 × 计划单位成本

2. 计算辅助生产车间的实际生产费用

辅助生产车间之间按计划成本进行了交互分配，交互分配后的辅助生产费用即为辅助生产车间的实际生产车间的实际生产费用。其计算公式如下：

$$\begin{matrix}某辅助生产车间\\的实际生产成本\end{matrix} = \begin{matrix}该辅助生产车间\\的待分配费用\end{matrix} + \begin{matrix}耗用其他辅助生产车间按\\计划成本分配转入的费用\end{matrix}$$

3. 计算、处理辅助生产成本差异

在"辅助生产费用分配表"中，既反映出了辅助生产车间的实际成本，又反映出了辅助生产车间的计划成本，两者的差额即为辅助生产成本差异。从理论上讲，应对这部分的差异进行再分配，以调整各受益部门应负担的实际辅助生产费用。但为了简化核算，也可将全部差异记入"管理费用"账户，不再分配给辅助生产的受益部门。

辅助生产成本差异＝辅助生产实际成本－按计划成本计算的辅助生产费用

【例 4-3】 承[例 4-1]，设东海工厂运输车间运输费计划成本为 1.2 元/公里；修理车间的修理费计划成本为 25 元/小时，辅助生产成本差异记入"管理费用"账户，按计划成本分配法分配辅助生产费用如图表 4-5 所示。

图表 4-5

辅助生产费用分配（计划成本分配法）

2019 年 5 月　　　　　　　　　　　　　金额单位：元

项　　目			运输	修理	合计
待分配辅助生产费用			73 920	62 400	136 320
供应的劳务数量			62 400	2 700	—
计划单位成本			1.20	25.00	—
辅助生产	运输	耗用数量	—	300	—
		分配金额	—	7 500	7 500
	修理	耗用数量	800	—	—
		分配金额	960	—	960
基本生产车间		耗用数量	16 400	1 950	—
		分配金额	19 680	48 750	68 430
销售部门		耗用数量	13 600	150	—
		分配金额	16 320	3 750	20 070
行政管理部门		耗用数量	31 600	300	—
		分配金额	37 920	7 500	45 420
按计划成本分配费用合计			74 880	67 500	142 380
辅助生产实际成本			81 420	63 360	144 780
辅助生产成本差异			6 540	−4 140	2 400

1）按计划成本计算各受益部门所负担辅助生产费用。

运输车间辅助生产计划成本＝960＋19 680＋16 320＋37 920＝74 880(元)
修理车间辅助生产计划成本＝7 500＋48 750＋3 750＋67 500＝67 500(元)

2) 辅助生产车间的实际生产费用。

运输车间辅助生产实际成本＝73 920＋7 500＝81 420(元)
修理车间辅助生产实际成本＝62 400＋960＝63 360(元)

3) 辅助生产成本差异。

运输车间的成本差异＝81 420－74 880＝6 540
修理车间的成本差异＝63 360－67 500＝－4 140

4) 根据辅助生产费用分配表编制会计分录。

(1) 按计划成本分配各受益部门应负担的辅助生产费用。

```
借：辅助生产成本——运输车间                    7 500
            ——修理车间                    960
    制造费用                              68 430
    销售费用                              20 070
    管理费用                              45 420
  贷：辅助生产成本——运输车间                 74 880
            ——修理车间                 67 500
```

(2) 处理辅助生产成本差异。

```
借：辅助生产成本——修理车间                    4 140
    管理费用                               2 400
  贷：辅助生产成本——运输车间                  6 540
```

按计划成本分配辅助生产费用,很大程度上简化了辅助生产成本的计算和分配工作,同时,通过实际成本与计划成本比较,便于对辅助生产车间的成本进行考核与评价。这种方法适用于辅助生产产品或劳务的计划成本比较准确的企业。

四、代数分配法

代数分配法是运用代数中多元一次联立方程的原理,在各辅助生产车间相互提供产品或劳务的情况下,先计算确定辅助生产产品或劳务的单位成本,再按照各受益车间、部门的实际耗用数量分配辅助生产费用的方法。

采用这种方法,首先,要将各辅助生产车间提供的产品或劳务的单位成本设为未知数;其次,根据各辅助生产车间相互提供的产品或劳务的数量关系建立方程式,并以此计算、求解出辅助生产产品或劳务的单位成本(分配率);最后,根据各受益单位耗用辅助生产产品或劳务的数量及求出的单位成本,计算出各受益单位应分配计入的辅助生产费用。

【例 4-4】 承[例 4-1]，按代数分配法分配辅助生产费用。

（1）设运输车间每公里运输成本为 x，修理车间每一修理工时的单位成本为 y，列出二元一次方程组。

$$62\,400x = 73\,920 + 300y$$

$$2\,700y = 62\,400 + 800x$$

（2）解方程组。

$$x = 1.297\,6$$

$$y = 23.495\,6$$

（3）根据计算取得的单位成本（分配率）编制辅助生产费用分表如图表 4-6 所示。

图表 4-6

辅助生产费用分配表（代数分配法）

2019 年 5 月　　　　　　　　　　　　　金额单位：元

项目			运输	修理	合计
待分配辅助生产费用			73 920	62 400	136 320
供应的劳务数量			62 400	2 700	—
单位成本（分配率）			1.297 6	23.495 6	—
辅助生产	运输（公里）	耗用数量	—	300	
		分配金额	—	7 048.68	7 048.68
	修理（工时）	耗用数量	800	—	
		分配金额	1 038.08	—	1 038.08
基本生产车间		耗用数量	16 400.00	1 950	—
		分配金额	21 280.64	45 816.42	67 097.06
销售部门		耗用数量	13 600.00	150	—
		分配金额	17 647.36	3 524.34	21 171.70
行政管理部门		耗用数量	31 600.00	300	—
		分配金额	41 002.60	7 048.64	48 051.24
金额合计			80 968.68	63 438.08	144 406.76

注：分配率四舍五入造成的尾差由管理费用承担。

行政管理部门应负担的运输费 =（73 920 + 7 048.68）−（1 038.08 + 21 280.64 + 17 647.36）
　　　　　　　　　　　　　　 = 80 968.68 − 39 966.08 = 41 002.60（元）

行政管理部门应负担的修理费 =（62 400 + 1 038.08）−（7 048.68 + 45 816.42 + 3 524.34）
　　　　　　　　　　　　　　 = 63 438.08 − 56 389.44 = 7 048.64（元）

(4) 根据辅助生产费用分配表,作会计分录。

借:辅助生产成本——运输　　　　　　　　　　　7 048.68
　　　　　　　——修理　　　　　　　　　　　　1 038.08
　　制造费用　　　　　　　　　　　　　　　　67 097.06
　　销售费用　　　　　　　　　　　　　　　　21 171.70
　　管理费用　　　　　　　　　　　　　　　　48 051.24
　贷:辅助生产成本——运输车间　　　　　　　　80 968.68
　　　　　　　——修理车间　　　　　　　　　63 438.08

由于代数分配法是用数学方法同时计算各辅助生产车间生产的产品或劳务的单位成本,因此计算的结果最为准确。如果辅助生产车间较多,相应地,其未知数就多,建立的方程组中的方程就多,计算的工作量就大。因此,这一方法适用于辅助生产车间不多的企业。但随着会计电算化的普及,其适用面将会越来越大。

此外,如果辅助生产车间为其他企业提供产品或者劳务的,应将其分配的金额列入"其他业务成本"账户。

知识拓展

还有一种辅助生产费用的分配方法叫做顺序分配法。顺序分配法是指按照辅助生产车间之间相互提供产品或劳务数额多少的顺序,依次排列分配辅助生产费用的方法。采用这种方法,将受益少的辅助生产车间排在前面,先进行分配;将受益多的辅助生产车间排在后面,后进行分配。这样排列在前面的辅助生产车间将其发生的生产费用分配给排在后面的辅助生产车间;而排在后面的辅助生产车间发生的生产费用却不再分配给排在前面的辅助生产车间。排在后面的辅助生产车间的生产费用在进行分配时,应在原归集的生产费用的基础上,加上排在前面的辅助生产费用转入的数额一并予以分配。

顺序分配法计算较为简便,并且能有重点地反映辅助生产车间交互服务的关系,比直接分配法前进了一步。但是,采用这种方法,排在前面的辅助生产车间不负担排在后面的辅助生产车间的费用,导致排在前面的辅助生产车间的费用归集不完整,不能全面反映辅助生产车间之间相互提供产品或劳务的关系,影响了分配结果的准确性。这种方法适用于各辅助生产车间相互受益程度有明显顺序的企业。

ABC分类库存控制法

知识归纳

1. 辅助生产费用实质是辅助生产车间生产的产品或提供的劳务的成本。辅助生产车间生产的产品和提供的劳务,首先,是为基本生产车间服务的,这部分辅助生产费用就成为企业产品成本的组成部分;其次,是为企业其他各部门服务的,这部分辅助生产费用就成为企业的期间费用;再次,如有为外单位提供产品或劳务的,这部分辅助生产费用则作为企业的销售成本。

2. 辅助生产车间只生产一种产品或只提供一种劳务时,其发生的生产费用均由这一种产品或一种劳务负担,直接计入费用。在这种情况下,为了简化核算工作,可以不设置"制造费用"账户,发生的直接费用、间接费用都直接归集在按车间设置的辅助生产成本明细账中,而"辅助生产成本"明细账则可以按照成本项目与费用项目相结合设置。

3. 若企业内有两个或两个以上辅助生产车间,某些辅助生产车间之间会有相互提供产品和劳务的情况。就会出现辅助生产费用的归集、分配互为条件的情况。为了正确计算辅助生产产品和劳务的成本,在归集、分配辅助生产费用时,应在各辅助生产车间之间进行费用的交互分配,交互分配是辅助生产费用分配的重要特点。

4. 辅助生产费用分配的方法主要有直接分配法、交互分配法、计划成本分配法和代数分配法等。

基本训练

一、单项选择题

1. "辅助生产"明细账一般按(　　)设立。
   A. 车间及产品品种　　　　　　B. 产品数量
   C. 劳务量　　　　　　　　　　D. 成本项目

2. 辅助生产车间生产完工入库的修理用备件,借记(　　)账户,贷记"辅助生产成本"账户。
   A. "低值易耗品"　　　　　　　B. "原材料"
   C. "自制半成品"　　　　　　　D. "制造费用"

3. 属于辅助生产费用的分配方法是(　　)。
   A. 计划成本分配法　　　　　　B. 约当产量法
   C. 年度计划分配率分配法　　　D. 定额比例法

4. 辅助生产费用的直接分配法,是将辅助生产费用(　　)。
   A. 直接计入基本生产成本的方法
   B. 直接计入辅助生产成本的方法
   C. 直接分配给辅助生产以外的各受益单位的方法
   D. 直接分配给所有受益单位的方法

5. 采用交互分配法分配辅助生产费用,对外分配的费用总额是(　　)。
   A. 交互分配前的费用
   B. 交互分配前的费用加上交互分配转入的费用
   C. 交互分配前的费用减去交互分配转出的费用
   D. 交互分配前的费用加上交互分配转入的费用,减去交互分配转出的费用

6. 在交互分配法下,辅助生产费用交互分配后的实际费用,再对(　　)。
   A. 辅助生产以外的受益单位分配　　　B. 所有各受益单位分配
   C. 各辅助生产车间分配　　　　　　　D. 各受益的基本生产车间进行分配

7. 按计划成本分配法分配辅助生产费用时,辅助生产的成本差异可以全部记入(　　)账户。
   A. "管理费用"　　　　　　　　　　　B. "基本生产成本"
   C. "制造费用"　　　　　　　　　　　D. "辅助生产成本"

8. 采用按计划成本分配法分配辅助生产费用时,辅助生产的实际成本是(　　)。
   A. 按计划成本分配前的实际费用
   B. 按计划成本分配前的实际费用加上按计划成本分配转入的费用
   C. 按计划成本分配前的实际费用减去按计划成本分配转出的费用
   D. 按计划成本分配前的实际费用加上按计划成本分配转入的费用,减去按计划成本分配转出的费用

9. 辅助车间相互之间有提供劳务,但对内不交互分配,属于(　　)。
   A. 交互分配法　　　　　　　　　　　B. 计划成本分配法
   C. 直接分配法　　　　　　　　　　　D. 代数分配法

10. 辅助生产费用分配方法中费用分配结果最准确的是(　　)。
    A. 直接分配法　　　　　　　　　　　B. 交互分配法
    C. 按计划成本分配法　　　　　　　　D. 代数分配法

二、多项选择题

1. 企业进行辅助生产费用分配时,可能借记的账户有(　　)。
   A. "基本生产成本"　　　　　　　　　B. "管理费用"
   C. "制造费用"　　　　　　　　　　　D. "辅助生产成本"

2. 辅助生产费用分配的方法有(　　)。
   A. 交互分配法　　B. 定额比例法　　C. 直接分配法　　D. 代数分配法

3. 辅助生产车间需要进行交互分配的方法有(　　)。
   A. 交互分配法　　　　　　　　　　　B. 计划成本分配法
   C. 代数分配法　　　　　　　　　　　D. 直接分配法

4. 辅助生产费用的交互分配法,分配时是在(　　)。
   A. 辅助生产车间以外的受益单位之间分配
   B. 各受益的辅助生产车间之间分配
   C. 各生产车间之间分配
   D. 其他各受益部门之间分配

5. 通过辅助生产费用的归集和分配,应记入本月"生产成本"账户的金额,都已分别归集在(　　)总账和所属明细账的借方。
   A. "制造费用"　　　　　　　　　　　B. "管理费用"
   C. "销售费用"　　　　　　　　　　　D. "基本生产成本"

6. 辅助生产车间的产品和劳务的提供对象可以是(　　)。

A. 基本生产车间　　　　　　　　B. 辅助生产车间
　　C. 生产车间以外的各部门　　　　D. 对外销售
7. 下列（　　）中,有借方和贷方会计科目相同的分录。
　　A. 按计划成本分配法　　　　　　B. 直接分配法
　　C. 交互分配法　　　　　　　　　D. 代数分配法
8. 采用下列（　　）这种辅助生产费用的分配方法需要编制2笔会计分录。
　　A. 直接分配法　　　　　　　　　B. 计划成本分配法
　　C. 交互分配法　　　　　　　　　D. 代数分配法
9. 当（　　）时,适合采用直接分配法分配辅助生产费用。
　　A. 只有一个辅助生产车间
　　B. 两个以上辅助车间但相互提供劳务或产品较少
　　C. 辅助车间规模较大,互相提供劳务较多,而且未采用现代化计算手段
　　D. 辅助车间规模较大,互相提供劳务较多,已经采用现代化计算手段
10. 下列（　　）属于辅助生产车间的产品。
　　A. 自制材料　　　　　　　　　　B. 自制专用工具
　　C. 自制主营产品　　　　　　　　D. 自制模具

三、判断题

1. 辅助生产成本明细账一般应按车间以及产品种类设置,账内只按成本项目设置专栏。（　　）
2. 辅助生产车间发生的各种生产费用都直接记入"辅助生产成本"科目。（　　）
3. 辅助生产车间可以只生产一种产品或只提供一种劳务,也可以生产多种产品或提供多种劳务。（　　）
4. 辅助生产费用分配的直接分配法适用于只有一个辅助生产车间的情况。（　　）
5. 采用交互分配法分配时,对外分配的辅助生产费用,应为交互分配前的费用加上交互分配时分配转入的费用,减去交互分配转出的费用。（　　）
6. 采用代数分配法分配辅助生产费用时,应用代数中解联立方程的原理,直接分配各受益车间、部门应负担的费用,不需计算辅助生产产品和劳务的单位成本。（　　）
7. 计划成本分配法分配辅助生产费用时,不必在辅助生产车间之间进行交互分配。（　　）
8. 直接分配法的优点是计算结果较准确,但计算不够简便。（　　）
9. 代数分配法的优点是计算准确,缺点是计算工作复杂。（　　）
10. 工作有计划可以减少盲目性,计划成本分配法适用于任何企业。（　　）

实战演练

业务题一

一、目的:练习辅助生产费用分配的直接分配法。
二、资料:擎天工厂只有一个辅助生产车间——修理车间。2019年5月,修理车间

发生费用27 600元,提供修理劳务量1 200小时,其中为基本生产车间修理800小时,为行政管理部门修理400小时,修理费用按修理工时比例分配。

三、要求:编制辅助生产修理费用分配表(见图表4-7)并编制会计分录。

图表4-7

辅助生产费用分配表(直接分配法)

2019年5月 金额单位:元

项　　　目		修理车间
待分配辅助生产费用		
供应的劳务数量		
单位成本(分配率)		
基本生产车间	耗用数量	
	分配金额	
行政管理部门	耗用数量	
	分配金额	
金额合计		

业务题二

一、目的:练习辅助生产费用分配的直接分配法。

二、资料:华谊工厂设有修理和运输两个辅助生产车间。2019年5月,修理车间发生费用36 000元,提供修理劳务量2 200小时,其中为运输部门修理400小时,为基本生产车间修理1 600小时,为行政管理部门修理200小时,修理费用按修理工时比例分配;运输部门本月发生的费用45 000元,运输材料物资15 000公里,其中为修理车间提供运输劳务600公里,为基本生产车间提供运输劳务2 400公里,为销售部门提供运输劳务8 000公里,为企业管理部门提供运输劳务4 000公里。

三、要求:采用直接分配法计算分配修理、运输费用,编制辅助生产费用分配表(见图表4-8)并编制会计分录。

图表4-8

辅助生产费用分配表(直接分配法)

年　月 金额单位:元

项　　　目		修理	运输	合计
待分配辅助生产费用				
供应辅助生产以外的劳务数量				
单位成本(分配率)				
基本生产车间	耗用数量			
	分配金额			
销售部门	耗用数量			
	分配金额			

(续表)

项目		修理	运输	合计
行政管理部门	耗用数量			
	分配金额			
金额合计				

业务题三

一、目的：练习辅助生产费用分配的交互分配法。

二、资料：运来公司设有供电、修理两个辅助生产车间，2019年5月份供电车间发生生产费用28 800元、修理车间发生生产费用36 500元。这两个辅助生产车间提供的产品（或劳务）数量如图表4-9所示。

图表4-9

辅助生产车间提供的产品（或劳务）数量表

受益的产品、车间或部门	供电车间（度）	修理车间（工时）
供电车间	—	200
修理车间	2 000	—
A产品	11 000	
B产品	13 000	
基本生产车间	4 000	900
行政管理部门	2 000	360
合　计	32 000	1 460

三、要求：根据上列资料，采用交互分配法编制"辅助生产费用分配表"（见图表4-10）并编制会计分录。

图表4-10

辅助生产费用分配（交互分配法）

年　月　　　　　　　　　　　　　　　　　金额单位：元

项目		供电车间			修理车间			合计
		数量	分配率	金额	数量	分配率	金额	
待分配辅助生产费用								
交互分配	供电							
	修理							
对外分配辅助生产费用								
对外分配	A产品							
	B产品							
	基本生产车间							
	行政管理部门							
	合　计							

业务题四

一、目的：练习辅助生产费用分配的计划成本分配法。

二、资料：运来公司设有供电、修理两个辅助生产车间，2019年5月，供电车间发生生产费用 28 800 元、修理车间发生生产费用 36 500 元，计划单位成本供电每度 1.02 元，修理每小时 24.50 元。这两个辅助生产车间提供的产品(或劳务)数量如业务题三图表 4-9 所示。

三、要求：采用计划成本分配法编制"辅助生产费用分配表"(见图表 4-11)并编制会计分录(辅助生产成本差异记入"管理费用"账户)。

图表 4-11

辅助生产费用分配(计划成本分配法)

年　　月　　　　　　　　　　　金额单位：元

项目		供电	修理	合计
待分配辅助生产费用				
供应的劳务数量				
计划单位成本				
辅助生产	供电	耗用数量		
		分配金额		
	修理	耗用数量		
		分配金额		
A产品		耗用数量		
		分配金额		
B产品		耗用数量		
		分配金额		
基本生产车间		耗用数量		
		分配金额		
行政管理部门		耗用数量		
		分配金额		
按计划成本分配费用合计				
辅助生产实际成本				
辅助生产成本差异				

业务题五

一、目的：练习辅助生产费用分配的代数分配法。

二、资料：运来公司设有供电、修理两个辅助生产车间，2019年5月，供电车间发生生产费用 28 800 元、修理车间发生生产费用 36 500 元。这两个辅助生产车间提供的产品(或劳务)数量如业务题三图表 4-9 所示。

三、要求：采用代数分配法编制"辅助生产费用分配表"(见图表 4-12)并编制有关的会计分录。

图表 4-12

辅助生产费用分配表（代数分配法）

年　　月　　　　　　　　　　　　　　金额单位：元

项　目			供　电	修　理	合　计
待分配辅助生产费用					
供应的劳务数量					
单位成本（分配率）					
辅助生产	供　电	耗用数量			
		分配金额			
	修　理	耗用数量			
		分配金额			
A产品		耗用数量			
		分配金额			
B产品		耗用数量			
		分配金额			
基本生产车间		耗用数量			
		分配金额			
行政管理部门		耗用数量			
		分配金额			
金额合计					

课后习题答案

第 5 章 制造费用的归集与分配

CHAPTER 5

通过本章你可以学到：

- 制造费用核算的内容
- 制造费用的归集
- 制造费用生产工人工时比例分配法
- 制造费用生产工人工资比例分配法
- 制造费用按年度计划分配率分配法

Learning objectives 学习目标

案例导入

在第三章各项要素费用的分配中,我们已经与"制造费用"账户发生了"亲密接触"。制造费用是指企业各个生产车间为生产产品和提供劳务而发生的各项间接费用,以及为生产产品和提供劳务而发生的难以直接计入产品和劳务成本的各项费用。一个生产车间,如果只生产一种产品,制造费用可直接计入其产品成本。在生产多种产品的车间中,就要采用既合理又简便的分配方法,将制造费用分配计入各种产品成本。

老师请肖玥和同学们一起思考并注意以下问题:

(1)制造费用一定是发生在生产车间的间接费用吗?

(2)制造费用在分配的时候如何选择合适的分配标准?

(3)制造费用可选择的分配方法有哪些?

智能机器人对制造业费用结构的影响

第1节 制造费用的归集

一、制造费用概述

(一)制造费用的含义

制造费用是指企业各个生产车间为生产产品和提供劳务而发生的各项间接费用,以及为生产产品和提供劳务而发生的难以直接计入产品和劳务成本的各项费用。随着科学技术的不断进步,制造费用在产品成本中的比重越来越高。正确归集和分配制造费用,对于产品成本计算及成本管理和控制具有非常重要的意义。制造费用包含的内容很多,也比较复杂,主要包括以下几个部分。

1. 间接用于产品生产的费用

间接用于产品生产的费用主要包括:机物料消耗、辅助工人的薪酬、车间生产用房屋及建筑物的折旧费、修理费、租赁费和保险费,车间生产用的照明费、取暖费、运输费、劳动保护费,以及季节性停工和生产用固定资产修理期间的停工损失等。

2. 直接用于产品生产,但是管理上没有要求或不便于单独核算,因而没有专设成本项目的生产费用

没有专设成本项目的直接生产费用主要包括:机器设备的折旧费、修理费、租赁费和保险费,产品设计制图和试验检验费,低值易耗品及其他生产工具成本的摊销,以及没有专设成本项目的生产工艺用动力费等。

3. 车间或其他生产部门用于组织和管理生产而发生的费用

这些费用虽然具有管理费用的性质,但由于车间是企业从事生产活动的单位,它的管理费用与制造费用很难严格划分,为了简化核算工作,也作为制造费用核算。例如,车间管理人员的薪酬;车间管理用房屋和设备的折旧费、修理费、租赁费和保险费;车间管理用具摊销,车间管理用的照明费、水费、取暖费、差旅费和办公费等。

(二)制造费用的明细项目

制造费用的内容比较复杂,为了简化核算工作,满足管理上的需要,制造费用的明细项目一般应该包括:机料物消耗、职工薪酬、折旧费、修理费、租赁费(不包括融资租赁)、保险费、低值品摊销、水电费、取暖费、运输费、劳动保护费、设计制图费、试验检验费、差旅费、办公费、在产品盘亏、毁损和报废(减盘盈)以及季节性修理期间的停工损失等。

二、制造费用的归集

生产车间发生的制造费用是通过"制造费用"账户进行归集的,该账户借方归集企业一定时期内发生的全部制造费用;贷方反映制造费用的分配;月末一般无余额。对于基本生产车间,不论是生产单一产品还是多种产品,均应按车间设置"制造费用"明细账户进行归集。而辅助生产车间,如果生产一种产品或提供一种劳务,通常不再按车间设置"制造费用"明细账户,将其直接归集在"辅助生产成本"账户;如果生产多种产品或劳务的,也应按车间设置"制造费用"明细账户进行归集,以正确计算产品或劳务的成本,这样有利于对产品或劳务的成本进行控制、分析和考核。企业可以根据上述制造费用的18个明细项目分设专栏进行归集;也可以根据费用比重和管理的需要,对上列某些费用项目进行合并或进一步细分;还可以另行设立制造费用项目。但为了使各期成本费用资料可比,制造费用项目一经确定,不应随意变更。

小企业制造费用的归集是指根据有关的付款凭证、转账凭证和前述各种费用分配表对生产车间发生的间接用于产品生产的生产费用或者是直接用于产品生产、但没有专设成本项目的生产费用,以及车间用于组织和管理生产而发生的制造费用进行账务处理。借记"制造费用"总分类账户及其所属的各明细分类账户的费用项目,贷记"原材料""应付职工薪酬""累计折旧""银行存款"和"辅助生产成本"等账户。制造费用的归集过程在第三至第四章中已详细介绍。制造费用明细账格式如图表5-1所示。

图表5-1

制造费用明细账

户名:第一车间　　　　　　　　　　　　　　　　　　　　　　　单位:元

2019年		凭证号数	摘要	机料物消耗	职工薪酬	折旧费	修理费	水电费	办公费	差旅费	其他	合计
月	日											
5	2	略	支付办公费						500			500
	5		分配材料费用费	20 100								20 100

(续表)

2019年		凭证号数	摘要	机料物消耗	职工薪酬	折旧费	修理费	水电费	办公费	差旅费	其他	合计
月	日											
		9	报销差旅费							2 500		2 500
		12	分配工资费用		32 000							32 000
		18	计提折旧费用			17 580						17 580
		25	支付水电费					4 200				4 200
		30	分配辅助生产费用				5 400					5 400
			本月合计	20 100	32 000	17 580	5 400	4 200	500	2 500		81 480

制造费用和间接费用的区分

> **温馨提醒**
>
> 理解时请注意以下三点：
> (1) 制造费用一定发生在生产车间。
> (2) 制造费用的多少与产品产量没有直接关系。
> (3) 制造费用的最终归宿是生产成本。

第2节 制造费用的分配

一、制造费用的分配程序及标准

(一) 制造费用的分配程序

归集完毕的制造费用应由各生产车间的全部产品或劳务来负担。

若企业设有基本生产车间和辅助生产车间，且两类车间均设置"制造费用"账户，应先分配辅助生产车间的制造费用，将其记入"辅助生产成本"账户，再分配辅助生产费用，将其中应由基本生产车间制造费用负担的部分，通过分配记入"制造费用——基本生产车间"明细账户，最后再分配基本生产车间的制造费用。

若基本生产车间只生产一种产品或劳务，那么所归集的制造费用就可以直接转入该种产品或劳务的成本。

若基本生产车间是生产多种产品或劳务的，就需要将所归集的制造费用采用适当的方法进行分配后，再转入该车间所生产的多种产品或本。

（二）制造费用的分配标准

制造费用的分配是否合理与准确，关键是选择合适的分配标准。企业在选择制造费用分配标准时，应遵循相关性、易操作性和稳定性原则。相关性原则是指分配标准与制造费用的发生具有密切的联系，一般情况下为正相关关系；易操作性原则是指资料容易取得，一般为现成的统计资料或会计资料，计算方便，能及时、合理地分配费用。稳定性原则是指制造费用的分配标准一经确定，不能随意变更，应保持相对的稳定性，便于对各期制造费用进行比较和分析。

二、制造费用的分配方法

制造费用的分配是否合理、准确，对保证产品制造成本计算的正确性有着密切的关系。要合理、正确地分配制造费用，关键在于正确选择分配标准和分配方法。企业常用的制造费用分配方法有：实际分配率法和计划分配率法。

（一）实际分配率法

实际分配率法是指在会计期间终了，根据制造费用的实际发生额，按照一定的分配标准，据以分配计入产品成本的方法。其分配标准通常有生产工人工时、定额工时、机器工时、生产工人工资等。

1. 生产工人工时比例法

☞ 生产工人工时比例法是指以各种（批、类）产品所耗用的生产工人实际工时数作为标准分配制造费用的方法。其计算公式如下：

$$制造费用分配率 = \frac{制造费用总额}{生产工人工时总和}$$

某种产品应分配的制造费用＝该种产品耗用生产工人工时×制造费用分配率

【例 5-1】 东海工厂基本生产车间 5 月份制造费用总额为 81 480 元（见图表 5-1），生产甲、乙两种产品，甲产品生产工人耗用 5 400 小时，乙产品生产工人耗用 3 000 小时，按生产工人工时比例编制制造费用分配表如图表 5-2 所示。

图表 5-2

制造费用分配表

部门：基本生产车间　　　　　2019 年 5 月 31 日　　　　　金额单位：元

应借账户	生产工人工时（小时）	分配率	分配金额
基本生产成本——甲产品	5 400		52 380
基本生产成本——乙产品	3 000		29 100
合　计	8 400	9.7	81 480

制造费用分配率＝81 480÷(5 400＋3 000)＝9.7(元/小时)
甲产品应分配制造费用＝5 400×9.7＝52 380(元)
乙产品应分配制造费用＝3 000×9.7＝29 100(元)

根据上列制造费用分配表，作会计分录如下：

借：基本生产成本——甲产品　　　　　　　　　　　　　　52 380
　　　　　　　——乙产品　　　　　　　　　　　　　　29 100
　　贷：制造费用　　　　　　　　　　　　　　　　　　　81 480

生产工人工时是分配间接计入费用常用的标准，因而企业必须认真进行生产工时的记录和核对。若产品的工时定额比较准确，制造费用也可以按生产工人定额工时比例分配。

需要注意的是，当某一生产车间内生产的各种产品机械化程度相差较大时，则不宜采用。否则，因机械化程度低而消耗生产工人工时多的产品要负担较高的制造费用，因机械化程度高而消耗生产工人工时少的产品却负担较低的制造费用，这显然是不合理的。因此该法适用于各种产品机械化程度相近的车间或部门。

2. 生产工人工资比例分配法

生产工人工资比例分配法是以直接计入各种产品成本的生产工人实际工资的比例作为分配标准分配制造费用的一种方法。其计算公式如下：

$$制造费用分配率 = \frac{制造费用总额}{各种产品生产工人工资总额}$$

某种产品应分配的制造费用 = 该产品的生产工人工资额 × 制造费用分配率

【例 5-2】 东海工厂基本生产车间 5 月份制造费用总额为 81 480 元，生产甲、乙两种产品，甲产品生产工人工资 78 000 元，乙产品生产工人工资 68 800 元，按生产工人工资比例编制制造费用分配表如图表 5-3 所示。

图表 5-3

制造费用分配表

部门：基本生产车间　　　　　2019 年 5 月 31 日　　　　　单位：元

应借账户	生产工人工资	分配率	分配金额
基本生产成本——甲产品	78 000		43 680
基本生产成本——乙产品	67 500		37 800
合　计	145 500	0.56	81 480

制造费用分配率 = 81 480 ÷ (78 000 + 67 500) = 0.56
甲产品应分配制造费用 = 78 000 × 0.56 = 43 680(元)
乙产品应分配制造费用 = 67 500 × 0.56 = 37 800(元)

根据上列制造费用分配表，作会计分录如下：

借：基本生产成本——甲产品　　　　　　　　　　　　　　43 680
　　　　　　　——乙产品　　　　　　　　　　　　　　37 800
　　贷：制造费用　　　　　　　　　　　　　　　　　　　81 480

由于工资费用分配表可以直接提供生产工人工资资料，因而采用这种方法，资料取得比较简便。

知识拓展

机器工时比例分配法,是指以各种产品生产所用机器设备的运转工作时间的比例作为分配标准分配制造费用的一种方法,其分配的计算公式如下:

$$制造费用分配率 = \frac{制造费用总额}{各种产品耗用机器工时之和}$$

某种产品应负担的制造费用＝该产品生产耗用的机器工时数×分配率

这种方法适用于产品生产的机械化程度较高的车间。采用这种方法,必须具备各种产品所用机器工时的原始记录。

(二) 计划分配率法

计划分配率法是指在年度开始前,以相关的计划数据和定额工时计算确定全年适用的计划分配率分配制造费用的方法。采用这种分配方法,不管各月实际发生的制造费用有多少,每月各种产品的制造费用都按年度计划分配率分配。但如果在年度内发现全年的制造费用实际数和产量实际数与计划数可能发生较大的差额时,应及时调整计划分配率。其计算公式如下:

年度计划分配率＝年度制造费用计划总额÷年度各种产品计划产量的定额工时总和

某种产品应分配制造费用＝该月该种产品实际产量的定额工时×年度计划分配率

【例5-3】 东海工厂基本生产车间全年制造费用计划数为 1 019 200 元;全年各种产品计划产量为:甲产品 12 600 件,乙产品 12 250 件;单件产品的工时定额为甲产品 5 小时、乙产品 4 小时。5 月份实际产量为:甲产品 900 件,乙产品 1 150 件;本月实际发生制造费用 81 480 元。

1) 年度开始前计算确定全年适用的计划分配率。

(1) 各种产品年度计划产量的定额工时。

甲产品年度计划产量的定额工时＝12 600×5＝63 000(小时)
乙产品年度计划产量的定额工时＝12 250×4＝49 000(小时)

(2) 计算制造费用年度计划分配率。

制造费用年度计划分配率＝1 019 200÷(63 000＋49 000)＝9.1(元/小时)

2) 年内各月以当月各种产品实际产量的定额工时数计算分配制造费用。

(1) 各种产品本月实际产量的定额工时。

甲产品本月实际产量的定额工时＝900×5＝4 500(小时)
乙产品本月实际产量的定额工时＝1 150×4＝4 600(小时)

(2) 各种产品应分配的制造费用。

该月甲产品分配制造费用＝4 500×9.1＝40 950(元)
该月乙产品分配制造费用＝4 600×9.1＝41 860(元)

编制制造费用分配表如图表 5-4 所示。

图表 5-4

制造费用分配表

部门:基本生产车间　　　　　　　2019 年 5 月 31 日　　　　　　　金额单位:元

应借账户	按实际产量计算的定额工时数(小时)	年度计划分配率	分配金额
基本生产成本——甲产品	4 500		40 950
基本生产成本——乙产品	4 600		41 860
合　　计	9 100	9.1	82 810

根据制造费用分配表,作会计分录如下:

借:基本生产成本——甲产品　　　　　　　　　　　　　40 950
　　　　　　　　——乙产品　　　　　　　　　　　　　41 860
　　贷:制造费用　　　　　　　　　　　　　　　　　　　82 810

采用年度计划分配率分配法时,每月实际发生的制造费用与分配转出的制造费用金额不等,因此,"制造费用"科目一般有月末余额,可能是借方余额,也可能是贷方余额,如为借方余额,表示年度内累计实际发生的制造费用大于按计划分配率分配累计的转出额,是该月超过计划的预付费用;如为贷方余额,表示年度内按计划分配率分配累计的转出额大于累计的实际发生额,是该月按照计划应付未付费用,属于预提费用。"制造费用"科目的年末余额,就是全年制造费用的实际发生额与计划分配额的差额,一般应在年末调整计入 12 月份的产品成本。实际发生额大于计划分配额,借记"基本生产成本"科目,贷记"制造费用"科目;实际发生额小于计划分配额,则用红字冲减,或者借记"制造费用"科目,贷记"基本生产成本"科目。

制造费用年末调整计算公式如下:

$$年末调整分配率=\frac{制造费用年末余额(借为正数,贷为负数)}{年内按计划分配率分配的制造费用总额}$$

某产品应调整的制造费用=某产品全年分配转出的制造费用×调整分配率

【例 5-4】　假设到年底,东海工厂采用年度计划分配率分配法计算的累计分配转出的制造费用为 1 062 000 元(贷方发生额合计),其中,A 产品 651 600 元,B 产品 410 400 元。制造费用的全年实际发生额为 1 019 520 元(借方发生额合计),贷方余额 42 480 元,即已多分配了 42 480 元,应该按比例调整冲回。

调整分配率=-42 480÷1 062 000=-0.04
A 产品应调整的制造费用=651 600×(-0.04)=-26 064(元)
B 产品应调整的制造费用=410 400×(-0.04)=-16 416(元)

12 月份编制红字分录予以调整,调整分配后,"制造费用"账户应无余额。

调整分配会计分录如下：

借：基本生产成本——A产品　　　　　　　　　　　26 064
　　　　　　　　——B产品　　　　　　　　　　　16 416
　　贷：制造费用　　　　　　　　　　　　　　　　42 480

制造费用T型账户如图表5-5所示。

图表5-5

制造费用

12.31 发生额合计	1 019 520	12.31 发生额合计	1 062 000
		余额	42 480
		年末调整	42 480
年末余额	-0-		

如是超支差异（即实际发生额大于计划分配额），应编制蓝字分录。

这种分配方法核算工作简便，特别适用于季节性生产的车间，因为它不受淡季和旺季产量相差悬殊的影响，从而不会使各月单位产品成本中制造费用忽高忽低，便于进行成本分析。但是，采用这种分配方法要求计划工作水平较高，否则会影响产品成本计算的正确性。

无论采用哪种制造费用分配方法，都应根据分配计算的结果编制制造费用分配表，据以进行制造费用的总分类核算和明细核算。分配后，除采用按年度计划分配率分配法的企业外，"制造费用"账户都没有月末余额。即使采用年度计划分配率分配法，经年终差额的追加调整分配后，年末"制造费用"账户也没有余额。经过前面的核算，该计入本月产品成本的生产费用，都已归集在"基本生产成本"账户的借方相应的成本项目中。

知识拓展

还有一种累计分配率法。累计分配率法是指将当月完工批次的产品应负担的全部制造费用，在其完工时一次进行分配，而对未完工批次的在产品应负担的制造费用保留在"制造费用"账户中，暂不分配，待其完工后，连同继续耗费的制造费用一起分配的一种方法。其计算公式如下：

制造费用累计分配率＝$\dfrac{\text{制造费用期初累计余额}＋\text{本月发生的制造费用}}{\text{各种（批）产品累计分配标准之和}}$

完工产品应分配的制造费用＝完工产品的累计分配标准×制造费用累计分配率

这种制造费用的分配方法和我们在后面将介绍的简化分批法中的工费分配相似。

二八定理

知识归纳

1. 制造费用是指企业各个生产车间为生产产品和提供劳务而发生的各项间接费用以及为生产产品和提供劳务而发生的难以直接计入产品和劳务成本的各项费用。主要包括：①间接用于产品生产的费用。②直接用于产品生产，但是管理上没有要求或不便于单独核算，因而没有专设成本项目的生产费用。③车间或其他生产部门用于组织和管理生产而发生的费用。
2. 制造费用的明细项目一般包括：机料物消耗、职工薪酬、折旧费、修理费、租赁费（不包括融资租赁）、保险费、低值品摊销、水电费、取暖费、运输费、劳动保护费、设计制图费、试验检验费、差旅费、办公费、在产品盘亏、毁损和报废（减盘盈），以及季节性修理期间的停工损失等。
3. 若企业设有基本生产车间和辅助生产车间，且两类车间均设置"制造费用"账户，应先分配辅助生产车间的制造费用，将其记入"辅助生产成本"账户，再分配辅助生产费用，将其中应由基本生产车间制造费用负担的部分，通过分配记入"制造费用——基本生产车间"明细账户，最后再分配基本生产车间的制造费用。
4. 企业常用的制造费用分配方法有生产工人（机器）工时比例法、生产工人工资比例法和按年度计划分配率分配法。无论采用哪种制造费用分配方法，都应根据分配计算的结果编制制造费用分配表，据以进行制造费用的总分类核算和明细核算。分配后，除采用按年度计划分配率分配法的企业外，"制造费用"账户都没有月末余额。即使采用年度计划分配率分配法，经年终差额的追加调整分配后，年末"制造费用"账户也没有余额。

基本训练

一、单项选择题

1. 基本生产车间应付管理人员的工资，应记入（　　）账户的借方。
   A．"基本生产成本"　　　　　　　　B．"应付职工薪酬"
   C．"管理费用"　　　　　　　　　　D．"制造费用"
2. 适用于季节性生产的车间分配制造费用的方法是（　　）。
   A．生产工人工时比例法　　　　　　B．生产工人工资比例法
   C．年度计划分配率分配法　　　　　D．机器工时比例法
3. 基本生产车间耗用的消耗材料，应记入（　　）账户的借方。
   A．"制造费用"　　　　　　　　　　B．"基本生产成本"
   C．"管理费用"　　　　　　　　　　D．"辅助生产成本"
4. 下列部门的水电费，（　　）应记入"制造费用"账户。
   A．基本生产车间日常用水电费　　　B．销售部门耗用的水电费
   C．企业行政管理部门的水电费　　　D．基本生产车间生产甲产品的水电费

5. 企业的基本生产车间为生产产品和提供劳务而发生的各项间接费用,应通过( )账户核算。
   A. "制造费用"　　　　　　　　　　B. "销售费用"
   C. "基本生产成本"　　　　　　　　D. "辅助生产成本"

6. "制造费用"账户月末( )。
   A. 一定没有余额　　　　　　　　　B. 一定有余额
   C. 可以有余额,余额在借方　　　　D. 可以有余额,余额可以在借方或贷方

7. 制造费用应分配记入( )账户。
   A. "基本生产成本"和"辅助生产成本"　　B. "基本生产成本"和"期间费用"
   C. "生产成本"和"管理费用"　　　　　　D. "财务费用"和"销售费用"

8. 基本生产车间机器设备的折旧费应记入( )账户的借方。
   A. "累计折旧"　　　　　　　　　　B. "管理费用"
   C. "制造费用"　　　　　　　　　　D. "基本生产成本"

9. 采用( )分配制造费用,制造费用科目月末可能有贷方余额。
   A. 生产工人工时比例法　　　　　　B. 生产工人工资比例
   C. 机器工时比例　　　　　　　　　D. 按年度计划分配率分配法

10. 辅助生产车间未设置"制造费用"账户的,其发生制造费用时,应借记( )账户。
    A. "辅助生产成本"　　　　　　　　B. "制造费用——基本生产车间"
    C. "基本生产成本"　　　　　　　　D. "管理费用"

11. 机械化程度较高的企业,应选择( )作为制造费用的分配标准。
    A. 生产工时　　　　　　　　　　　B. 工资总额
    C. 机器工时　　　　　　　　　　　D. 材料定额消耗量

12. 当制造费用全年实际发生额大于按年度计划分配率分配额时,应将其差额补充分配计入各种产品成本,( )账户。
    A. 借记"制造费用"　　　　　　　　B. 贷记"制造费用"
    C. 借记"管理费用"　　　　　　　　D. 贷记"管理费用"

二、多项选择题

1. 制造费用是企业为生产产品和提供劳务而发生的各项间接费用,包括生产车间的低值易耗品摊销、水电费、取暖费、运输费、照明费及( )。
   A. 生产车间管理人员的薪酬　　　　B. 生产车间的办公费
   C. 生产车间的无形资产摊销　　　　D. 生产车间的固定资产折旧费

2. 制造费用不应该( )。
   A. 在企业范围内统一分配　　　　　B. 按班组进行分配
   C. 平均分配　　　　　　　　　　　D. 按车间分别进行分配

3. 制造费用的分配方法有( )。
   A. 计划成本分配法　　　　　　　　B. 生产工人工时分配法
   C. 年度计划分配率分配法　　　　　D. 生产工人工资比例法

4. 基本生产车间发生下列( ),应记入"制造费用"账户。

A. 劳动保护费 B. 机物料消耗费用
C. 在产品盘亏、毁损和报废 D. 试验检验费

5. 按年度计划分配率分配法分配制造费用后，"制造费用"账户月末可能（ ）。
A. 有余额 B. 无余额
C. 有借方余额或贷方余额 D. 既有借方余额，又有贷方余额

6. 制造费用的内容主要包括（ ）。
A. 直接用于产品生产的生产费用
B. 管理上没有要求或不便于单独核算，没有专设成本项目的直接用于产品生产的费用
C. 间接用于产品生产的费用
D. 车间或其他生产部门用于组织和管理生产而发生的费用

三、判断题

1. 制造费用大部分是间接用于产品生产的费用，也有一部分直接用于产品生产，但管理上不要求单独核算，又不专设成本项目的费用。（ ）
2. 基本生产车间的制造费用分配后，应将分配金额从"制造费用"账户的贷方转到"基本生产成本"账户的借方。（ ）
3. 无论采用何种分配方法，制造费用期末分配后，"制造费用"账户均没有余额。（ ）
4. 制造费用的分配方法及分配标准一经决定，便不得随意变动，以利各期进行分析对比。（ ）
5. 制造费用大都不是直接用于产品生产的费用，而是间接用于产品生产的费用。（ ）
6. 为了简化核算工作，可以将各车间的制造费用汇总起来，在整个企业范围内统一分配。（ ）
7. 制造费用完全由产品成本负担。（ ）
8. 制造费用的归集和分配是通过"制造费用"账户进行的，该账户应按车间、部门设置明细账。（ ）
9. 实际工作中，制造费用应编制"制造费用分配表"进行分配。（ ）
10. "制造费用"既是成本类账户，又是"基本生产成本"账户下的一个成本项目。（ ）
11. "制造费用"账户月末可能没有余额，也可能有借方或贷方余额。（ ）

实战演练

业务题一

一、目的：练习按生产工人工时比例分配制造费用。

二、资料：南海工厂基本生产车间5月份制造费用总额为90 160元，生产丙、丁两种产品，丙产品生产工人耗用5 500工时，丁产品生产工人耗用4 300工时。

三、要求:按生产工人工时比例编制制造费用分配表(见图表5-6)并作会计分录。

图表5-6

制造费用分配表

部门:　　　　　　　　　　　　　　年　　月　　日　　　　　　　　　金额单位:元

应借账户	生产工人工时(小时)	分配率	分配金额
合　计			

业务题二

一、目的:练习制造费用分配的生产工人工资比例法。

二、资料:南海工厂基本生产车间5月份制造费用总额为90 160元,生产丙、丁两种产品,丙产品生产工人工资123 000元,丁产品生产工人工资98 700元。

三、要求:按生产工人工资比例法编制制造费用分配表(见图表5-7)并作会计分录。

图表5-7

制造费用分配表

部门:　　　　　　　　　　　　　　年　　月　　日　　　　　　　　　金额单位:元

应借账户	生产工人工资	分配率	分配金额
合　计			

业务题三

一、目的:练习制造费用的归集和分配。

二、资料:西湖工厂设有两个基本生产车间,第一车间生产#101、#102产品,第二车间生产#103产品。另有辅助生产机修车间。2019年5月31日发生经济业务如下:

1. 根据图表5-8"发料凭证汇总表"进行材料费用的分配。

图表5-8

发料凭证汇总表

2019年5月　　　　　　　　　　　　　　　　　　　　　　　　单位:元

产品车间(或部门)	原　料	辅　料	备品备件	合　计
#101产品直接耗用	84 000			84 000
#102产品直接耗用	60 000			60 000
#103产品直接耗用	100 500			100 500
第一车间一般消耗		10 000	2 500	12 500
第二车间一般消耗		12 000	1 800	13 800
修理车间耗用			21 000	21 000
行政管理部门用		500	7 000	7 500
合　计	244 500	22 500	32 300	299 300

2. 根据图表5-9"工资费用汇总表"进行工资分配。

图表5-9

工资费用汇总表

2019年5月   单位:元

部 门		工资费用
第一车间	#101产品	70 000
	#102产品	50 800
	管理人员	13 800
第二车间	#103产品	114 000
	管理人员	8 800
机修车间	生产工人及管理人员	19 000
行政管理部门	工人及管理人员	54 000
合 计		330 400

3. 计提本月份固定资产折旧44 400元,其中第一车间负担13 000元、第二车间负担13 400元、机修车间负担4 000元、行政管理部门负担14 000元。

4. 以银行存款支付办公费12 400元,其中第一车间负担3 500元、第二车间负担2 300元、机修车间负担1 500元、行政管理部门负担5 100元。

5. 分配本月水费32 556元,其中第一车间负担12 160元、第二车间负担10 140元、机修车间负担1 456元、行政管理部门负担8 800元。

6. 本月机修车间提供的修理工时为:第一车间1 050小时、第二车间1 080小时、行政管理部门负担450小时。以直接分配法分配辅助生产费用,编制辅助生产费用分配表(见图表5-10)。

图表5-10

辅助生产费用分配表(直接分配法)

2019年5月   金额单位:元

项 目		机修车间
待分配辅助生产费用		
供应辅助生产以外的劳务数量		
单位成本(分配率)		
基本生产第一车间	耗用数量	
	分配金额	
基本生产第二车间	耗用数量	
	分配金额	
行政管理部门	耗用数量	
	分配金额	
金额合计		

7. 登记5月份制造费用明细账(见图表5-11、图表5-12)

图表 5-11

制造费用明细账

户名:第一车间　　　　　　　　　　　　　　　　　　　　　　　　　单位:元

2019年		凭证号数	摘要	机料物消耗	职工薪酬	折旧费	修理费	水电费	办公费	其他	合计
月	日										
5	30		余额						1 070	21 500	22 570
	31	略	支付办公费 分配材料费用费 分配工资费用 计提折旧费用 支付水电费 分配辅助生产费用								
			本月合计								

图表 5-12

制造费用明细账

户名:第二车间　　　　　　　　　　　　　　　　　　　　　　　　　单位:元

2019年		凭证号数	摘要	机料物消耗	职工薪酬	折旧费	修理费	水电费	办公费	其他	合计
月	日										
5	30		余额						1 720	15 184	16 904
	31	略	支付办公费 分配材料费用费 报销差旅费 分配工资费用 计提折旧费用 支付水电费 分配辅助生产费用								
			本月合计								

8. 根据生产工人工资比例编制第一车间制造费用分配表(见图表5-13)。结转、分配第一、第二车间的制造费用(第二车间只生产一种产品,不需分配)。

图表 5-13

制造费用分配表

部门:第一车间　　　　　　　　　　年　月　日　　　　　　　　　　单位:元

应借账户	生产工人工资	分配率	分配金额
合　计			

三、要求:根据以上资料,填制有关费用的分配表、编制相应的会计分录并登记制造费用明细账。

业务题四

一、目的:练习年度计划分配率法分配制造费用。

二、资料:北海工厂基本生产车间全年制造费用计划数为1 200 000元;全年各种产品计划产量为:甲产品29 000件、乙产品25 000件、丙产品20 000件;单件产品的工时定额为甲产品5小时、乙产品3小时,丙产品4小时。5月份实际产量为:甲产品2 400件、乙产品2 100件、丙产品1 800件;基本生产车间本月实际发生制造费用96 400元。

三、要求:根据年度计划分配率编制该车间制造费用分配表(见图表5-14),分配、结转制造费用。

图表5-14

制造费用分配表

部门:　　　　　　　　　　年　月　日　　　　　　　　　　单位:元

应借账户	按实际产量计算的定额工时数	年度计划分配率	分配金额
合　计			

业务题五

一、目的:练习年度计划分配率法下制造费用年末余额的调整。

二、资料:承业务题四。假设到年底,北海工厂采用年度计划分配率分配法计算的累计分配转出的制造费用为1 212 600元(贷方发生额合计),其中甲产品600 000元、乙产品300 600元、丙产品312 000元。制造费用的全年实际发生额为1 259 600元(借方发生额合计),借方余额47 000元。

三、要求:对制造费用的年末余额予以调整。

课后习题答案

第6章 生产损失的归集和分配

通过本章你可以学到：

- 生产损失的构成内容
- 废品损失核算的具体方法
- 停工损失核算的具体方法

案例导入

这是一个真实的故事:嘉林玩具制造厂生产塑料玩具,在成品检验环节中,质量检验员发现一个批次玩具褪色,一个批次玩具增塑剂超标。按照规定,这些玩具不能通过检验,应作废品处理。经查,玩具褪色是由于购入的染料质量不合格造成,增塑剂超标是由于相关工人责任心不强,超量添加增塑剂造成的。两批废品的成本约在3 500元左右。老师问学生:这3 500元成本应该由谁负担?是企业负担?还是相关工人、采购员负担?若是企业负担,应记入什么账户?

小故事:试错

第1节 生产损失概述

一、损失的分类

在现有社会正常的生产条件下,几乎所有的企业都无法避免各种原因造成的损失,这些损失按其是否计入产品的制造成本,可分为生产损失和非生产损失两大类。

(一) 生产损失

生产损失是指在生产过程中发生的、不能形成正常产出的各种耗费。它主要由废品损失和停工损失两部分组成。生产损失与产品生产有关,应由产品制造成本承担,是产品制造成本的组成部分。

(二) 非生产损失

非生产损失主要是指由于企业经营管理或其他原因造成的损失,如实物资产盘亏、毁损、坏账、投资损失、自然灾害等。这些损失与生产没有直接关系,不能计入产品制造成本,而应根据损失的性质、原因和现行制度的规定,列入期间费用、营业外支出或冲减投资收益等。

二、生产损失核算的任务

生产损失不但造成企业资源的浪费和无效消耗,影响企业生产计划的完成,还提高了产品的单位成本,削减了企业的竞争能力。为了充分利用有限的经济资源,生产出更多的合格品,把损失控制在合理的范围内,以达到降低产品成本的目的,除在生产技术上采取措施外,对生产损失进行专门核算不失为一项重要措施。生产损失核算任务如下所述。

（一）选择适合的方法，及时、正确地计算生产中的各种损失额

企业应选择适合于本企业的生产损失的核算方法，正确计算企业发生的生产损失。

（二）正确分配生产损失

遵循重要性会计信息质量要求，对占比较大的生产损失可以采用单独核算的方法，对占比较小的生产损失可以不单独核算，将各种损失恰当地计入产品成本。

（三）加强对生产损失的控制，及时揭示造成损失的原因和责任

加强对生产损失的核算与控制，明确经济责任，尽量减少或消除生产损失，对于企业加强成本管理、降低产品成本、提高竞争能力和经济效益有着重要的意义。

废品损失核算的改进思考

> **温馨提醒**
>
> 理解"生产损失"这个概念的时候，需要注意：
> (1) 生产损失是无法避免的负支出。
> (2) 生产损失围绕生产环节发生。
> (3) 本章的生产损失包括废品损失和停工损失。

第2节 废品损失的归集与分配

一、废品概述

（一）废品的概念

废品是指由于生产形成的不符合规定的技术标准和技术要求，不能按照原定用途使用的，或需要加工修复后才能按原定用途使用的在产品、半成品或产成品。不论是在生产过程中发现的废品，还是在入库后发现的废品，都应包括在内。但是，入库时是合格品，由于保管不慎、运输不当或其他原因而发生损坏变质的产品不属于废品，这属于管理上的问题，应作为营业外支出处理。经检验部门鉴定不需要返修而可以降价出售的不合格品，也不属于废品，其成本与合格品相同；其售价低于合格品售价所发生的损失，体现在产品销售损益之中。

（二）废品的分类

1. 废品按其能否修复的可能性和经济性，可分为可修复废品和不可修复废品

可修复废品，是指经过修理可以使用，而且所花费的修复费用在经济上

合算的废品（必须同时具备上述两个条件）；不可修复废品，则指不能修复，或者所花费的修理费在经济上不合算的废品（只需出现一种情况）。

2. 废品按其产生的原因可分为工废品和料废品

工废品是指由于工人操作上的原因而造成的废品，属于操作工人的责任；料废品是指由于送来的加工原材料或半成品的质量不符合要求所造成的废品，不属于操作工人的责任。区分废品是料废品还是工废品，有利于分清产生废品的责任，落实经济责任制度。

（三）废品损失

废品损失是指因产生废品而发生的废品报废损失和废品修复费用。废品报废损失是指不可修复废品的生产成本扣除收回材料及废料价值后的损失。废品修复费用是指为修复废品所耗费的材料、动力、人工费用和制造费用等修复费用。若有造成废品的责任人负责的赔偿款，则应冲减废品损失。它不包括次品损失、产品保险损失、产品三包损失。质量检验部门发现废品时，应该填制废品通知单，列明废品的种类、数量，产生废品的原因和过失人等。成本会计人员应该会同检验人员对废品通知单所列废品产生的原因和过失人等项目加强审核。只有经过审核的废品通知单，才能作为废品损失核算的依据。

温馨提醒

需要注意的是：以下三种情况造成的损失不包括在废品损失范围内，不作为废品损失核算。

第一，产品入库后由于管理不善造成的产品变质、毁坏。这是由于管理的原因造成的，所以这部分损失要计入管理费用，不作为废品损失核算。

第二，产品虽未达到质量标准，但可降价出售造成的降价损失。这部分产品并没有增加成本，只是减少了收入，它表现为销售损益，是通过减少收入来解决，不作为废品损失核算。

第三，产品销售后实行"三包"的费用。三包发生的费用，按现行制度，也计入管理费用，不作为废品损失核算。

二、废品损失的归集与分配

为了掌握废品损失的情况，加强对废品损失的控制，单独核算废品损失的企业，应设置"废品损失"账户。该账户是成本类账户，用以进行废品损失的归集和分配。企业发生可修复废品的修复费用和不可修复废品已耗费的成本转入时，记入该账户的借方；不可修复废品收回残值、应收责任人赔偿款和结转废品净损失时，记入该账户的贷方；该账户期末没有余额。"废品损失"账户应按产品设置明细账,账内按产品品种和成本项目登记废品损失的详细资料。同时应在"基本生产成本"明细账内的成本项目中增设"废品损失"成本项目。废品损失的归集和分配,应根据废品损失计算表和分配表等有关凭证,通过"废品损失"账户进行核算。

(一) 不可修复废品损失的核算

为了归集和分配不可修复废品损失,必须首先计算废品的成本。不可修复废品成本是指产品从生产开始截止到报废时所耗费的一切费用。从废品成本中扣除回收的残值和应收赔款,算出废品的净损失计入该种产品成本。由于不可修复废品的成本与合格品的成本在分离前是归集在一起的,因此,需要采取一定的方法予以划分。有两种常用的方法:一是按废品所耗实际成本计算;二是按废品所耗定额成本计算。

1. 按废品所耗实际成本计算

在采用按废品所耗实际成本计算的方法时,对于废品报废以前与合格品归集在一起的各项费用,应采用适当的分配方法,在合格品与废品之间进行分配,计算出废品的实际成本,借记"废品损失"账户,贷记"基本生产成本"账户。收回废品残值以及应由责任部门或个人赔偿的款项,借记"原材料""其他应收款"等账户,贷记"废品损失"账户;结转废品的净损失,借记"基本生产成本"账户,贷记"废品损失"账户。如果废品是在生产过程中发现的,则可以按下列公式计算废品的实际成本。

$$\text{废品的实际成本} = \text{废品应负担的直接材料} + \text{废品应负担的直接人工} + \text{废品应负担的制造费用}$$

上式中,在一次投料方式下:

$$\text{废品应负担的直接材料} = \text{废品数量} \times \frac{\text{待分配的直接材料总额}}{\text{合格品数量}+\text{废品的数量}}$$

如果废品有回收的残值,则应从废品应负担的原材料费用中减去废品的残余价值。

$$\text{废品应负担的工费} = \text{废品的生产工时} \times \frac{\text{待分配的直接人工(制造费用)总额}}{\text{合格品的生产工时}+\text{废品的生产工时}}$$

【例6-1】 南海工厂基本生产车间生产甲种产品200件,生产过程中发现其中2件为不可修复废品。该产品成本明细账所记合格品和废品共同发生的生产费用为:直接材料250 000元、直接人工9 690元、制造费用77 520元,合计337 210元。直接材料是在生产开始时一次投入的,因而原材料费用应按合格品198件(200-2)和废品数量2件的比例分配。生产工时为:合格品4 615小时、废品230小时,合计4 845小时。废品回收的残料计价350元。根据上述资料,编制不可修复废品损失计算表如图表6-1所示。

图表 6-1

不可修复废品损失计算表(按实际成本计算)

2019 年 5 月

车间:基本生产车间　　　　产品:甲产品　　　　金额单位:元

项　　目	数量(件)	直接材料	生产工时	直接人工	制造费用	合　计
合格品和废品生产费用	200	250 000	4 845	9 690	77 520	337 210
费用分配率	—	1 250	—	2	16	
废品生产成本	2	2 500	230	460	3 680	6 640
减:残料价值	—	350	—	—	—	350
废品损失		2 150		460	3 680	6 290

原材料费用分配率=250 000÷200=1 250(元/件)

直接人工分配率=9 690÷4 845=2(元/工时)

制造费用分配率=77 520÷4 845=16(元/工时)

根据上列不可修复废品损失计算表,作会计分录如下:

(1)将废品生产成本从其所登记的"基本生产成本"账户和所属明细账的贷方转出。

借:废品损失——甲产品　　　　　　　　　　　　　　　　6 640
　　贷:基本生产成本——甲产品(直接材料)　　　　　　　2 500
　　　　　　　　　　　　　　　　　(直接人工)　　　　　460
　　　　　　　　　　　　　　　　　(制造费用)　　　　3 680

(2)结转回收废品残料价值。

借:原材料　　　　　　　　　　　　　　　　　　　　　　350
　　贷:废品损失——甲产品　　　　　　　　　　　　　　　350

(3)假定应收过失人赔款 500 元。

根据索赔凭证:

借:其他应收款——过失人　　　　　　　　　　　　　　　500
　　贷:废品损失——甲产品　　　　　　　　　　　　　　　500

(4)将废品净损失 5 790 元(6 640－350－500),分配计入同种合格品的成本,记入甲产品成本明细账"废品损失"成本项目。

借:基本生产成本——甲产品(废品损失)　　　　　　　5 790
　　贷:废品损失——甲产品　　　　　　　　　　　　　　5 790

上列业务过账结果如图表 6-2、6-3 所示。

图表 6-2

基本生产成本明细账

2019 年 5 月

产品名称：甲产品　　　　　　　　　　　　　　　　　　　　　单位：元

摘要	成本项目				合计
	直接材料	直接人工	制造费用	废品损失	
月初在产品成本	—	—	—	—	—
本月生产费用	250 000	9 690	77 520		337 210
废品成本转出	2 500	460	3 680		6 640
转入废品净损失				5 790	5 790
生产费用合计	247 500	9 230	73 840	5 790	336 360

在上述会计分录中，第(1)笔分录是从甲产品成本明细账的各成本项目中将属于废品的成本按成本项目转出；第(4)笔分录是将其废品净损失转回该产品成本明细账中"废品损失"成本项目。这样，既可通过"废品损失"账户总括反映整个企业的废品损失，又可通过某个产品成本明细账中的"废品损失"成本项目具体反映在该产品的成本中"废品损失"的份额。

图表 6-3

[例 6-1]主要账户记录示意图

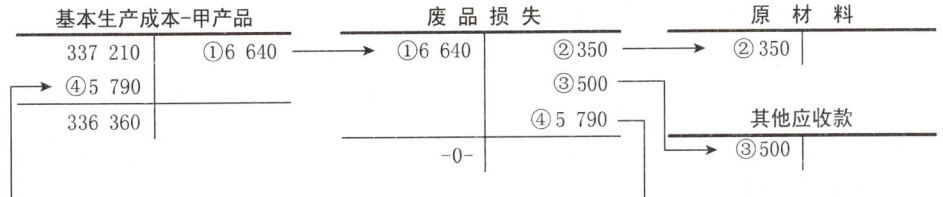

从第①和第④这两笔会计分录的比较中发现，从"基本生产成本"账户和所属明细账的贷方转出、减少产品成本的废品生产成本为 6 640 元，而转回"基本生产成本"账户和所属明细账的借方、增加产品成本的废品净损失只有 5 790 元。但是，这并不意味着产品成本由于产生废品反而降低，因为这里降低的只是产品的总成本。由于产生废品，减少了合格品的数量，因而合格品的单位成本不是降低，而是提高了。该例中若无废品，合格品单位成本为 1 686.05 元(337 210÷200)。发生 2 件废品后，合格品单位成本为 1 698.79 元(336 360÷198)。

如果废品是在完工以后发现的，这时单位废品负担的各项费用应与单位合格品完全相同，可按合格品产量和废品的数量比例分配各项生产费用，计算废品的实际成本。

按废品的实际成本计算和分配废品损失，符合实际，但取数难，核算工作量较大。

2. 按废品所耗定额成本计算

在按废品所耗定额成本计算不可修复废品的成本时，废品的生产成本按废品的数量和各项费用定额计算,而不考虑废品的实际生产费用。

【例 6-2】 南海工厂基本生产车间生产乙种产品的过程中,产生不可修复废品 100 件,按其所耗定额费用计算废品的生产成本。其中原材料费用定额为每件 140 元,已完成的定额工时共计 250 小时,每小时的费用定额为:直接人工 2.60 元,制造费用 12.50 元。回收废品残料计价 420 元。根据上列资料,编制不可修复废品损失计算表如图表 6-4 所示。

图表 6-4

不可修复废品损失计算表(按定额成本计算)

2019 年 5 月

车间:基本生产车间　　　产品:乙产品　　　废品数量:100 件　　　单位:元

项　　目	直接材料	定额工时	直接人工	制造费用	成本合计
单位定额	140		2.60	12.50	—
废品定额成本	14 000	250	650	3 125	17 775
减:残料价值	420	—	—	—	420
废品损失	13 580	—	650	3 125	17 355

在上列计算表中,废品的直接材料定额费用应根据直接材料费用定额乘以废品数量计算;直接人工和制造费用等定额费用应根据各项费用定额乘以定额工时计算。根据该表所应编制的会计分录的账户对应关系,与按实际成本计算废品生产成本方法相同。

按废品的定额费用计算废品的定额成本,由于费用定额事先规定,不仅计算工作比较简便,而且还可以使计入产品的成本不受废品实际费用水平高低的影响。也就是说,废品损失大小只受废品数量差异(量差)的影响,不受废品成本差异(价差)的影响,从而有利于对废品损失和产品成本的分析与考核。但是,采用这一方法计算废品生产成本,必须具备准确的消耗定额和费用定额资料。

(二)可修复废品损失的核算

可修复废品损失指的是在修复过程中发生的各种费用。可修复废品返修前发生的生产费用,是正常的生产费用,应该留在"基本生产成本"账户及所属成本项目中,不必转出。返修发生的各种费用,才是废品损失。应根据各种费用分配表,借记"废品损失"账户,贷记"原材料""应付职工薪酬""制造费用"等账户。其回收的残料价值和应收的赔款,借记"原材料""其他应收款"等账户,贷记"废品损失"账户。废品修复费用减去残料和赔款后的废品净损失,借记"基本生产成本"账户,贷记"废品损失"账户。在产品成本明细账中,应设置"废品损失"成本项目。

【例 6-3】 南海工厂基本生产车间生产丙种产品 600 件,生产过程中发现其中 12 件为可修复废品。返修费用为 11 774 元,其中:直接材料 6 500 元、直接人工 3 420 元、制造费用 1 854 元。可修复废品残料计 280 元,责任人赔款

5 000元。根据上述资料,作会计分录如下:

(1) 耗用返修费用。

借:废品损失——丙产品	11 774
贷:原材料	6 500
应付职工薪酬	3 420
制造费用	1 854

(2) 收回残料及责任人赔偿款。

借:原材料	280
其他应收款——责任人	5 000
贷:废品损失——丙产品	5 280

(3) 结转废品净损失。

借:基本生产成本——丙产品(废品损失)	6 494
贷:废品损失——丙产品	6 494

三、不单独核算废品损失

在不单独核算废品损失的企业中,不设立"废品损失"账户和成本项目,只在回收废品残料时,借记"原材料"账户,贷记"基本生产成本"账户,并从所属有关产品成本明细账的"原材料"成本项目中扣除残料价值。"基本生产成本"账户和所属有关产品成本明细账归集的完工产品成本,除以扣除废品数量以后的合格品数量,就是合格品的单位成本。这样核算很简单,但由于合格产品的各成本项目中都包括不可修复废品的生产成本和可修复废品的修复费用,没有对废品损失进行单独的反映,因而这种核算方法会对废品损失的分析和控制产生不利的影响。

温馨提醒

需要指出:由于废品的损失最后都是由合格品承担,所以,是否将废品损失单独进行核算,对合格品的总成本和单位成本是没有影响的。单独核算废品损失的意义是加强对废品损失进行考核,是为了了解和分析废品产生的原因、数量,以便提高管理和生产工艺水平,采取措施,减少废品损失。

第3节　停工损失的归集与分配

一、停工损失的概念

停工损失是指企业基本生产车间由于计划减产,或因停电、待料、机器设备故障而停工,在停工期间所发生的一切费用,包括支付的职工薪酬,耗用的燃料和动力,应负担的制造费用等。由过失单位或保险公司负担的赔款,应从停工损失中扣除。企业的停工可分为计划内停工和计划外停工两种。计划内停工是指按计划规定发生的停工;计划外停工是指因各种事故造成的停工。

企业停工原因多种多样,时间有长有短,范围有大有小。是否计算停工损失的时间界限,由企业主管部门规定,或由企业主管部门授权企业自行规定。为了简化核算工作,停工不满一个工作日的,一般不计算停工损失。对因季节性停工而发生的停工期内的一切费用,则采用适当方法计入开工期内生产成本,不列为停工损失。

二、单独反映停工损失的核算

在管理上要求单独反映和控制停工损失的制造业中,在进行成本核算时,还应进行停工损失的核算。为了单独核算停工损失,应增设"停工损失"账户。该账户是成本类账户,用以核算停工期间应计的费用。企业停工期间发生应计入停工损失的各种费用时,记入该账户借方;应收责任人或保险公司的赔偿款和结转停工净损失时,记入该账户贷方;该账户期末通常无余额。"停工损失"账户应按车间设立明细账,账内按成本项目分设专栏或专行,进行明细核算。同时"基本生产成本"明细账的成本项目中应增设"停工损失"项目。企业发生停工损失时,借记"停工损失"账户,贷记"应付职工薪酬""制造费用"等账户。月末结转停工损失时,借记"基本生产成本——×产品(停工损失)"账户,贷记"停工损失"账户。

发生停工的原因很多,应分别不同情况进行处理。由于自然灾害引起的停工损失,应按规定转作营业外支出;其他停工损失,如由于季节性停工、修理期间的停工等原因发生的停工损失,应计入制造费用。停工时车间应填列停工报告单,经有关部门审核后的停工报告单,作为停工损失核算的根据。停工损失的归集和分配,应根据停工损失计算表和分配表等有关凭证,通过"停工损失"账户进行核算。在编制各费用分配表时,应该将属于停工损失的费用,加填借记"停工损失"账户的行次;而在制造费用的费用项目中,则可不再设立"季节性和修理期间停工损失"费用项目。

【例6-4】 南海工厂第一车间工人刘伟因操作不当,使设备发生故障而停工3天。

(1)月末各种费用分配表列明第一车间的停工损失费用为4 800元。其中:辅助生产修理费2 580元、人工费用1 200元、外购动力62元、制造费用958元。作会计分录如下:

借:停工损失——第一车间	4 800
贷:辅助生产成本	2 580
应付职工薪酬	1 200
应付账款——供电部门	62
制造费用	958

(2) 领导批复决定,由违章操作的工人刘伟赔偿停工损失的25%。作会计分录如下:

  借:其他应收款——刘伟   1 200
    贷:停工损失——第一车间   1 200

(3) 第一车间生产甲、乙两种产品,甲产品耗用2 000工时,乙产品耗用3 000工时,分配本月份停工损失。作会计分录如下:

$$3\ 600÷(2\ 000+3\ 000)=0.72$$

  借:基本生产成本——甲产品(停工损失)   1 440
       ——乙产品(停工损失)   2 160
    贷:停工损失——第一车间   3 600

温馨提醒

  如果生产损失偶尔发生,金额较小,对产品成本影响不大,则可不必对生产损失单独核算,其发生额包含在正常的成本项目中,增加其单位成本。如果生产损失发生频繁,且数额较大,对产品成本影响较大,则需对其进行单独核算,即单独归集生产损失,计算损失数额,必要时还可设置"废品损失""停工损失"等成本项目予以揭示,计算出单位产品所负担的损失数额。

三、不单独核算停工损失

  在不单独核算停工损失的企业中,不设立"停工损失"账户和"停工损失"成本项目。停工期间发生的属于停工损失的各种费用,直接记入"制造费用"和"营业外支出"等账户,分别反映。这样核算很简便,但对于停工损失的分析和控制会产生一定的不利影响。

  上两节所述废品损失和停工损失,都是指基本生产的废品损失和停工损失。辅助生产由于规模一般不大,为了简化核算工作,一般不单独核算废品损失和停工损失。

  到本章为止,在单独核算废品损失和停工损失的企业中,应计入本月产品成本的生产费用全部归集在"基本生产成本"账户的借方,并在各产品成本明细账的本月发生额中按"直接材料""直接人工""燃料和动力""制造费用""废品损失"和"停工损失"等成本项目分别反映。前述生产费用在各种产品之间横向的归集和分配已经完毕,下一章讲述生产费用在完工产品与在产品之间的纵向的归集和分配。

论不可抗力

知识归纳

1. 生产损失是指在生产过程中发生的、不能形成正常产出的各种耗费,它主要由废品损失和停工损失两部分组成。
2. 废品是指由于生产形成的不符合规定的技术标准和技术要求,不能按照原定用途使用的,或需要加工修复后才能按原定用途使用的在产品、半成品或产成品。
3. 废品按其能否修复的可能性和经济性,可分为可修复废品和不可修复废品两种。可修复废品,是指经过修理可以使用,而且所花费的修复费用在经济上合算的废品(必须同时具备上述两个条件);不可修复废品,则指不能修复,或者所花费的修理费在经济上不合算的废品(只需出现一种情况)。
4. 废品按其产生的原因可分为工废品和料废品两种。工废品是由于工人操作上的原因而造成的废品,属于操作工人的责任;料废品是由于送来的加工原材料或半成品的质量不符合要求所造成的废品,不属于操作工人的责任。
5. 废品损失是指因产生废品而发生的废品报废损失和废品修复费用。废品报废损失是指不可修复废品的生产成本扣除收回材料及废料价值后的损失。废品修复费用是指为修复废品所耗费的材料、动力、人工费用和制造费用等修复费用。若有造成废品的责任人负责的赔偿款,则应冲减废品损失。
6. 不可修复废品的成本是指产品从生产开始截止到报废时所耗费的一切费用。废品成本扣除回收的残值和应收赔款后为废品的净损失。由于不可修复废品的成本与合格品的成本在分离前是归集在一起的,因此,需要采取一定的方法予以划分。常用的方法有两种:一是按废品所耗实际成本计算;二是按废品所耗定额成本计算。
7. 可修复废品损失指的是在修复过程中发生的各种费用。可修复废品返修前发生的生产费用,是正常的生产费用,应该留在"基本生产成本"账户及所属成本项目中,不必转出。返修发生的各种费用,才是废品损失。
8. 停工损失指企业基本生产车间由于计划减产,或因停电、待料、机器设备故障而停工,在停工期间所发生的一切费用,包括支付的职工薪酬,耗用的燃料和动力,应负担的制造费用等,由过失单位或保险公司负担的赔款,应从停工损失中扣除。

一、单项选择题

1. 下列属于废品损失的项目是(　　)。
   A. 不可修复废品尚未扣除应收赔款前的损失
   B. 不可修复废品扣除应收赔款后的净损失
   C. 可修复废品的修理费用

D. 不可修复废品的净损失加上可修复废品的修理费用
2. 可修复废品的废品损失是指(　　)。
   A. 返修前发生的原材料费用
   B. 返修前发生的制造费用
   C. 返修后发生的修理费用
   D. 返修前发生的生产费用加上返修后发生的修理费用
3. "废品损失"账户应按(　　)设立明细账。
   A. 产品品种
   B. 废品种类
   C. 车间
   D. 责任人
4. 下列各项损失中,不属于废品损失的是(　　)。
   A. 可以降价出售的不合格品的降价损失
   B. 可修复废品的修复费用
   C. 不可修复废品的生产成本扣除回收残料价值后的损失
   D. 生产过程中发现的和入库后发现的不可修复废品的生产成本
5. "废品损失"是会计账户,也可以是(　　)。
   A. 成本项目
   B. 期间费用
   C. 非常损失
   D. 营业外支出
6. 结转不可修复废品的生产成本时,应编制的会计分录是(　　)。
   A. 借：废品损失
      　　贷：原材料
   B. 借：废品损失
      　　贷：基本生产成本
   C. 借：其他应收款
      　　贷：废品损失
   D. 借：基本生产成本
      　　贷：废品损失
7. "废品损失"账户月末(　　)。
   A. 如果有余额,余额一定在贷方
   B. 如果有余额,余额一定在借方
   C. 一般没有余额
   D. 可能有借方或贷方余额
8. 下列项目中,应该计入产品成本的停工损失是(　　)。
   A. 由于自然灾害引起的非正常停工损失
   B. 非正常原因发生的停工损失

C. 固定资产修理期间的停工损失

D. 停电一天造成的损失

二、多项选择题

1. 废品是指不符合规定的技术标准,不能按原定用途使用,或者需要加工修理才能使用的(　　)。

   A. 原材料

   B. 在产品

   C. 半成品

   D. 产成品

2. 可修复废品必须同时具备的条件包括(　　)。

   A. 经过修复可以使用

   B. 经过修复仍不能使用

   C. 所花费的修理费用在经济上合算

   D. 可以修复,但在经济上不合算

3. 核算废品损失过程中,可能贷记的账户有(　　)。

   A. "基本生产成本"

   B. "废品损失"

   C. "应付职工薪酬"

   D. "制造费用"

4. "废品损失"账户借方应反映项目有(　　)。

   A. 可修复废品的生产成本

   B. 不可修复废品的生产成本

   C. 可修复废品的修复费用

   D. 废品的应收赔款

5. 废品按其产生的原因可分为(　　)。

   A. 可修复废品

   B. 不可修复废品

   C. 工废

   D. 料废

6. 停工损失包括(　　)。

   A. 停工期间发生的原材料费用

   B. 停工期间发生的职工薪酬

   C. 停工期间发生的制造费用

   D. 保险公司的赔偿款

三、判断题

1. 废品仅指制造业在生产过程中发现的废品。　　　　　　　　　　　　　　(　　)

2. 废品损失是指不可修复废品的生产成本,扣除回收的废品残料价值和应收赔偿款后的损失。　　　　　　　　　　　　　　　　　　　　　　　　　　　　　(　　)

3. 可修复废品是指经过修理可以使用,而且所花费的修理费用在经济上合算的废品。
（　　）
4. 由于保管不善等原因而产生产品损坏变质,也属于废品损失。（　　）
5. 不可修复废品就是指无法修复的废品。（　　）
6. "废品损失"账户月末一般无余额。（　　）
7. 可修复废品返修以前发生的生产费用和返修时发生的各种费用,都记入"废品损失"账户的借方。（　　）
8. 由于自然灾害等引起的非正常停工损失,应计入营业外支出。（　　）

实战演练

业务题一

一、目的：练习不可修复废品按废品所耗实际成本计算的方法。

二、资料：北溪工厂基本生产车间生产甲产品,2019年5月投产200件,完工验收时发现不可修复废品4件；据统计,合格品生产工时7 840小时、废品工时160小时,合计8 000小时。甲产品成本明细账所记合格品和废品的全部生产费用为：原材料110 800元、职工薪酬21 280元、燃料和动力19 720元、制造费用22 920元。原材料是生产开始时一次投入。废品残料入库作价66元。废品净损失由当月同种产品成本负担。不可修复废品成本按实际成本计算。

三、要求：编制不可修复废品损失计算表（见图表6-5）,并编制相关会计分录。

图表6-5

不可修复废品损失计算表（按实际成本计算）

年　　月

车间：　　　　　　产品：　　　　　　金额单位:元

项　目	数量（件）	直接材料	生产工时（小时）	直接人工	燃料和动力	制造费用	成本合计
合格品和废品							
生产费用							
费用分配率							
废品生产成本							
减:残料价值							
废品损失							

业务题二

一、目的：练习不可修复废品按废品所耗定额成本计算的方法。

二、资料：北溪工厂基本生产车间2019年5月产生不可修复乙产品废品5件,乙产品的不可修复废品成本按定额成本计价。乙产品不可修复废品的定额成本资料为：

每件原材料费用 100 元,每件定额工时为 30 小时,每小时直接人工 3 元,制造费用 4 元。废品的残料价值为 160 元,作为材料入库;应由过失人赔款 120 元。废品净损失由当月同种产品成本负担。

三、要求:编制不可修复废品损失计算表(见图表 6-6),并据以编制有关会计分录。

图表 6-6

不可修复废品损失计算表(按定额成本计算)

2019 年 5 月

车间:基本生产车间　　　产品:乙产品　　　废品数量:5 件　　　金额单位:元

项　目	直接材料	定额工时(小时)	直接人工	制造费用	成本合计
单位定额	100	30	3	4	—
废品定额成本	500	150	450	600	1 550
减:残料价值	160	—			160
废品损失	340		450	600	1 390

业务题三

一、目的:练习可修复废品损失的核算。

二、资料:北溪工厂基本生产车间 2019 年 5 月产生可修复丙产品 10 件,在修复过程中,发生原材料费用 2 130 元、应付职工薪酬 969 元、制造费用 1 360 元。可修复废品的修复费用损失由当月同种产品负担。

三、要求:根据上述资料编制会计分录。

课后习题答案

第7章 完工产品与在产品的费用分配

CHAPTER 7

Learning objectives 学习目标

◎ **通过本章你可以学到：**

- ➤ 广义在产品和狭义在产品
- ➤ 在产品的清查的核算
- ➤ 完工产品与在产品之间的费用分配的七种方法
- ➤ 完工产品入库的核算

> **案例导入**

学了一段时间的成本会计,肖玥已经进入状态了,对成本会计也有了一知半解。这天,肖玥在想,企业的产品生产是周而复始的,就像一条长长的流水线,一方面不断地投入原材料,每天有新的产品投产,另一方面又有完工产品源源不断地被验收入库。会计核算是分期的,那么企业在会计期末是怎么管理、区分完工产品和在产品的数量和成本的呢?完工产品的成本又是如何计算出来并转账的呢?

第1节　在产品的数量管理

通过上述生产费用在各种产品之间横向的归集和分配,产品在生产过程中所发生的各种生产费用均已记入各产品成本明细账。各产品成本明细账中归集的本期生产费用加上期初结存的在产品成本,为生产费用合计。到了月末,企业生产的产品可能出现以下三种情况。

（1）产品全部完工,则产品成本明细账中归集的全部生产费用就是该种完工产品的成本。

（2）产品全部未完工,则产品成本明细账中归集的全部生产费用就是该种产品的在产品成本。

（3）产品部分完工,部分未完工,则产品成本明细账中归集的全部生产费用,还应在完工产品和在产品之间采用适当的分配方法进行分配,以计算完工产品和月末在产品的成本。

月初在产品费用、本月生产费用、本月完工产品费用和月末在产品费用之间的关系,可用下列公式表示：

$$月初在产品成本＋本月生产费用＝本月完工产品成本＋月末在产品成本$$

公式左边两项是已知数,右边两项是未知数。公式左边两项费用之和,即生产费用合计,需要采用一定的分配方法在本月完工产品与月末在产品之间进行分配。要正确地进行本月完工产品与月末在产品的费用分配,就必须正确进行在产品的数量核算,取得在产品收发和结存的数量资料。

一、在产品的概念

在产品是指没有完成全部生产过程、不能作为商品销售的产品。在产品可分为狭义在产品和广义在产品。狭义在产品是指车间内部处于加工、检验、运输等过程中的产品,如正在加工的在产品、返修的废品和尚未送验入库的产品。广义在产品包括正在车间加工中的在产品、需要继续加工的半成品、等待验收入库的产品、正在返修和等待返修的废品等。

对外销售的自制半成品属于商品产品,已验收入库后不应列入在产品之内,不可修复废品也不应列入在产品之内。

二、在产品数量的核算

在产品数量收入、发出和结存的日常核算,通常是通过"在产品数量收发结存账",也称"在产品台账"进行的。这种账户应分别按车间并按产品的品种和在产品的名称设立,以反映车间各种在产品的转入、转出和结存的数量。其格式如图表7-1所示。

图表7-1

在产品收发结存账

车间名称: 　　　　在产品名称: 　　　　计量单位:

日期	摘要	收入		转出			结存	
		凭证号	数量	凭证号	合格品	废品	完工	未完工
	合计							

在产品台账生产车间相关管理人员根据有关领料凭证、在产品内部转移凭证、产品检验凭证和产品入库单等原始凭证逐笔序时登记。在实际工作中,为了加强在产品实物管理和严格控制在产品数量,企业往往在做好产品收发日常核算工作的同时,对在产品进行定期或不定期的盘点,保证在产品数量的准确性。

三、在产品的清查

为了核实在产品的数量,保护在产品的安全完整,保证在产品的账实相符,企业必须实行在产品的盘点制度,这是加强在产品实物管理的重要措施。对在产品盘点可以定期进行,也可以不定期抽查。在盘点过程中,若发现在产品盘盈或盘亏,应填制在产品盘盈盘亏报告单,并及时分析盈亏原因和报批处理意见,财会部门根据在产品盘点报告和批准后的处理意见进行必要的账务处理。在产品清查盘点的结果有以下几种,即账实相符、盘盈、盘亏或毁损。在产品账面和实际数相符时,不作账务处理。

(一)在产品盘盈

在产品发生盘盈时,按计划成本或定额成本借记"基本生产成本"账户,贷记"待处理财产损溢"账户;按管理权限报经批准进行处理时,借记"待处理财产损溢"账户,贷记"营业外收入"账户。

【例7-1】 东海工厂基本生产车间季末盘点,甲产品的在产品盘盈12件,查甲产品的单位定额成本22元,按照规定报经批准后,作营业外收入处理。编制会计分录如下:

(1) 盘盈时。

借:基本生产成本——甲产品　　　　　　　　　　　　　　264
　　贷:待处理财产损溢——待处理流动资产损溢　　　　　　　　264

(2) 批准后转账。

借:待处理财产损溢——待处理流动资产损溢　　　　　　　　264
　　贷:营业外收入　　　　　　　　　　　　　　　　　　　　264

知识拓展

对于存货盘盈、盘亏的处理

存货盘盈发生的收益,《企业会计准则》规定冲减"管理费用"账户,《小企业会计准则》规定记入"营业外收入"账户;存货盘亏、毁损发生的损失,《企业会计准则》规定根据不同情况分别记入"管理费用"或"营业外支出"账户;而《小企业会计准则》规定一律记入"营业外支出"账户。

(二) 在产品盘亏或毁损

在产品发生盘亏和毁损时,借记"待处理财产损溢"账户,贷记"基本生产成本"账户,冲减在产品的账面价值。毁损在产品的残值,借记"原材料""银行存款"等账户,贷记"待处理财产损溢"账户,冲减其损失。按规定核销时,应根据不同情况分别将损失从"待处理财产损溢"账户的贷方转入有关账户的借方,其中应由保险公司、过失单位或过失人员赔偿的部分,均记入"银行存款"账户或"其他应收款"账户的借方,其余损失均记入"营业外支出"账户的借方。

【例7-2】 东海工厂基本生产车间季末盘点,乙产品的在产品盘亏10件,单位定额成本33元,处置意见为过失人赔偿40%,其余计入营业外支出;丙产品的在产品毁损200件,单位定额成本20元,残料入库作价400元,丙产品在产品的毁损是由自然灾害造成的,应由保险公司赔偿毁损总值的60%(款项尚未收到),其余损失计入营业外支出。清查结果的处理意见都已获得批准。编制会计分录如下:

(1) 盘亏或毁损时。

借:待处理财产损溢——待处理流动资产损溢　　　　　　　4 330
　　贷:基本生产成本——乙产品　　　　　　　　　　　　　　330
　　　　　　　　　　——丙产品　　　　　　　　　　　　4 000

(2) 批准后转账。

借：原材料   400
　　其他应收款——责任人   132
　　　　　　——保险公司   2 400
　　营业外支出   1 398
　　贷：待处理财产损溢——待处理流动资产损溢   4 330

为了正确归集和分配制造费用，在产品盘盈、盘亏或毁损的账务处理，应该在制造费用结转之前进行，以便正确、及时地归集和分配制造费用。

对于库存半成品和辅助生产的在产品数量和清查的核算，与基本生产的相关处理基本相同。

第 2 节　完工产品与在产品之间的费用分配方法

生产费用在完工产品和在产品之间的分配是小企业成本会计必需的功课，常用的分配方法有：在产品不计算成本法、在产品按固定成本计价法、在产品按所耗原材料费用计价法、约当产量比例法、在产品按完工产品计算法、在产品按定额成本计价法和定额比例法等。如何使生产费用在完工产品和在产品之间的分配既简便又合理，这就需要根据企业在产品数量的多少，各月在产品数量变化的大小，相关成本项目的比重以及相关定额是否合理等四个条件，具体情况具体分析，确定采用何种方法来进行分配。

微课：完工产品与在产品分配的计算

本期生产费用合计在完工产品和在产品之间的分配方法可以分成两大类：

一类是先确定期末在产品成本，再计算完工产品成本，可以用公式表示为：

月初在产品成本＋本月生产费用－月末在产品成本＝本月完工产品成本

另一类是将本期生产费用合计数按照一定分配标准进行分配，同时算出完工产品成本和在产品成本，可以用公式表示为：

月初在产品成本＋本月生产费用＝本月完工产品成本＋月末在产品成本

下面分别介绍这些方法的具体应用。

一、在产品不计算成本法

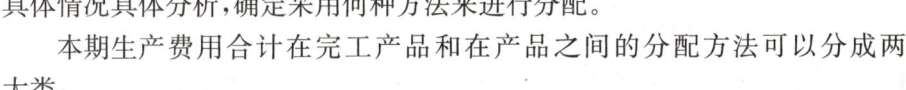在产品不计算成本法是指期末虽然有在产品，但忽略计算其成本的一种方法。本期发生的生产费用，全部由本期的完工产品成本负担，本期生产费用之和就是本期完工产品的成本。这种方法适用于各期期末在产品数量很小

的产品。从上述公式可以看出,如果各期期末在产品数量很少,那么期初和期末在产品费用就很小,期初和期末在产品费用的差额更小,是否计算各期在产品的成本对完工产品成本影响很小。因此,为了简化产品成本的计算工作,对于期末在产品成本可以忽略不计。其计算公式表示为:

$$本月生产费用 = 完工产品成本$$

【例 7-3】 东海工厂甲产品产品成本计算单如图表 7-2 所示。

图表 7-2

产品成本计算单

单位:元
生产数量 610 件
完工数量 600 件

产品名称:甲产品　　　　　　　2019 年 5 月

摘　要	成本项目			合　计
	直接材料	直接人工	制造费用	
月初在产品成本	—	—	—	—
本月生产费用	111 220	53 200	49 600	214 020
生产费用合计	111 220	53 200	49 600	214 020
完工产品成本	111 220	53 200	49 600	214 020
月末在产品成本				

二、在产品按固定成本计价法

成本核算期和会计分期

在产品按固定成本计价法是指对年中各期在产品成本均按年初在产品成本数固定计算的一种方法。由于期末期初在产品成本均为年初在产品成本,金额相等,因而本期生产费用之和就是本期完工产品的成本。这种方法适用于各期末在产品数量较少,或者在产品数量较大,但各期在产品数量变化不大的产品。这是因为,对于期末在产品数量较小,期初在产品成本和期末在产品成本的差额很小,是否计算各期在产品成本的差额对完工产品成本的影响不大。对于各期末在产品数量较大的产品来说,期初和期末在产品成本虽然较大,但由于各期末在产品数量变化不大,因而期初、期末在产品成本的差额不明显,是否计算各期在产品成本的差额对于完工产品成本的影响依然较小。因此,为了简化产品成本计算工作,各期在产品成本都按年初在产品成本数固定计算。采用这种方法,年终时应根据实际盘点的在产品数量,重新调整计算年末在产品的实际成本。调整后的在产品成本将作为下年度在产品固定成本,以保证成本计算的准确性。计算公式表示为:

$$完工产品成本 = 月初在产品成本(年初固定数) + 本月生产费用 - 月末在产品成本(年初固定数) = 本月生产费用$$

【例 7-4】 东海工厂甲产品产品成本计算单如图表 7-3 所示。

图表 7-3

产品成本计算单

单位：元
生产数量 610 件
完工数量 600 件

产品名称：甲产品　　　　　　　2019 年 5 月

摘　　要	成 本 项 目			合　计
	直接材料	直接人工	制造费用	
月初在产品成本	6 200	2 500	1 700	10 400
本月生产费用	111 220	53 200	49 600	214 020
生产费用合计	117 420	55 700	51 300	224 420
完工产品成本	111 220	53 200	49 600	214 020
月末在产品成本	6 200	2 500	1 700	10 400

三、在产品按所耗原材料费用计价法

在产品按所耗原材料费用计价法是指期末在产品只计算其所耗用的原材料费用，不计算工资等加工费用的一种方法。也就是产品的加工费全部由完工产品成本负担。这种方法适用于各期末在产品数量较大，各期在产品数量变化也较大，但原材料费用在成本中所占比重较大的产品，如造纸、酿酒等行业的产品。因为各期末在产品数量大，而且变化也大，已不能采用上述第一、第二种方法，而必须具体计算每月月末的在产品成本。又由于该种产品的原材料费用的比重较大，而工资等加工费用所占的比重较小，因此，在产品成本中的加工费用，期初、期末的差额不大。为了简化成本计算工作，在产品可以不计算加工费用。这样，该种产品的全部生产费用减去按所耗原材料计算的在产品成本，就是其完工产品成本了。计算公式表示为：

$$\text{本月完工产品成本} = \text{月初在产品直接材料成本} + \text{本月生产费用} - \text{月末在产品直接材料成本}$$

$$\text{在产品直接材料成本} = \text{在产品数量} \times \text{直接材料分配率}$$

$$\text{直接材料分配率} = \frac{\text{直接材料费用总额（期初＋本期）}}{\text{完工产品数量＋在产品数量}}$$

注：采用此法计算的前提是直接材料须是生产开始时一次投入的。

【例 7-5】 东海工厂甲产品月末在产品只计算原材料费用，期初在产品原材料成本 16 200 元，本期发生直接材料 110 220 元，直接人工 33 200 元，制造费用 29 600 元。本期完工产品 4 600 件，期末在产品 400 件，原材料在生产开始时一次性投入。产品成本计算单如图表 7-4 所示。

图表 7-4

产品成本计算单

单位:元
生产数量 5 000 件
完工数量 4 600 件

产品名称:甲产品　　　　　　　　2019 年 5 月

摘　要	成本项目			合　计
	直接材料	直接人工	制造费用	
月初在产品成本	16 200	—	—	16 200.00
本月生产费用	110 220	33 200	29 600	173 020.00
生产费用合计	126 420	33 200	29 600	189 220.00
完工产品成本	116 306.40	33 200	29 600	179 106.40
月末在产品成本	10 113.60	—	—	10 113.60

直接材料分配率=126 420÷5 000=25.284
完工产品直接材料成本=4 600×25.284=116 306.40(元)
在产品直接材料成本=400×25.284=10 113.60(元)
本月完工产品成本=189 220-10 113.60=179 106.40(元)

四、按定额成本计算在产品成本法

按定额成本计算在产品成本法是指根据月末在产品数量,投料和加工程度,按照预先制定的在产品单位定额成本计算出在产品成本,从而计算出完工产品成本的方法。采用这种方法关键在于计算确定期末在产品的定额成本。期末在产品定额成本的计算一般是按成本项目进行的,其中原材料费用是根据在产品数量和单位在产品原材料消耗定额计算;其他成本项目可根据在产品定额工时和单位工时定额计算;而每期生产费用脱离定额的差异全部计入当期完工产品成本。定额是指在一定生产技术组织条件下,对人力、物力和财力的消耗及占用等所规定的数量标准。这种方法适用于定额管理好,各项消耗定额或费用定额比较准确、稳定,而且各期末在产品数量变化不大的产品。因为产品的各项消耗定额比较准确,则期初和期末单件在产品费用脱离定额的差异就很小。再由于各期末在产品数量变化不大,则期初在用脱离定额的差异与期末在产品费用脱离定额的差异也就不会相差太大,对完工产品成本计算的正确性影响很小,为了简化成本计算工作,可以采用这种方法分配费用。

月末在产品定额成本的计算公式如下:

在产品直接材料定额成本=在产品数量×直接材料单位定额费用
在产品直接人工定额成本=在产品数量×工时定额×计划小时工资率
在产品制造费用定额成本=在产品数量×工时定额×计划小时费用率
完工产品成本=期初在产品定额成本+本期生产费用-期末在产品定额成本

【例 7-6】 西湖工厂生产甲产品,5 月月末完工产品 800 件,在产品 100

件。甲在产品的原材料在生产开始时一次投入,工时定额为 14 小时。甲在产品的直接材料单位定额费用为 130 元,每工时的定额费用为 10.65 元,其中:直接人工 7 元,燃料和动力 1.25 元,制造费用 2.40 元,据以编制产品成本计算单如图表 7-5 所示。

图表 7-5

产品成本计算单

单位:元
在产品数量 100 件
完工数量 800 件

产品名称:甲产品　　　　　　　2019 年 5 月

摘　要	成 本 项 目				合　计
	直接材料	直接人工	燃料和动力	制造费用	
月初在产品定额成本	10 280	4 676	1 532	3 152	19 640
本月生产费用	102 915	86 224	15 226	31 565	235 930
生产费用合计	113 195	90 900	16 758	34 717	255 570
完工产品成本	100 195	81 100	15 008	31 357	227 660
月末在产品定额成本	13 000	9 800	1 750	3 360	27 910

在产品定额成本:

　　直接材料定额成本＝100×130＝13 000(元)
　　直接人工定额成本＝100×14×7＝9 800(元)
　　燃料和动力定额成本＝100×14×1.25＝1 750(元)
　　制造费用定额成本＝100×14×2.4＝3 360(元)
　　在产品定额成本＝13 000＋9 800＋1 750＋3 360＝27 910(元)

完工产品成本:

　　直接材料成本＝10 280＋102 915－13 000＝100 195(元)
　　直接人工成本＝4 676＋86 224－9 800＝81 100(元)
　　燃料和动力成本＝1 532＋15 226－1 750＝15 008(元)
　　制造费用成本＝3 152＋31 565－3 360＝31 357(元)
　　完工产品成本＝100 195＋81 100＋15 008＋31 357＝227 660(元)

温馨提醒

工时定额与定额工时,费用定额与定额费用

　　工时定额是指生产某单位产品的规定小时数,按工时定额计算的生产一批同种产品需要的小时数为定额工时。例如,101 产品的工时定额为 4 小时,本月投产 200 件,这批产品的定额工时为 800 小时(200×4)。同理,费用定额是指生产某单位产品的某一成本项目的金额标准,定额费用则是指生产一批同种产品的某一成本项目的金额标准。例如,101 产品的工时定额为 4 小时,每小时直接人工的定额费用是 8 元,本月投产 200 件,这批产品直接人工的定额费用为 6 400 元(200×4×8)。

五、定额比例法

定额比例法是指将生产费用按照完工产品与在产品定额消耗量或定额费用比例进行分配的一种方法。这种方法适用于定额管理基础好,各项消耗定额或费用定额比较准确、稳定,但各月末在产品数量变动较大的产品。采用定额比例法时直接材料一般按原材料定额消耗量(定额费用)比例分配,各项加工费用按定额工时比例分配。其计算公式如下:

$$\text{直接材料费用分配率} = \frac{\text{月初在产品直接材料费用} + \text{本月投入直接材料费用}}{\text{完工产品定额直接材料费用(或定额消耗量)} + \text{月末在产品定额直接材料费用(或定额消耗量)}}$$

$$\text{完工产品直接材料} = \text{完工产品定额直接材料费用(或定额消耗量)} \times \text{直接材料费用分配率}$$

$$\text{月末在产品直接材料费用} = \text{月末在产品定额直接材料费用(或定额消耗量)} \times \text{直接材料费用分配率}$$

$$\text{直接人工费用(或制造费用)分配率} = \frac{\text{月初在产品直接人工费用(或制造费用)} + \text{本月直接人工费用(或制造费用)}}{\text{完工产品定额工时} + \text{月末在产品定额工时}}$$

$$\text{完工产品直接人工费用(或制造费用)} = \text{完工产品定额工时} \times \text{直接人工费用(或制造费用)分配率}$$

$$\text{月末在产品直接人工费用(或制造费用)} = \text{月末在产品定额工时} \times \text{直接人工费用(或制造费用)分配率}$$

【例 7-7】 西湖工厂生产乙产品。5月1日,期初在产品成本为 36 104 元,其中:直接材料 22 080 元,直接人工 7 696 元,燃料和动力 2 200 元,制造费用 4 128 元。本月份发生的生产费用为 169 607 元,其中:直接材料 87 216 元,直接人工 45 214 元,燃料和动力 12 925 元,制造费用 24 252 元。月末完工产品 300 件,单位产品的原材料定额费用为 276 元,工时定额为 15 小时,月末在产品 100 件,单位在产品原材料定额费用为 276 元,工时定额为 10 小时。

(1) 分别计算完工产品与月末在产品的原材料定额成本和定额工时。

完工产品直接材料定额成本=300×276=82 800(元)
月末在产品直接材料定额成本=100×276=27 600(元)
完工产品定额工时=300×15=4 500(小时)
月末在产品定额工时=100×10=1 000(小时)

(2) 分别计算各成本项目的费用分配率。

直接材料费用分配率=22 080+87 216÷82 800+27 600=0.99
直接人工费用分配率=7 696+45 214÷4 500+1 000=9.62
燃料和动力费用分配率=2 200+12 925÷4 500+1 000=2.75
制造费用分配率=4 128+24 252÷4 500+1 000=5.16

根据计算结果,用定额比例法编制产品成本计算单如图表 7-6 所示。

图表 7-6

产品成本计算单

产品名称：乙产品　　　　　2019 年 5 月

单位：元

月末在产品：100 件
完工产品：300 件

成本项目	月初在产品成本	本月生产费用	生产费用合计	费用分配率	完工产品成本 定额	完工产品成本 实际成本	月末在产品成本 定额	月末在产品成本 实际成本
	(1)	(2)	(3)=(1)+(2)	(4)=(3)/(5)+(7)	(5)	(6)=(5)×(4)	(7)	(8)=(7)×(4)
直接材料	22 080	87 216	109 296	0.99	82 800	81 972	27 600	27 324
直接人工	7 696	45 214	52 910	9.62	4 500	43 290	1 000	9 620
燃料和动力	2 200	12 925	15 125	2.75	4 500	12 375	1 000	2 750
制造费用	4 128	24 252	28 380	5.16	4 500	23 220	1 000	5 160
合　计	36 104	169 607	205 711	—	—	160 857	—	44 854

若分配率的计算是四舍五入后取得的，生产费用的分配会出现尾差，则月末在产品实际成本应以(8)=(3)-(6)算式计算。

采用定额比例法计算完工产品成本与月末在产品成本，不仅计算结果比按定额成本计算在产品成本法计算的结果更合理、正确，而且便于将实际成本与定额成本相比较，分析和考核定额成本的执行情况，有利于对生产费用的控制。

温馨提醒

产品成本计算单（表）的格式很多，不同的格式适用不同的计算方法，企业采用哪一种格式完全由企业自己决定。

六、约当产量比例法

（一）约当产量法概述

 约当产量法是指先将月末在产品的数量，按照其完工程度折算为相当于完工产品的产量，即约当产量，然后将生产费用合计按照完工产品产量和在产品的约当产量的比例进行分配的方法。其计算公式如下：

在产品约当产量＝在产品数量×完工百分比（完工率）

生产费用分配率＝$\dfrac{\text{月初在产品成本}+\text{本月生产费用}}{\text{完工产品产量}+\text{在产品约当产量}}$

完工产品成本＝完工产品产量×生产费用分配率

月末在产品成本＝在产品约当产量×生产费用分配率

约当产量法的关键是准确地确定在产品的约当产量。由于月末在产品的投料程度和加工程度往往不同，因此需要分别确定在产品的原材料费用的约当产量和加工费用的约当产量。

(二) 在产品原材料费用约当产量的确定

在产品原材料费用约当产量通常是以在产品的投料率确定的。投料率是指在产品已投材料占完工产品应投材料的百分比,也称投料程度。由于在产品的投料率受生产工序的影响,因此应区别不同的生产工序进行阐述。

1. 单工序生产的在产品原材料费用约当产量的确定

在单工序生产的情况下,如果原材料在生产开始时一次投入,那么投料率为100%,届时单件在产品的约当产量为1,与完工产品是相同的。如果原材料是随着加工的进度陆续投入的,则需根据在产品月末所处加工阶段的投料率来计算确定其约当产量。

【例7-8】 西湖工厂生产乙产品。生产开始时,投料60%;当在产品加工到50%时,再投料25%;当在产品加工到80%时,再投料15%。月末在产品为400件,其中:200件加工程度为40%,100件加工程度为60%,100件加工程度为85%。计算其直接材料费用约当产量如下:

月末乙在产品直接材料约当产量 = 200×60% + 100×(60%+25%) + 100×(60%+25%+15%) = 305(件)

2. 多工序生产的在产品原材料费用约当产量的确定

在多工序生产的情况下,如果原材料在第一工序生产开始时一次投入,那么投料率为100%,届时单件在产品的约当产量为1,与完工产品是相同的。在产品约当产量的确定方法与单工序相同。如果在每道工序开始时一次投入本工序所耗原材料,那么从每道工序来看,同一工序的在产品所耗用的原材料是相等的,而不同工序的在产品所耗用的原材料是不同的。这就需要根据产品的消耗定额和各道工序在产品的消耗定额,确定各道工序在产品的投料率,再据以计算在产品约当产量。其计算公式如下:

$$某道工序在产品投料率 = \frac{本工序为止各道工序累计直接材料消耗定额}{完工产品直接材料消耗定额} \times 100\%$$

$$月末在产品约当产量 = \sum(各工序在产品数量 \div 各工序在产品投料率)$$

【例7-9】 西湖工厂生产丙产品。有三道工序,各工序都在开工时一次投入原材料,第一、第二、第三道工序单位产品直接材料消耗定额分别为12千克、9千克和3千克,三道工序月末在产品的数量分别为180件、120件和100件。计算丙在产品原材料的约当产量如图表7-7所示。

图表7-7

丙在产品原材料费用约当产量计算表

工序	各工序消耗定额(千克)(1)	各工序累计消耗定额(千克)(2)	各工序在产品投料率(3)=(2)÷24	在产品数量(件)(4)	在产品约当产量(件)(5)=(4)×(3)
1	12	12	50.0%	180	90
2	9	21	87.5%	120	105
3	3	24	100%	100	100
合计	24	—	—	400	295

(三) 在产品加工费用约当产量的确定

在产品加工费用包括直接人工、燃料和动力以及制造费用。加工费用通常以在产品的完工率确定约当产量的,而完工率是按加工时间确定的,确定在产品的完工率也受到生产工序的影响。在产品的完工率是指各工序在产品的累计工时定额占完工产品工时定额的百分比,也称完工程度。

1. 单工序在产品加工费用约当产量的确定

在单工序生产的情况下,可根据在产品的加工时间占完工产品定额工时的比例计算。

【例 7-10】 东海工厂生产甲产品,每件定额工时为 10 小时,月末在产品为 260 件,经核定,其中 200 件完工率为 50%,60 件完工率为 80%。月末在产品约当产量计算如下:

月末甲在产品加工费用约当产量=(200×10×50%+60×10×80%)÷10=148(件)

2. 多工序在产品加工费用约当产量的确定

(1) 均按 50% 完工率计算在产品约当产量。当在产品数量在各道加工工序上分布比较均匀,并且各道工序的加工量也相当接近(如流水线生产),后面各工序在产品多加工的程度可以抵补前面各工序少加工的程度。为了简化测算工作,可以将全部在产品均按 50% 完工率计算约当产量。

(2) 各工序分别测定完工率计算在产品约当产量。企业在产品数量在各道加工工序上分布不均匀,各道工序的程度也不均衡,为了保证成本计算的准确性,这就需要根据各工序累计工时定额数占完工产品工时定额数的比例来确定各道工序的完工率。其计算公式如下:

$$某工序在产品完工率 = \frac{前面各道工序工时定额之和 + 本工序工时定额 \times 50\%}{产成品工时定额} \times 100\%$$

公式中的"本工序",即在产品所在工序,其工时定额乘以 50%,是因为该工序中各件在产品的完工程度不同,为了简化完工率的测算工作,在产品所在工序的加工程度一律按平均完工率 50% 计算。在产品从上一道工序转入下一道工序时,因上一道工序已经完工,所以前面各道工序的工时定额应按 100% 计算。

【例 7-11】 西湖工厂生产的丙产品工时定额为 50 小时,经过三道工序制成,其各工序工时定额为 10 小时、24 小时、16 小时。各工序月末在产品数量为:第一道工序 180 件,第二道工序 120 件,第三道工序 100 件,在产品按平均完工率 50% 计算,其完工程度计算如下:

第一道工序完工率=10×50%÷50×100%=10%
第二道工序完工率=(10+24×50%)÷50×100%=44%
第三道工序完工率=(10+24+16×50%)÷50×100%=84%
月末在产品约当产量=180×10%+120×44%+100×84%=154.8(件)

(四) 约当产量法的应用

确定了在产品原材料费用约当产量和在产品加工费用约当产量后,就为运用约当产量法奠定了基础。

【例 7-12】 西湖工厂丙产品本月完工 1 600 件,月末在产品为 400 件。在产品直接材料约当产量为 295 件(见[例 7-9])、在产品工费约当产量为 154.8 件(见[例 7-11])。要求按约当产量法计算完工产品和在产品成本。产品成本计算单如图表 7-8 所示。

图表 7-8

产品成本计算单

金额单位:元
完工产品:1 600 件

产品名称:丙产品　　　　　　　　　2019 年 5 月　　　　　　月末在产品:400 件

项 目	直接材料	直接人工	燃料和动力	制造费用	合 计
月初在产品成本	10 000	8 500	5 000	7 800	31 300
本月生产费用	90 056	30 983	21 322	27 296	169 657
生产费用合计	100 056	39 483	26 322	35 096	200 957
费用分配率	52.80	22.50	15.00	20.00	—
完工产品成本	84 480	36 000	24 000	32 000	176 480
月末在产品成本	15 576	3 483	2 322	3 096	24 477

直接材料分配率=(10 000+90 056)÷(1 600+295)=52.80
完工产品直接材料=1 600×52.80=84 480(元)
在产品直接材料=295×52.80=15 576(元)
直接人工分配率=(8 500+30 983)÷(1 600+154.80)=22.50
完工产品直接人工=1 600×22.50=36 000(元)
在产品直接人工=154.8×22.50=3 483(元)
燃料和动力分配率=(5 000+21 322)÷(1 600+154.80)=15.00
完工产品燃料和动力=1 600×15=24 000(元)
在产品燃料和动力=154.8×15=2 322(元)
制造费用分配率=(7 800+27 296)÷(1 600+154.80)=20.00
完工产品制造费用=1 600×20=32 000(元)
在产品制造费用=154.8×20=3 096(元)
完工产品总成本=84 480＋36 000+240 00+32 000=176 480(元)
在产品总成本=15 576+3 483+2 322+3 096=24 477(元)

温馨提醒

约当产量法的本质就是将在产品折算为大约相当于完工产品的数量,进而与完工产品以平等的身份进行分配。在折算的过程中,由于各项消耗的情况不同,需要分成本项目分别折算,其中材料项目由于分为一次投料和陆续投料两种情况,往往需要单独核算和分配。

七、在产品按完工产品成本计算法

在产品按完工产品成本计算法是指将在产品视同完工产品,与正式完工产品一起分配费用。这种方法适用于期末在产品已经接近完工,或已经完工只是尚未验收入库的产品。因为这种情况下的在产品已经接近完工产品成本。为了简化产品成本计算工作,在产品可以视同完工产品,按完工产品和在产品两者的数量比例分配各项费用。

第3节 完工产品入库的核算

小型工业企业生产费用在各种产品之间,以及在同种产品的完工产品与在产品之间分配以后,分别计算出各种产品的总成本和单位成本。

小型工业企业的完工产品包括产成品以及自制的材料、模具和工具等。在计算出完工产品成本以后,其成本应从"基本生产成本"账户和所属明细账的贷方转入各有关账户的借方。其中,完工入库的产成品的成本,应转入"库存商品"账户的借方;完工自制的材料、模具和工具等成本,分别转入"原材料"和"周转材料——低值易耗品"等账户的借方;"基本生产成本"账户的余额就是月末在产品成本。

完工标准一览

【例7-13】 西湖工厂根据上述图表7-5、图表7-6、图表7-8基本生产成本明细账中甲、乙、丙完工产品成本,汇总编制产成品成本汇总表(如图表7-9所示),并据以编制会计分录。

图表7-9

产成品成本汇总表

2019年5月 单位:元

产品名称	直接材料	直接人工	燃料和动力	制造费用	合计
甲产品	100 195	81 100	15 008	31 357	227 660
乙产品	81 972	43 290	12 375	23 220	160 857
丙产品	84 480	36 000	24 000	32 000	176 480
合 计	266 647	160 390	51 383	86 577	564 997

编制会计分录如下:

```
借:库存商品——甲产品              227 660
         ——乙产品              160 857
         ——丙产品              176 480
  贷:基本生产成本——甲产品           227 660
            ——乙产品           160 857
            ——丙产品           176 480
```

知识归纳

1. 月末,企业的产品生产会出现三种情况:①产品全部完工。则产品成本明细账中归集的全部生产费用就是该种完工产品的成本。②产品全部未完工。则产品成本明细账中归集的全部生产费用就是该种产品的在产品成本。③产品部分完工,部分未完工。产品成本明细账中归集的全部生产费用,需要在完工产品和在产品之间采用适当的分配方法进行分配,以准确计算完工产品和月末在产品的成本。

2. 月初在产品成本、本月生产费用、本月完工产品成本和月末在产品成本之间的关系,可用下列公式表示:月初在产品成本+本月生产费用=本月完工产品成本+月末在产品成本。

3. 在产品盘盈,按管理权限报经批准处理时,冲减管理费用。在产品盘亏,管理权限报经批准核销时,①其中准予计入管理费用的损失应冲减管理费用。②由于自然灾害造成的非常损失中应由保险公司赔款的部分,记入"其他应收款"账户,其余损失记入"营业外支出"账户。③应由过失单位或过失人员赔偿的,记入"其他应收款"账户。

4. 生产费用在完工产品和在产品之间常用的分配方法有:在产品不计算成本法、在产品按固定成本计价法、在产品按所耗原材料费用计价法、按定额成本计算在产品成本法、定额比例法、约当产量比例法和在产品按完工产品成本计算法等7种。

5. 注意"按定额成本计算在产品成本法"和"定额比例法"的区别。前者是指根据月末在产品数量、投料和加工程度,按照预先制定的在产品单位定额成本计算出在产品成本,从而计算出完工产品成本的方法。后者是指将生产费用按照完工产品与在产品定额消耗量或定额费用比例进行分配的一种方法。

6. 约当产量比例法是指先将月末在产品的数量,按照其完工程度折算为相当于完工产品的产量,即约当产量,然后将生产费用合计按照完工产品产量和在产品的约当产量的比例进行分配的方法。重点要理解什么是约当产量。

7. 多工序情况下,某工序在产品完工率=(前面各道工序工时定额之和+本工序工时定额×50%)÷产品工时定额×100%。

基本训练

一、单项选择题

1. 下列各项中,不应列入在产品的是( )。
   A. 验收入库的对外销售的自制半成品
   B. 已验收入库的仍需加工的自制半成品
   C. 正在车间加工中的产品
   D. 正在车间返修的废品

2. 完工产品与在产品之间分配费用,采用不计算在产品成本法,适用于下列产品( )。
   A. 各期在产品数量很少

B. 各期在产品数量很大

C. 各期在产品数量变化很大

D. 各期末在产品数量变化很小

3. 完工产品与在产品之间分配费用,采用在产品按所耗原材料费用计价法,适用于下列产品( )。

   A. 各期末在产品数量较大

   B. 各期末在产品数量变化较大

   C. 原材料费用在产品成本中比重较大

   D. 以上三个条件同时具备

4. 如果某产品的月末在产品数量较多,各月在产品数量变化较大,各项费用的比重相差不多,生产费用在完工产品与在产品之间分配,应采用的方法是( )。

   A. 在产品不计算成本法

   B. 在产品按固定成本计价法

   C. 在产品按所耗原材料费用计价法

   D. 约当产量比例法

5. 某产品经过三道工序加工而成。各工序工时定额分别为 10 小时、20 小时、20 小时,各工序的在产品完工率均按 50% 计算,第二道工序的完工率应为( )。

   A. 40%   B. 60%

   C. 80%   D. 100%

6. 在产品完工率是( )与完工产品工时定额的比率。

   A. 所在工序工时定额

   B. 所在工序工时定额之半

   C. 所在工序累计工时定额

   D. 上道工序累计工时定额与本道工序工时定额之半的合计数

7. 按完工产品和月末在产品数量比例,分配计算完工产品和月末在产品成本,必须具备下列条件( )。

   A. 在产品已接近完工

   B. 原材料在生产开始时一次投入

   C. 在产品原材料费用比重较大

   D. 各项消耗定额比较准确、稳定

8. 某企业定额管理基础较好,能够制定比较准确、稳定的消耗定额,而且各月末的在产品数量变化不大,应采用( )。

   A. 定额比例法   B. 在产品按定额成本计价法

   C. 在产品按所耗原材料费用计价法 D. 在产品按固定成本计价法

9. 下列方法中不属于完工产品与月末在产品之间分配费用的方法是( )。

   A. 约当产量比例法   B. 不计算在产品成本法

   C. 年度计划分配率分配法   D. 在产品按定额成本计价法

10. 按完工产品和月末在产品数量比例,分配计算完工产品和月末在产品的原材料费用,必须具备下列条件(　　)。
A. 产品成本中原材料费用比重较大
B. 原材料随生产进度陆续投料
C. 原材料在生产开始时一次投入
D. 原材料消耗定额比较准确、稳定

二、多项选择题

1. 从广义上来讲,在产品应包括(　　)。
   A. 正在车间加工中的在产品
   B. 正在返修的废品
   C. 已经完成一个或几个生产步骤,但还需继续加工的半成品
   D. 已经完工,但尚未验收入库的在产品
2. 选择完工产品与在产品之间费用分配方法时,应考虑的条件是(　　)。
   A. 完工程度　　　　　　　　　B. 各月在产品数量变化大小
   C. 定额管理基础的好坏　　　　D. 各项费用比重的大小
3. 完工产品与在产品之间分配费用的方法有(　　)。
   A. 计划成本分配法　　　　　　B. 定额比例法
   C. 交互分配法　　　　　　　　D. 约当产量比例法
4. 采用在产品按所耗原材料费用计价法,分配完工产品和在产品费用时,应具备下列条件(　　)。
   A. 原材料费用在产品成本中所占比重较大
   B. 各月末在产品数量较大
   C. 各月末在产品数量变化较大
   D. 完工程度较高
5. 约当产量比例法适用于(　　)的分配。
   A. 直接材料　　　　　　　　　B. 制造费用
   C. 直接人工　　　　　　　　　D. 燃料和动力
6. 某种产品定额管理较好,各项消耗定额或费用定额比较准确、稳定,各期末在产品数量变化不大或较大,应采用(　　)进行分配。
   A. 定额比例法
   B. 约当产量比例法
   C. 在产品按所耗原材料费用计价法
   D. 在产品按定额成本计价法
7. 采用约当产量比例法,必须正确计算在产品的约当产量,而在产品约当产量正确与否,取决于在产品完工程度的测定。测定在产品完工程度的方法有(　　)。
   A. 定额工时
   B. 按50%平均计算各工序完工程度
   C. 分工序分别计算完工程度
   D. 按定额比例法计算

8. 采用在产品按定额成本计价法分配完工产品和月末在产品费用,应具备下列条件(　　)。
   A. 定额管理基础较好
   B. 各项消耗定额准确、稳定
   C. 各月在产品数量变化较小
   D. 各月在产品数量变化较大
9. 采用定额比例法分配完工产品和在产品费用,应具备以下条件(　　)。
   A. 消耗定额比较准确　　　　　　　B. 消耗定额比较稳定
   C. 各项费用的比重相差不多　　　　D. 各月末在产品数量变化较大
10. 产品所耗原材料费用在生产开始时一次投料,其完工产品与月末在产品的原材料费用分配,可按(　　)比例计算。
    A. 所耗原材料数量　　　　　　　　B. 在产品约当产量
    C. 完工产品数量　　　　　　　　　D. 在产品数量

三、判断题

1. 未经验收入库的产品和等待返修的废品不属于在产品。（　　）
2. 狭义在产品是指正在某车间或某生产步骤中加工的在产品。（　　）
3. 期初在产品成本＋本期完工产品成本＝本期生产费用＋期末在产品成本。（　　）
4. 企业只有月末没有在产品时,才能采用在产品不计算成本法。（　　）
5. 采用在产品按固定成本计价方法时,某种产品本月生产费用就是本月在产品成本。（　　）
6. 采用在产品按所耗原材料费用计价法时,产品的加工费用全部由完工产品成本负担。（　　）
7. 各月末在产品数量变化不大的产品,可以不计算月末在产品成本。（　　）
8. 采用约当产量比例法分配原材料费用的计算与分配加工费用的计算是相同的。（　　）
9. 分工序计算在产品完工率的计算公式为:某工序在产品完工率＝(前面各工序工时定额之和＋本工序工时定额×50％)/产品工时定额（　　）
10. 采用在产品按定额成本计价法,一般先算出分配率,然后再算出完工产品和在产品费用。（　　）
11. 在产品盘盈,按管理权限报经批准处理时,记入"营业外收入"账户。（　　）
12. 在产品的毁损若由自然灾害造成,扣除应由保险公司赔偿部分,其余损失应记入"管理费用"账户。（　　）

业务题一

一、目的:练习在产品清查的核算。
二、资料:2019 年 5 月南江工厂发生下列经济业务。

1. 27日，接到第一基本生产车间送来在产品盘点盈亏报告单，列明盘盈1#在产品1件，每件定额成本86元；盘亏2#在产品5件，每件定额成本70元。原因待查。

2. 28日，接到第二基本生产车间送来在产品毁损报告单，列明因水灾毁损3#在产品80件，每件定额成本120元，计9 600元。转入待处理。

3. 28日，盘盈的1#在产品经批准予以核销转账。

4. 29日，今查明盘亏的2#在产品是车间管理人员失职造成的，经批准由其负责赔偿40%，其余60%作为企业损失。

5. 30日，3#在产品残料作价540元，验收入库。

6. 31日，经交涉，保险公司同意对3#在产品遭受水灾的损失赔偿75%，计7 200元，其余部分作为企业损失处理。

三、要求：根据以上资料，编制会计分录。

业务题二

一、目的：练习生产费用在完工产品与在产品之间分配的在产品不计算成本法。

二、资料：南江工厂生产的1#产品每月末在产品的数量很少，因此不计算在产品成本。2019年5月发生生产费用如下：直接材料70 200元，直接人工30 800元，制造费用18 000元。完工产品198件，月末在产品2件。

三、要求：请填制产品成本计算单（见图表7-10），并计算1#产品完工产品的总成本和单位成本。

图表7-10

产品成本计算单

单位：元
生产数量：　件

产品名称：　　　　　　　　　　年　　月　　　　　　　完工数量：　件

摘　要	成本项目			合　计
	直接材料	直接人工	制造费用	
月初在产品成本				
本月生产费用				
生产费用合计				
完工产品成本				
月末在产品成本				

业务题三

一、目的：练习生产费用在完工产品与在产品之间分配的在产品按固定成本计价法。

二、资料：南江工厂生产的2#产品每月末在产品数量变化不大，在产品按固定成本计算。年初固定在产品成本共计25 300元。其中，直接材料9 600元，直接人工8 200元，制造费用7 500元。2016年5月发生生产费用如下：直接材料47 600元，直接人工39 800元，制造费用31 200元。本月完工产品500件，月末在产品100件。

三、要求：请填制产品成本计算单（见图表7-11），并计算2#完工产品的总成本和单位成本。

图表 7-11

产品成本计算单

单位:元
生产数量: 件

产品名称:　　　　　　　　　年　月　　　　　　　完工数量: 件

摘　要	成本项目			合　计
	直接材料	直接人工	制造费用	
月初在产品成本				
本月生产费用				
生产费用合计				
完工产品成本				
月末在产品成本				

业务题四

一、目的:练习生产费用在完工产品与在产品之间分配的在产品按所耗原材料费用计价法。

二、资料:南江工厂生产的3#产品的原材料在生产开始时一次投入,产品成本中的原材料费用所占比重很大,月末在产品按其所耗原材料费用计价。2016年5月初,3#在产品原材料费用为6 600元,当月生产费用为直接材料66 900元,直接人工11 500元,制造费用10 500元,该月完工产品550件,月末在产品150件。

三、要求:请填制产品成本计算单(见图表7-12),并计算3#完工产品的总成本和单位成本。

图表 7-12

产品成本明细账

单位:元
生产数量: 件

产品名称:　　　　　　　　　年　月　　　　　　　完工数量: 件

摘　要	成本项目			合　计
	直接材料	直接人工	制造费用	
月初在产品成本				
本月生产费用				
生产费用合计				
完工产品成本				
月末在产品成本				

业务题五

一、目的:练习生产费用在完工产品与在产品之间分配的在产品按定额成本计价法。

二、资料:南江工厂生产的4#产品期初在产品成本为41 158元。其中,直接材料22 500元,直接人工10 490元,燃料和动力2 936元,制造费用5 232元。2016年5月,发生的生产费用为 157 412 元。其中,直接材料 71 000 元,直接人工 48 680 元,燃料和动力 13 464 元,制造费用 24 268 元。原材料在生产开始时一次投入,原材料单位定额成本为 160 元。在产品定额工时为每件 6 小时,完工产品的定额工时为 12 小时。每工时费用定额为 16.50 元。其中,直接人工 9.30 元,燃料和动力 2.60 元,制造费用 4.60 元。4#产品本月生产完工 400 件,月末在产品 200 件。

三、要求:

1. 按定额成本计算在产品成本法计算完工产品成本,编制产品成本计算单(见图表 7-13),并作会计分录。

2. 按定额比例法计算完工产品成本,编制产品成本计算单(见图表 7-14),并作会计分录。

图表 7-13

产品成本计算单(按定额成本计算在产品成本法)

单位:元

在产品数量: 件

产品名称: 　　　　　　　　　年　　月　　　　　　　完工数量: 件

摘　要	成本项目				合　计
	直接材料	直接人工	燃料和动力	制造费用	
月初在产品定额成本					
本月生产费用					
生产费用合计					
完工产品成本					
月末在产品定额成本					

图表 7-14

产品成本计算表(定额比例法)

金额单位:元

月末在产品: 件

产品名称: 　　　　　　　　　年　　月　　　　　　　完工产品: 件

成本项目	月初在产品成本	本月生产费用	生产费用合计	费用分配率	完工产品成本		月末在产品成本	
					定额	实际成本	定额	实际成本
	(1)	(2)	(3)=(1)+(2)	(4)=(3)/(5)+(7)	(5)	(6)=(5)×(4)	(7)	(8)=(3)−(6)
直接材料								
直接人工								
燃料和动力								
制造费用								
合　计								

业务题六

一、目的：练习生产费用在完工产品与在产品之间分配的约当产量法。

二、资料：南江工厂生产的 5# 产品，原材料自生产开始时一次投入，本月完工产品 300 件，月末在产品 50 件，完工程度为 40%。

三、要求：采用约当产量比例法分配完工产品成本和月末在产品成本。列出算式，完成图表 7-15 的填制。

图表 7-15

产品成本计算表（约当产量法）

单位：元

在产品数量：　　件

产品名称：　　　　　　　　　　　年　　月　　　　　　　完工数量：　　件

摘　　要	成本项目				合　计
	直接材料	直接人工	燃料和动力	制造费用	
月初在产品成本	14 850	13 380	8 250	9 440	46 090
本月生产费用	56 200	48 300	26 030	32 080	162 610
生产费用合计					
完工产品成本					
月末在产品成本					

业务题七

一、目的：练习在产品完工率和约当产量的计算。

二、资料：某产品经过三道工序制成，完工产品工时定额为 60 小时，第一工序为 14 小时，第二工序为 26 小时，第三工序为 20 小时。每道工序在产品工时定额按本工序工时定额的 50% 计算。三道工序的月末在产品分别为 300 件、200 件和 200 件。

三、要求：计算该产品第一、第二和第三道工序在产品的完工率和约当产量。

业务题八

一、目的：练习约当产量法。

二、资料：南江工厂生产的 6# 产品系三道工序生产的产品，本月末完工产品 500 件，在产品 330 件。月初在产品成本为 67 028 元。其中，直接材料 33 980 元，直接人工 16 596 元，燃料和动力 6 084 元，制造费用 10 368 元。本月生产费用为 198 510 元。其中，直接材料 100 374 元，直接人工 49 500 元，燃料和动力 17 820 元，制造费用 30 816 元。6# 产品各工序原材料都在开工时一次投入。第一、第二和第三道工序单位产品原材料费用消耗定额分别为 12 千克、6 千克和 2 千克，月末在产品的数量分别为 80 件、100 件和 150 件。6# 产品的第一、第二、第三道工序单位产品工时定额分别为 10 小时、6 小时和 4 小时，这三道工序在产品的完工率分别为 50%、60% 和 40%。

三、要求：

1. 分别计算在产品原材料费用约当产量和加工费用的约当产量。
2. 编制产品成本计算表（见图表 7-16）。
3. 根据产品成本计算表编制会计分录。

图表 7-16

产品成本计算表(约当产量法)

单位：元
在产品数量：　　件
完工数量：　　件

产品名称：　　　　　　　　　　　　年　　月

摘　要	成本项目				合　计
	直接材料	直接人工	燃料和动力	制造费用	
月初在产品成本					
本月生产费用					
生产费用合计					
完工产品成本					
月末在产品成本					

课后习题答案

第 8 章 产品成本计算方法概述

通过本章你可以学到：

- 制造业产品生产的类型
- 生产类型和管理要求对成本计算的影响
- 产品成本计算的基本方法
- 产品成本计算的辅助方法

案例导入

发电企业、纺织企业和汽车制造企业都要计算产品成本,但每个企业都有不同的生产特点。发电企业只生产一种产品——电,而且生产过程在技术上不能间断;纺织企业可以生产毛坯布和多种花布,生产过程经过纺纱、织布和染整三个步骤;汽车企业可以生产不同型号的汽车,它的生产过程是将各种原材料在各个加工车间平行加工为各种零件和部件,然后将各个零件和部件装配成最终产品——汽车。老师问了以下问题请肖玥和同学们一起思考:(1)这些企业能采用同样的方法计算产品成本吗?

(2)它们在生产上各有什么特点?

(3)这些特点又是怎样影响产品成本计算的?

成本核算方法的历史演变

第1节 制造业产品生产的类型

中国制造业的现状

制造业通常是根据产品生产类型来选择成本计算方法的。制造业的产品生产类型有按生产组织特点和按工艺过程特点两种不同的分类方法。

一、按企业的生产组织方式分类

制造业产品生产按其生产组织的特点不同,可分为大量生产、成批生产和单件生产三种类型。

(一)大量生产

☞ 大量生产是指不断重复生产品种相同的产品的生产。例如,纺织、冶金、水泥、造纸、酿造等工业的生产。大量生产具有产量大、生产的重复性强和品种少而稳定的特点,其通常采用专用设备进行生产。

(二)成批生产

☞ 成批生产是指按预先确定的产品批别和数量进行的产品生产。例如,服装、机械、车辆、仪表、电器等工业的生产。成批生产具有产量较大、品种较多、生产有一定的重复性的特点,其一般采用专用及通用设备进行生产。成批生产按生产批量的大小不同,又可分为大批生产和小批生产。大批生产由于生产的批量大,往往在一段时期内不断地生产品种相同的产品,因此具有大量生产的性质;小批生产由于生产的批量小,一批产品往往同时完工,因此具有单件生产的性质。

（三）单件生产

☞ 单件生产是指根据购货者订单所要求的特定规格进行的个别产品的生产。例如，船舶、发电设备、重型机械等制造业的生产。单件生产具有产量少、品种多、重复性少的特点，其一般采用通用设备进行生产。

二、按企业的生产工艺特点分类

制造业的产品生产按工艺过程的特点不同，可分为单步骤生产和多步骤生产两种类型。

（一）单步骤生产

☞ 单步骤生产又称简单生产，是指生产工艺过程不能间断的，或不能分散在不同地点进行的生产。例如，发电、供水、供气、铸造等制造业的生产。单步骤生产具有工艺技术简单、生产周期短、产品品种稳定、生产只能由一个车间或一个企业独立完成的特点。

（二）多步骤生产

☞ 多步骤生产又称复杂生产，是指生产工艺过程可以间断的，可以分散在不同地点、时间进行的；并由若干加工步骤组成的生产。它具有工艺技术复杂、生产周期长、产品品种不稳定、生产由多个车间或多个企业协作完成的特点。多步骤生产按其产品加工方式和各个生产步骤的内在联系的不同，又可以分为连续式多步骤生产和装配式多步骤生产两种类型。

1. 连续式多步骤生产

☞ 连续式多步骤生产又称分步式多步骤生产，是指材料投产后，要依次经过各个生产步骤的连续加工而形成产成品的生产。前一个生产步骤完成的半成品，是后一个生产步骤继续加工的对象，直至最后一个步骤的完工才形成产成品。例如，纺织、冶金等制造业的生产。

2. 装配式多步骤生产

☞ 装配式多步骤生产又称平行式多步骤生产，是指先将各种材料分别在各个车间平行地进行加工，制成各种零部件，然后将零部件组装成为产成品的生产。例如，机械、车辆、船舶、仪表、电器等工业的生产。

企业在生产过程中，生产组织方式与生产工艺过程是相互有机地结合在一起的。单步骤工艺生产过程通常采用大量生产的组织方式；连续式多步骤生产通常采用大量生产或成批生产的组织方式；装配式多步骤生产则通常采用成批生产或单件生产的组织方式。

第2节　生产类型和管理要求对成本计算的影响

企业采取什么成本计算方法，在很大程度上是由产品的生产特点所决定的，而生产特点不同，对成本管理的要求也不一样。生产特点和管理要求必然

微课：三元失败在成本

对产品成本的计算产生影响,主要表现在成本计算对象的确定、成本计算期的确定、生产费用在完工产品与在产品之间的分配三个方面。

一、对成本计算对象的影响

☞ 成本计算对象就是成本的承担者,也就是为计算产品成本而确定的归集和分配生产费用的对象。一般而言,成本计算的最终对象是各种产品,但由于产品的生产特点和管理要求不同,成本计算对象也不相同,可以将产品品种、产品批别或产品生产步骤作为成本计算对象。

成本计算对象的确定,是设置产品成本明细账、归集生产费用、计算产品成本的前提,是构成成本计算方法的主要标志,因而也是区别各种成本计算基本方法的主要标志。

二、对产品成本计算期的影响

☞ 成本计算期是指每次计算产成品成本的期间,也就是对生产费用计入产品成本所规定的起止日期。

在单件、小批生产的情况下,由于品种多、批量小,各批产品往往同时投产、同时完工,且各批产品的生产周期不同,其成本一般要等到产品完工后才能计算,因此成本计算是不定期的,一般与生产周期一致,什么时候完工什么时候计算产品成本,因而与会计的报告期不一致。

在大量、大批生产的情况下,由于生产活动连续不断地进行,同一产品的生产要持续几个月甚至几年,即不断地投入材料、不断地生产出产品。月内一般都有大量的完工产品,所以不能等生产过程终止后再计算产品成本,产品成本需要在每个月月末进行计算,因而成本计算周期与生产周期不一致,但与会计报告期是一致的。

三、对生产费用在完工产品和在产品之间分配的影响

企业生产的特点还影响月末是否需要在完工产品与在产品之间分配生产费用,即是否需要计算在产品成本。

在单步骤、大量生产单一产品的情况下,生产过程不能中断,生产周期也很短,一般没有在产品或者在产品很少,是否计算在产品成本对完工产品成本的影响不大,在这种情况下不需要进行生产费用的分配。

在多步骤、大量、大批生产的情况下,由于生产连续不断地进行,产品的生产周期较长,月末有数量较多的在产品存在。同时管理上也要求分步骤计算产品成本,因此必须采用适当的方法将生产费用在完工产品和在产品之间进行分配。

在单件、小批生产的情况下,由于是以批别或订单作为产品成本计算对象的,成本计算期与产品生产周期一致。在产品尚未完工时,产品成本明细账中所归集的生产费用就是在产品成本;当全部产品完工时,产品成本明细账中所归集的生产费用就是完工产品成本,一般情况下也无需进行分配。

此外,不同的企业,成本管理的要求也不完全一样。例如,有的企业只要求计算产成品的成本,而有的企业不仅要计算产成品的成本,而且还要计算各个步骤半成品的成本;有的企业要求按月计算成本,而有的企业可能要求在一批产品完工后才计算成本等。成本管理要求的不同也是影响成本计算方法选择的一个因素。

第3节 产品成本计算的基本方法和辅助方法

产品成本计算就是按照成本计算对象分配和归集生产费用,计算各成本计算对象的总成本和单位成本的过程。成本计算对象的确定是产品成本计算的核心,因而也是构成产品成本计算方法的主要标志。产品成本计算方法可分为基本方法和辅助方法两类。

一、产品成本计算的基本方法

(一)品种法

作业成本法

品种法是以产品品种作为成本计算对象来归集生产费用、计算产品成本的一种方法。由于品种法不需要按批计算成本,也不需要按步骤来计算半成品成本,因而这种成本计算方法比较简单。品种法主要适用于大批量、单步骤生产的企业,如发电、采掘等;或者虽属于多步骤生产,但不要求计算半成品成本的小型企业,如小水泥、制砖和小型造纸厂等。品种法一般按月定期计算产品成本,按需要将生产费用在产成品和在产品之间进行分配。

(二)分批法

分批法也称订单法,是以产品的批次或订单作为成本计算对象来归集生产费用、计算产品成本的一种方法。分批法主要适用于单件、小批的单步骤生产或管理上不要求分步骤计算成本的多步骤生产,如修理作业、重型机床、船舶、精密仪器和专用设备等。分批法的成本计算期是不固定的,一般把一个生产周期(即从投产到完工的整个时期)作为成本计算期,完工时计算产品成本。由于在未完工时没有产成品,完工后又没有在产品,产成品和在产品不会同时并存,一般不需要把生产费用在产成品和在产品之间进行分配。若有需要,也可用简易方法分配生产费用。

(三)分步法

分步法是按产品的生产步骤归集生产费用、计算产品成本的一种方法。分步法适用于大量、大批的多步骤生产,如机械制造、纺织和冶金等。分步法由于生产的数量大,在某一时间点上往往既有已完工的产成品,又有未完工的在产品和半成品,不可能等全部产品完工后再计算成本。因而分步法一般是按月定期计算成本,并且要把生产费用在产成品和在产品之间进行分配。

总之,生产组织和工艺过程的特点以及成本管理上的要求决定着成本计算的对象与成本计算方法的选择。生产特点和管理要求与成本计算对象的关系如图表 8-1 所示。

图表 8-1

生产特点和管理要求与成本计算对象的关系

生产组织的特点	工艺过程的特点	成本管理上的要求	成本计算对象	成本计算方法
大量大批生产	单步骤生产	计算完工产品成本	产品品种	品种法
		不要求分步骤核算		
	多步骤生产	分步骤计算半成品成本和完工产品成本	加工步骤及产成品（半成品、零部件）	分步法
		不要求分步骤计算半成品成本，但须计算各步骤的加工费用		
		要求计算各种零部件的成本和产成品的装配成本		
单件小批生产	单步骤生产或多步骤生产	要求分批计算完工产品成本	某批或某件产品（或加工订单）	分批法

二、产品成本计算的辅助方法

（一）分类法

☞ 分类法是指按照产品类别归集生产费用、计算产品成本，类内不同品种产品采用一定的分配标准分配成本的方法。它主要适用于产品品种规格繁多，但可以按一定标准分类的工业企业生产。

（二）定额法

☞ 定额法是指按照事先制定的产品定额成本为标准，在生产费用发生的当时，就将符合定额的费用和脱离定额的差异分别核算，并在定额成本的基础上加减各种差异，计算产品实际成本的方法。它主要适用于定额管理基础较好，能够制定比较准确、稳定的消耗定额的工业企业生产。

在一些发达国家，为了加强成本控制、正确评价企业生产经营业绩，实现成本的标准化管理，还采用标准成本法、变动成本法等方法。这些方法与生产类型的特点没有直接联系，不涉及成本计算对象。对这些方法的应用或者是为了简化成本计算工作，或者是为了加强成本管理，只要条件具备，这些方法在哪种生产类型企业都能用。因此，从计算产品实际成本的角度来说，它们不是必不可少的。基于上述情况，这些方法统称为辅助方法。产品成本计算的辅助方法必须与产品成本计算的基本方法结合起来使用，不能单独使用。

需要指出的是，产品成本计算的基本方法和辅助方法的划分，是从计算产品实际成本角度考虑的,并不是因为辅助方法不重要;相反,有的辅助方法,如定额法,对于控制生产费用、降低产品成本具有重要作用。

　　在工业企业中,确定不同的成本计算对象,采用不同的成本计算方法,主要是为了适应企业的生产特点和管理要求,正确提供成本核算资料以加强成本管理。但是,不论什么生产类型的企业,不论采用什么成本计算方法,最终都必须按照产品品种算出产品成本。因此,按照产品品种计算成本,是产品成本计算的最起码的要求,换言之,品种法是上述基本方法中最基本的成本计算方法。

1. 制造业产品生产按其生产组织的特点不同,可分为大量生产、成批生产和单件生产三种类型。大量生产是指不断重复生产种相同的产品的生产。成批生产是指按预先确定的产品批别和数量进行的产品生产。成批生产可分为大批生产和小批生产,大批生产由于生产的批量大,因此具有大量生产的性质;小批生产由于生产的批量小,因此具有单件生产的性质。单件生产是指根据购货者订单所要求的特定规格进行的个别产品的生产。

2. 制造业的产品生产按工艺过程的特点不同,可分为单步骤生产和多步骤生产两种类型。单步骤生产又称简单生产,是指生产工艺过程不能间断的,或不能分散在不同地点进行的生产。多步骤生产又称复杂生产,是指生产工艺过程可以间断的,可以分散在不同地点、时间进行的;并由若干加工步骤组成的生产。多步骤生产按其产品加工方式和各个生产步骤的内在联系的不同,又可以分为连续式多步骤生产和装配式多步骤生产。连续式多步骤生产是指材料投产后,要依次经过各个生产步骤的连续加工而形成产成品的生产。装配式多步骤生产是指先将各种材料分别在各个车间平行地进行加工,制成各种零部件,然后将零部件组装成为产成品的生产。

3. 生产特点和管理要求对产品成本计算的影响,主要表现在成本计算对象的确定、成本计算期的确定和生产费用在完工产品与在产品之间的分配三个方面。

4. 产品成本计算方法可分为基本方法和辅助方法两类。基本方法包括品种法、分批法和分步法三种。品种法是以产品品种作为成本计算对象来归集生产费用、计算产品成本的一种方法。分批法也称订单法,是以产品的批次或订单作为成本计算对象来归集生产费用、计算产品成本的一种方法。分步法是按产品的生产步骤归集生产费用、计算产品成本的一种方法。辅助方法包括分类法和定额法两种。分类法是按照产品类别归集生产费用、计算产品成本,类内不同品种产品采用一定的分配标准分配成本的方法。定额法是按照事先制定的产品定额成本为标准,在生产费用发生的当时,就将符合定额的费用和脱离定额的差异分别核算,并在定额成本的基础上加减各种差异,计算产品实际成本的方法。

一、单项选择题

1. 最基本的产品成本计算方法是( )。
   A. 分批法　　　　　　　　B. 分步法
   C. 品种法　　　　　　　　D. 分类法

2. 品种法适用的生产组织是( )。
   A. 大量成批生产
   B. 大量大批生产
   C. 大量小批生产
   D. 单件小批生产

3. 适用于大量大批的单步骤生产的产品成本计算方法是( )。
   A. 品种法　　　　　　　　B. 分类法
   C. 分步法　　　　　　　　D. 分批法

4. 在小批、单件、单步骤生产情况下,应采用的成本计算方法是( )。
   A. 分批法　　　　　　　　B. 分步法
   C. 分类法　　　　　　　　D. 定额法

5. 在大量、大批、多步骤生产的情况下,所采用的成本计算方法应是( )。
   A. 品种法　　　　　　　　B. 分批法
   C. 分步法　　　　　　　　D. 分类法

6. 不属于产品成本计算品种法的适用范围是( )。
   A. 单步骤生产
   B. 要求分步骤计算成本的多步骤生产
   C. 大量生产大批生产
   D. 不要求分步骤计算成本的多步骤生产

7. 对于品种法、分批法、分步法,其主要区别在于( )。
   A. 成本核算的繁简程度
   B. 会计报告期的时间
   C. 成本计算对象
   D. 产成品的计价标准

8. 分批法一般是按客户的订单来组织生产的,所以也叫( )。
   A. 订单法　　　　　　　　B. 系数法
   C. 分类法　　　　　　　　D. 定额法

二、多项选择题

1. 成本计算对象应根据( )来确定。
   A. 生产组织特点　　　　　B. 成本管理要求
   C. 生产工艺特点　　　　　D. 生产规模大小

2. 受生产特点和管理要求的影响,在产品成本计算中有着下述不同的成本计算对象,即(   )。
   A. 产品品种   B. 产品类别
   C. 产品批别   D. 产品生产步骤
3. 品种法适用于(   )。
   A. 大量、大批生产
   B. 单步骤生产
   C. 小批、单件生产
   D. 管理上不要求分步骤计算产品成本的大量、大批、多步骤生产
4. 分步法适用于(   )。
   A. 大量、大批生产
   B. 工艺过程不能间断的生产
   C. 小批、单件生产
   D. 管理上不要求分步骤计算产品成本的多步骤生产
5. 分类法和定额法(   )。
   A. 是成本计算的辅助方法
   B. 是计算产品实际成本必不可少的方法
   C. 不重要
   D. 与产品成本计算对象没有密切关系
6. 产品成本计算的基本方法有(   )。
   A. 品种法   B. 分批法
   C. 分类法   D. 分步法
7. 生产特点和管理要求对产品成本计算的影响主要表现在(   )上。
   A. 对产品成本计算对象的确定
   B. 产品成本计算的日期
   C. 完工产品和在产品的费用分配
   D. 要素费用的归集和分配
8. 产品成本计算的方法分为两类,即(   )。
   A. 基本方法   B. 广泛方法
   C. 辅助方法   D. 专门方法

三、判断题
1. 制造业按其生产组织方式可分为单步骤生产和多步骤生产。   (   )
2. 生产特点和管理要求对产品成本计算的影响,主要表现在对成本计算对象的确定上。   (   )
3. 单步骤生产由于生产工艺过程不能间断,因而无法按照生产步骤计算产品成本,只能按照产品品种计算成本。   (   )
4. 在多步骤生产中,为了加强各生产步骤的成本管理,都应按照生产步骤计算产品成本。   (   )

5. 成批生产的企业,应采用分批法计算产品成本。　　　　　　　　　　　(　　)
6. 成本计算品种法的成本计算期与会计报告期一致的,而与生产周期不一致。(　　)
7. 制造业的生产按照工艺过程的特点可以分为大量生产、成批生产和单件生产三种类型。　　　　　　　　　　　　　　　　　　　　　　　　　　　(　　)
8. 生产特点和管理要求对产品成本计算的影响,主要表现在成本计算对象的确定、成本计算期的确定和生产费用在完工产品与在产品之间的分配三个方面。(　　)

课后习题答案

第 9 章 成本计算的品种法

通过本章你可以学习到

- 品种法的概念
- 品种法的特点
- 品种法的适用范围
- 品种法的核算程序
- 品种法实训

案例导入

在第 8 章我们已经知道产品成本计算分为基本方法和辅助方法两类,而品种法是基本方法中的基本方法。我们之前介绍的成本核算的一般程序和要素费用的归集和分配、辅助生产费用和制造费用的归集和分配等都是以品种法为核算基础的,故而在本章我们只需强调以产品品种为成本计算对象,组织一个大案例,将前面的知识点都串起来,我们的任务就完成了。

第 1 节　品种法概述

一、品种法的概念及适用范围

微课:成本计算有方法——品种法

品种法是指以产品的品种作为成本计算对象,归集生产费用,计算产品成本的方法。小企业可以根据产品生产的类型和成本管理的需要确定成本计算方法。而制造业的产品成本是确定产品售价的主要依据,况且制造业的收入主要是产品销售收入,根据收入与费用配比的要求,作为生产耗费补偿尺度的产品成本,也要求其应以产品的品种来反映。因此,尽管制造业的生产类型不少,成本管理的要求也各异,但最终均必须按照产品的品种来计算其成本,品种法是最基本的成本计算方法。

品种法适用于具有单步骤工艺过程的大量、大批生产组织特点的发电、供水、采矿等企业;也适用于具有多步骤工艺过程的大量、大批生产组织特点的,但因生产车间从原材料的投入到产品的产出是封闭式的生产,或者因生产规模较小,在管理上不要求按生产步骤计算产品成本的饼干厂、糖果厂、小型造纸厂、水泥厂、砖瓦厂等。

二、品种法的特点

品种法的特点主要表现在成本计算对象、成本计算期和生产费用的分配 3 个方面。

(一) 成本计算对象

品种法以产品的品种作为成本计算对象。如果基本生产车间或辅助生产车间只生产一种产品,那么成本计算对象就是该种产品,需要为该种产品设置一个"基本生产成本"或"辅助生产成本"的明细账户来归集生产费用,在该账户内应根据企业管理需要的成本项目设置专栏。届时车间发生的生产费用均为直接费用,可以直接记入该产品的"基本生产成本"或"辅助生产成本"的明细账户内。如果基本生产车间或辅助生产车间生产多种产品,那么成本计算对象就是多种产品,就需要为生产的每一个品种产品开设"基本生产成本"或"辅助生产成本"的明细账户。届时车间发生的各种直接生产费用,可以直接记入各种产品的"基本生产成本"或"辅助生产成本"明细账户内。

(二) 成本计算期

企业在大量、大批生产产品的情况下,生产总是连续不断重复进行,不能在产品制造完工时立即计算成本,因而成本计算一般是定期于每月月末进行。在多步骤生产企业中,如采用品种法计算成本,成本计算一般也都是定期于每月月末进行。故而品种法通常以日历月份作为成本计算期,与会计报告期相一致,使其成本与其销售收入相配比。

(三) 生产费用的分配

月末如果没有在产品或在产品数量很少时,可以不计算在产品成本,那么生产费用就不需要分配,当月归集的生产费用就是完工产品的成本;如果月末在产品数量较多时,就需要采用适当的方法,将归集的生产费用在完工产品与在产品之间进行分配,以确定完工产品总成本和计算完工产品单位成本。

三、品种法的核算程序

品种法是产品成本计算方法中最基本的方法,因而品种法的核算程序,体现着产品成本核算的一般程序。品种法通常有以下基本的核算程序。

1. 编制费用分配表,分配要素费用

根据各种原始凭证和其他有关资料,编制各种费用分配汇总表,分配各种要素费用。编制会计分录,并记入"基本生产成本""辅助生产成本""制造费用"和"废品损失"等账户的总账及明细账。

2. 分配、结转辅助生产费用

根据各"辅助生产成本"明细账户归集的费用编制辅助生产费用分配表,采用一定的方法,按各受益产品和受益部门的受益程度进行分配后,将辅助生产费用转入"基本生产成本""制造费用"和"废品损失"等账户的总账及明细账户。

3. 分配、结转基本生产车间的制造费用

根据各"制造费用"明细账户归集的费用编制制造费用分配表,采用一定的方法,按各受益产品的受益程度进行分配后,将制造费用转入"基本生产成本"和"废品损失"等账户的总账及明细账户。

4. 处理废品损失

若单独核算废品损失的,根据"废品缴库单"及相关台账,编制"废品损失计算表",核算发生的不可修复废品成本,并将"废品损失"明细账户归集的废品净损失结转相关的"基本生产成本"明细账户。

5. 登记基本生产成本明细账并计算产品成本

根据按产品品种设置的各"基本生产成本"明细账户归集的生产费用,采用一定的方法,在完工产品与月末在产品之间进行分配,通过编制"产品成本计算表",计算完工产品成本和月末在产品成本及完工产品的单位成本。

6. 结转完工产品成本

根据"产品成本计算表"汇总编制"产成品成本汇总表",将完工产品成本从"基本生产成本"账户转入"库存商品"账户。

第2节 品种法核算案例

南湖工厂设有一个基本生产车间,大量生产甲、乙2种产品,其生产工艺过程属于单步骤生产。根据生产特点和管理要求,确定采用品种法计算产品成本。该企业还设有修理和运输2个辅助生产车间,辅助生产车间的制造费用不通过"制造费用"账户核算。单独核算废品损失,产品成本包括"直接材料""直接人工""燃料和动力""制造费用"和"废品损失"5个成本项目。2016年6月发生业务如下。

1. 分配要素费用

根据费用的原始凭证和其他有关资料,编制各种费用分配表,分配要素费用。

(1)根据按原材料用途归类的领退料凭证和有关的费用分配标准,编制的"原材料费用分配表"见图表9-1。

图表 9-1

原材料费用分配表

南湖工厂　　　　　　　　　　　2019年6月　　　　　　　　　　金额单位:元

应借科目		成本或费用项目	直接计入	分配计入			合计
				定额消耗量	分配率	分配金额	
基本生产成本	甲产品	直接材料	83 780	12 000	4.28	51 360	135 140
	乙产品	直接材料	72 880	7 500	4.28	32 100	104 980
	小　计		156 660	19 500		83 460	240 120
辅助生产成本	修　理	直接材料	8 800				8 800
	运　输	机物料	3 200				3 200
	小　计		12 000				12 000
废品损失	乙产品		612				612
制造费用	基本生产车间	机物料	16 910				16 910
销售费用		包装费	2 870				2 870
管理费用		其他	3 720				3 720
合　计			192 772	—	—	83 460	276 232

根据"原材料费用分配表",编制会计分录[分录(1)]如下:

借:基本生产成本——甲产品(直接材料)　　　　　135 140
　　　　　　　　——乙产品(直接材料)　　　　　104 980
　　辅助生产成本——修理车间　　　　　　　　　　8 800
　　　　　　　　——运输车间　　　　　　　　　　3 200
　　废品损失——乙产品　　　　　　　　　　　　　　612
　　制造费用　　　　　　　　　　　　　　　　　16 910
　　销售费用　　　　　　　　　　　　　　　　　 2 870
　　管理费用　　　　　　　　　　　　　　　　　 3 720
　　贷:原材料　　　　　　　　　　　　　　　　276 232

(2) 根据各车间、部门的工资结算凭证和其他应付职工薪酬的计提比率,编制的"职工薪酬费用分配表"见图表9-2。

图表9-2

职工薪酬费用分配表

2019年6月　　　　　　　　　　　　　　　金额单位:元

应借科目		成本或费用项目	直接计入	分配计入			工资费用合计	其他职工薪酬(工资总额40%)	合计
				生产工时(小时)	分配率	分配金额			
基本生产成本	甲产品	直接人工	49 400	800	16.2	12 960	62 360	24 944	87 304
	乙产品	直接人工	35 600	700	16.2	11 340	46 940	18 776	65 716
	小 计		85 000	1 500	16.2	24 300	109 300	43 720	153 020
辅助生产成本	修 理	直接人工	14 500				14 500	5 800	20 300
	运 输	直接人工	10 200				10 200	4 080	14 280
	小 计		24 700				24 700	9 880	34 580
废品损失	乙产品	直接人工	300				300	120	420
制造费用		职工薪酬	7 800				7 800	3 120	10 920
销售费用		职工薪酬	5 200				5 200	2 080	7 280
管理费用		职工薪酬	18 000				18 000	7 200	25 200
合 计			141 000	—	—	24 300	165 300	66 120	231 420

根据"职工薪酬费用分配表",编制会计分录[分录(2)]如下:

借:基本生产成本——甲产品(直接人工)　　　　　87 304
　　　　　　　　——乙产品(直接人工)　　　　　65 716
　　辅助生产成本——修理车间　　　　　　　　　20 300
　　　　　　　　——运输车间　　　　　　　　　14 280

	废品损失——乙产品	420
	制造费用	10 920
	销售费用	7 280
	管理费用	25 200
贷：应付职工薪酬		231 420

(3) 根据有关原始凭证资料，编制的"外购电力费用分配表"见图表9-3。

图表 9-3

外购电力费用分配表

2019 年 6 月　　　　　　　　　　　　　　　金额单位：元

应借科目		成本或费用项目	生产工时（小时）	分配率	应分配电费
基本生产成本	甲产品	燃料和动力	12 800	0.8	10 240
	乙产品	燃料和动力	13 500	0.8	10 800
	小　计		26 300	0.8	21 040
辅助生产成本	修　理	水电费			2 500
	运　输	水电费			1 100
	小　计				3 600
废品损失	乙产品				60
制造费用	基本生产车间	水电费			3 300
销售费用		水电费			1 600
管理费用		水电费			7 700
合　计		—	—	—	37 300

根据"电力费用分配表"，编制会计分录[分录(3)]如下：

借：基本生产成本——甲产品(燃料和动力)	10 240
——乙产品(燃料和动力)	10 800
辅助生产成本——修理车间	2 500
——运输车间	1 100
废品损失	60
制造费用	3 300
销售费用	1 600
管理费用	7 700
贷：应付账款——供电部门	37 300

(4) 根据有关账簿记录，编制的"折旧费用分配表"见图表9-4。

图表 9-4

折旧费用分配表

2019 年 6 月 单位:元

应借科目	车间部门	上月固定资产折旧额	上月增加的固定资产折旧额	上月减少的固定资产折旧额	本月固定资产折旧额
制造费用	基本生产车间	35 140	2 200	1 600	35 740
辅助生产成本	修理车间	3 200		1 200	2 000
	运输车间	4 400	900	700	4 600
销售费用	销售部门	1 500			1 500
管理费用	行政管理部门	6 400		200	6 200
合 计		50 640	3 100	3 700	50 040

根据"折旧费用分配表",编制会计分录[分录(4)]如下：

借：制造费用　　　　　　　　　　　　　　　　35 740
　　辅助生产成本——修理车间　　　　　　　　2 000
　　　　　　　　——运输车间　　　　　　　　4 600
　　销售费用　　　　　　　　　　　　　　　　1 500
　　管理费用　　　　　　　　　　　　　　　　6 200
　　贷：累计折旧　　　　　　　　　　　　　　50 040

(5) 根据 6 月份银行存款付款凭证汇总编制的各项货币支出(假定全部用银行存款支付)汇总表见图表 9-5。

图表 9-5

银行存款付款凭证汇总表

2019 年 6 月 单位:元

应借账户		成本(费用)项目	金额
辅助生产成本	修理车间	其他费用	1 600
	运输车间	其他费用	1 740
制造费用		其他费用	3 470
销售费用		包装费	1 700
		其他费用	1 000
管理费用		办公费	3 900
		劳动保护费	14 300
		其他费用	14 260
合计			41 970

根据"银行存款付款凭证汇总表",编制会计分录[分录(5)]如下:

借:制造费用　　　　　　　　　　　　　　　　　　　3 470
　　辅助生产成本——修理车间　　　　　　　　　　　1 600
　　　　　　　　——运输车间　　　　　　　　　　　1 740
　　销售费用　　　　　　　　　　　　　　　　　　　2 700
　　管理费用　　　　　　　　　　　　　　　　　　　32 460
　　贷:银行存款　　　　　　　　　　　　　　　　　　41 970

将上列会计分录登记相关总账及明细账。

2. 分配、结转辅助生产费用

修理车间为其他车间和部门共提供修理工时 1 150 小时劳务,其中:运输车间 50 小时,基本生产车间 810 小时,销售部门 40 小时,行政管理部门 250 小时。

运输车间为其他车间和部门共提供运输 9 200 公里,其中:修理车间 300 公里,基本生产车间 3 000 公里,销售部门 1 000 公里,行政管理部门 4 900 公里。

根据辅助生产成本明细账(见图表 9-6、图表 9-7)归集的生产费用,用直接分配法编制"辅助生产费用分配表"(见图表 9-8),并据以编制会计分录。

图表 9-6

辅助生产成本明细账

车间:机修车间　　　　　　　　　　　　　　　　　　　　　　　　　　　　单位:元

2019年		摘要	原材料	职工薪酬	水电费	折旧费	其他	合计	转出	余额
月	日									
6	略	分录(1)	8 800					8 800		8 800
		分录(2)		20 300				20 300		29 100
		分录(3)			2 500			2 500		31 600
		分录(4)				2 000		2 000		33 600
		分录(5)					1 600	1 600		35 200
		分录(6)							35 200	—0—

图表 9-7

辅助生产成本明细账

车间:运输车间　　　　　　　　　　　　　　　　　　　　　　　　　　　　单位:元

2019年		摘要	原材料	职工薪酬	水电费	折旧费	其他	合计	转出	余额
月	日									
6	略	分录(1)	3 200					3 200		3 200
		分录(2)		14 280				14 280		17 480
		分录(3)			1 100			1 100		18 580
		分录(4)				4 600		4 600		23 180
		分录(5)					1 740	1 740		24 920
		分录(6)							24 920	—0—

图表 9-8

辅助生产费用分配表(直接分配法)

2019 年 6 月　　　　　　　　　　　　　　　　　金额单位:元

项　目		修理	运输	合　计
待分配辅助生产费用		35 200	24 920	60 120
供应辅助生产以外的劳务数量		1 100(小时)	8 900(公里)	—
单位成本(分配率)		32	2.8	
基本生产车间	耗用数量	810	3 000	—
	分配金额	25 920	8 400	34 320
销售部门	耗用数量	40	1 000	—
	分配金额	1 280	2 800	4 080
行政管理部门	耗用数量	250	4 900	—
	分配金额	8 000	13 720	21 720
金　额　合　计		35 200	24 920	60 120

根据"辅助生产费用分配表(直接分配法)",编制会计分录[分录(6)]如下:

```
借:制造费用                    34 320
   销售费用                     4 080
   管理费用                    21 720
   贷:辅助生产成本(修理车间)      35 200
      辅助生产成本(运输车间)      24 920
```

登记"辅助生产成本"明细账同时结账。

3. 分配、结转基本生产车间的制造费用

根据制造费用明细账(见图表 9-9)归集的制造费用,按生产工人工时编制"制造费用分配表"见图表 9-10。有关生产工人工时为:甲产品 3 500 小时,乙产品 3 020 小时,修复乙产品 20 小时。

图表 9-9

制造费用明细账

户名:基本生产车间

2019 年		摘要	机料物消耗	职工薪酬	水电费	折旧费	修理费	运输费	其他	合计	转出	余额
月	日											
6	略	分录(1)	16 910							16 910		16 910
		分录(2)		10 920						10 920		27 830
		分录(3)			3 300					3 300		31 130
		分录(4)				35 740				35 740		66 870
		分录(5)							3 470	3 470		70 340
		分录(6)					25 920	8 400		34 320		104 660
		分录(7)									104 660	—0—

图表 9-10

制造费用分配表

部门：基本生产车间　　　　　　　2019 年 6 月　　　　　　　金额单位：元

应借账户	生产工人工时（小时）	分配率	分配金额
基本生产成本——甲产品	3 500	16	56 000
基本生产成本——乙产品	3 020	16	48 320
废品损失——乙产品	20	16	340
合　计	6 540	16	104 660

注：尾差计入"废品损失——乙产品"。

制造费用分配率 = 104 660 ÷ 6 540 = 16

根据"制造费用分配表"，作会计分录[分录(7)]如下：

借：基本生产成本——甲产品（制造费用）　　　　　　　　56 000
　　　　　　　　——乙产品（制造费用）　　　　　　　　48 320
　　废品损失——乙产品　　　　　　　　　　　　　　　　　340
　贷：制造费用　　　　　　　　　　　　　　　　　　　　104 660

4. 处理废品损失

基本生产车间在甲产品加工完毕验收时发现 5 件不可修复废品，该产品单位定额成本 312 元，其中：直接材料 130 元，直接人工 92 元，燃料和动力 20 元，制造费用 70 元，废品残料价值共 60 元。根据"废品缴库单"及相关台账，编制"不可修复废品损失计算表"见图表 9-11，并据以编制会计分录[分录(8)，分录(9)]。

图表 9-11

不可修复废品损失计算表（按定额成本计算）

2019 年 6 月

车间：基本生产车间　　　产品：甲产品　　　废品数量：5 件　　　单位：元

项　目	直接材料	直接人工	燃料和动力	制造费用	成本合计
单位定额	130	92	20	70	312
废品定额成本	650	460	100	350	1 560
减：残料价值	60				
废品损失	590	460	100	350	1 500

借：废品损失——甲产品　　　　　　　　　　　　　　　　1 560
　贷：基本生产成本——甲产品（直接材料）　　　　　　　　650
　　　　　　　　　　　　　　（直接人工）　　　　　　　　460
　　　　　　　　　　　　　　（燃料和动力）　　　　　　　100
　　　　　　　　　　　　　　（制造费用）　　　　　　　　350

借：原材料   60
　　贷：废品损失——甲产品   60

登记废品损失明细账（见图表9-12、图表9-13），将归集的"废品损失"净损失结转"基本生产成本"账户，并作会计分录。[分录(10)]

图表9-12

废品损失明细账

户名：甲产品

2019年		凭证号数	摘要	借方	贷方	借/贷	余额
月	日						
6		略	分录(8)	1 560		借	1 560
			分录(9)		60	借	1 500
			分录(10)		1 500	平	—0—

图表9-13

废品损失明细账

户名：乙产品

2019年		凭证号数	摘要	借方	贷方	借/贷	余额
月	日						
6		略	分录(1)	612		借	612
			分录(2)	420		借	1 032
			分录(3)	60		借	1 092
			分录(7)	340		借	1 432
			分录(10)		1 432	平	—0—

借：基本生产成本——甲产品（废品损失）   1 500
　　　　　　　　　——乙产品（废品损失）   1 432
　　贷：废品损失——甲产品   1 500
　　　　　　　　——乙产品   1 432

5. 登记产品成本明细账并计算产品成本

根据上述各种费用分配表和其他有关资料，登记基本生产成本明细账（见图表9-14，图表9-15），分别归集甲、乙两种产品的生产费用。

南湖工厂甲产品的消耗定额比较准确、稳定，甲产品各月在产品数量变动不大，采用在产品按定额成本计价法进行完工产品与在产品之间的费用分配。月末完工产品850件，在产品120件。甲产品的原材料在生产开始时一次投入，单位产品的原材料定额费用为130元，月末单位在产品的工时定额为6小时。每工时的定额费用为19元，其中：直接人工10.50元，燃料和动力2元，制造费用 6.50 元。

乙产品月末完工产品 1 400 件,在产品 200 件,期末在产品已经接近完工或已完工等待验收入库,为了简化产品成本计算工作,在产品可以视同完工产品,按完工产品和在产品两者的数量比例分配费用。

图表 9-14

基本生产成本明细账

户名:甲产品　　　　　　　　　　　　　　　　　　　　　　　　　　　单位:元

2019年		摘要	直接材料	直接人工	燃料和动力	制造费用	废品损失	合计
月	日							
6	略	月初在产品定额成本	6 500	3 150	600	1 950		12 200
		分录(1)	135 140					135 140
		分录(2)		87 304				87 304
		分录(3)			10 240			10 240
		分录(7)				56 000		56 000
		分录(8)	650	460	100	350		1 560
		分录(10)					1 500	1 500
		生产费用合计	140 990	89 994	10 740	57 600	1 500	300 824
		完工产品成本	125 390	82 434	9 300	52 920	1 500	271 544
		月末在产品定额成本	15 600	7 560	1 440	4 680		29 280

月末在产品定额成本:

$$直接材料 = 120 \times 130 = 15\ 600(元)$$
$$直接人工 = 120 \times 6 \times 10.5 = 7\ 560(元)$$
$$燃料和动力 = 120 \times 6 \times 2 = 1\ 440(元)$$
$$制造费用 = 120 \times 6 \times 6.5 = 4\ 680(元)$$

废品损失全部由完工产品成本负担。

图表 9-15

基本生产成本明细账

户名:乙产品　　　　　　　　　　　　　　　　　　　　　　　　　　　单位:元

2019年		摘要	直接材料	直接人工	燃料和动力	制造费用	废品损失	合计
月	日							
6	略		8 200	4 689	1 620	3 863		18 372
		分录(1)	104 980					104 980
		分录(2)		65 716				65 716

(续表)

2019年		摘要	直接材料	直接人工	燃料和动力	制造费用	废品损失	合计
月	日							
		分录(3)			10 800.00			10 800
		分录(7)				48 320.00		48 320
		分录(10)					1 432.00	1 432
		生产费用合计	113 180.00	70 405	12 420.00	52 183.00	1 432.00	249 620
		完工产品成本	99 036	61 600	10 864	45 654	1 260	218 414
		月末在产品成本	14 144	8 805	1 556	6 529	172	31 206

（分配率计算保留2位小数）

直接材料分配率 = 113 180 ÷ 1 600 = 70.74
完工产品直接材料 = 1 400 × 70.74 = 99 036(元)
在产品直接材料 = 113 180 − 99 036 = 14 144(元)
直接人工分配率 = 70 405 ÷ 1 600 = 44
完工产品直接人工 = 1 400 × 44 = 61 600(元)
在产品直接人工 = 70 405 − 61 600 = 8 805(元)
燃料和动力分配率 = 12 420 ÷ 1 600 = 7.76
完工产品燃料和动力 = 1 400 × 7.76 = 10 864(元)
在产品燃料和动力 = 12 420 − 10 864 = 1 556(元)
制造费用分配率 = 52 183 ÷ 1 600 = 32.61
完工产品制造费用 = 1 400 × 32.61 = 45 654(元)
在产品制造费用 = 52 183 − 45 654 = 6 529(元)
废品损失 = 1 432 ÷ 1 600 = 0.90
完工产品废品损失 = 1 400 × 0.90 = 1 260(元)
在产品废品损失 = 1 432 − 1 260 = 172(元)

6. 结转完工产品成本

根据基本生产成本明细账汇总编制"产成品成本汇总表"（见图表9-16），并据以编制完工产品入库的会计分录。

图表 9-16

产成品成本汇总表

2019年6月　　　　　　　　　　　金额单位：元

产品名称	产品数量（件）	成本	直接材料	直接人工	燃料和动力	制造费用	废品损失	合计
甲产品	850	总成本	125 390	82 434	9 300	52 920	1 500	271 544
		单位成本	147.52	96.98	10.94	62.26	1.76	319.46
乙产品	1 400	总成本	99 036	61 600	10 864	45 654	1 260	218 414
		单位成本	70.74	44	7.76	32.61	0.90	156.01

```
借：库存商品——甲产品                    271 544
           ——乙产品                    218 414
    贷：基本生产成本——甲产品              271 544
               ——乙产品              218 414
```

中国500强企业
的行业分布

1. 品种法是指以产品的品种作为成本计算对象,归集生产费用,计算产品成本的方法。品种法适用于单步骤大量、大批生产的企业;也适用于多步骤大量、大批生产但不要求按生产步骤计算产品成本的企业。
2. 品种法的特点:①以产品的品种作为成本计算对象。②以会计期间(月末)作为成本计算期,与会计报告期相一致,使其成本与其销售收入相配比。③月末生产费用的分配需根据企业具体情况而定,可以将归集的生产费用在完工产品与在产品之间进行分配,也可以不分配。
3. 品种法下产品成本的基本计算程序:
   (1) 根据各种原始凭证和其他有关资料,编制各种费用分配汇总表,分配各种要素费用。
   (2) 分配、结转辅助生产费用。
   (3) 分配、结转基本生产车间的制造费用。
   (4) 处理废品损失。
   (5) 登记"产品成本"明细账并计算产品成本。
   (6) 结转完工产品成本。

一、单项选择题

1. 采用品种法的企业,一般按(　　)开设基本生产成本明细账。
   A. 每一个生产车间　　　　　B. 每一种产品
   C. 每一批产品　　　　　　　D. 每一类产品
2. 下列各项中,不计入产品成本的费用是(　　)。
   A. 直接材料费用　　　　　　B. 辅助车间管理人员工资
   C. 车间厂房折旧费　　　　　D. 厂部办公楼折旧费
3. 为了保证按每个成本计算对象正确地归集应负担的费用,必须将应由本期产品负担的生产费用正确地在(　　)。
   A. 各种产品之间进行分配
   B. 完工产品和在产品之间进行分配
   C. 盈利产品与亏损产品之间进行分配

D. 可比产品与不可比产品之间进行分配
4. 制造费用应分配记入( )账户。
   A. "基本生产成本"和"辅助生产成本"　B. "基本生产成本"和"期间费用"
   C. "生产成本"和"管理费用"　D. "财务费用"和"销售费用"
5. 最基本的产品成本计算方法是( )。
   A. 分批法　　　　　　　　　　B. 分步法
   C. 品种法　　　　　　　　　　D. 分类法
6. 下列各项中,应计入管理费用的是( )。
   A. 银行借款的利息支出　　　　B. 银行存款的利息收入
   C. 车船税　　　　　　　　　　D. 车间管理人员的工资

二、多项选择题

1. 品种法适用于( )的企业。
   A. 大量大批单步骤的生产
   B. 大量大批多步骤生产,但财务管理上不要求分步骤核算的企业
   C. 大量大批多步骤生产,财务管理上要求分步骤核算的企业
   D. 小批单件的生产
2. 企业应当根据( ),选择适合的产品成本核算方法。
   A. 领导意图　　　　　　　　　B. 生产经营特点
   C. 管理要求　　　　　　　　　D. 员工素质

三、判断题

1. 品种法的核算程序体现了工业企业成本核算的一般程序。　　　　　(　)
2. 品种法是以产品品种为核算对象,按产品品种归集生产费用、计算产品成本的一种方法。　　　　　　　　　　　　　　　　　　　　　　　　　(　)
3. 品种法下,成本核算期与会计报告期不一致,但与生产周期一致。　(　)
4. 品种法是最基本,也是运用最广的一种成本核算方法。　　　　　　(　)
5. 品种法下的成本计算一般在月末进行。　　　　　　　　　　　　　(　)

业 务 题 一

一、目的:练习品种法的核算。

二、资料:西区工厂设一个基本生产车间和一个辅助生产车间(机修车间)。基本生产车间生产甲、乙2种产品,采用品种法计算产品成本。辅助生产车间的制造费用不通过"制造费用"账户核算。产品成本包括"直接材料""直接人工""燃料和动力"和"制造费用"4个成本项目。2019年6月份发生的经济业务如下:

(1) "原材料费用分配表"如图表9-17所示。

图表 9-17

原材料费用分配表

2019 年 6 月   金额单位:元

应借科目		成本或费用项目	直接计入	分配计入			合计
				定额消耗量	分配率	分配金额	
基本生产成本	甲产品	直接材料	10 800	440			
	乙产品	直接材料	18 000	560			
	小 计		28 800	1 000		10 000	38 800
辅助生产成本	修 理	直接材料	2 300				2 300
制造费用	基本生产车间	机物料	1 200				1 200
合 计			32 300			10 000	42 300

(2)"职工薪酬费用分配表"如图表 9-18 所示。

图表 9-18

职工薪酬费用分配表

2019 年 6 月   单位:元

应借科目		成本或费用项目	工资费用	其他职工薪酬（工资总额40%）	合计
基本生产成本	甲产品	直接人工	12 000	4 800	16 800
	乙产品	直接人工	24 000	9 600	33 600
	小 计		36 000	14 400	50 400
辅助生产成本	修 理	直接人工	4 200	1 680	5 880
制造费用		职工薪酬	6 200	2 480	8 680
销售费用		职工薪酬	4 000	1 600	5 600
管理费用		职工薪酬	18 000	7 200	25 200
合 计			68 400	27 360	95 760

(3)"外购动电力费用分配表"如图表 9-19 所示。

图表 9-19

外购电力费用分配表

2019 年 6 月   金额单位:元

应借科目		成本或费用项目	生产工时（小时）	分配率	应分配电费
基本生产成本	甲产品	燃料和动力	3 200		
	乙产品	燃料和动力	4 400		
	小 计		7 600		6 840
辅助生产成本	修 理	水电费			800
制造费用	基本生产车间	水电费			1 260
销售费用		水电费			350
管理费用		水电费			2 700
合 计			—	—	1 1950

(4)"折旧费用分配表"如图表 9-20 所示。

图表 9-20

折旧费用分配表

2019 年 6 月 　　　　　　　　　　　　　　　　　　　单位:元

应借科目	车间部门	上月固定资产折旧额	上月增加的固定资产折旧额	上月减少的固定资产折旧额	本月固定资产折旧额
制造费用	基本生产车间	3 492			3 492
辅助生产成本	修理车间	750	400		1 150
销售费用	销售部门	720			720
管理费用	行政管理部门	4 680		1 200	3 480
合 计		96 420			8 842

(5)本月份银行存款付款凭证汇总表如图表 9-21 所示。

图表 9-21

银行存款付款凭证汇总表

2019 年 6 月 　　　　　　　　　　　　　　　　　　　单位:元

应借账户	成本(费用)项目	金额
辅助生产成本	其他费用	445
制造费用	其他费用	2 500
销售费用	其他费用	1 800
管理费用	办公费	4 600
合计		9 345

(6)分配、结转辅助生产费用。修理车间共提供修理工时 450 小时,其中:基本生产车间 280 小时,销售部门 30 小时,行政管理部门 100 小时,为其他企业提供修理服务 40 小时。

(7)分配、结转基本生产车间的制造费用。按生产工人工时编制制造费用分配表如图表 9-22 所示。有关生产工人工时为:甲产品 856 小时,1 120 乙产品小时。

图表 9-22

制造费用分配表

部门:基本生产车间　　　　　　2019 年 6 月　　　　　　　　金额单位:元

应借账户	生产工人工时(小时)	分配率	分配金额
合 计			

(8)甲产品本月完工 200 件,因各月在产品数量变化不大,生产费用在完工产品与在产品之间的分配,采用在产品按固定成本计价法。乙产品原材料在生产开始时一次投入,原材料费用按完工产品数量和月末在产品数量的比例进行分配,其他费用采用约

当产量比例法进行分配。乙产品本月完工产品 150 件,月末在产品 50 件,完工率 50%。甲产品月初在产品成本为 9 980 元,其中,直接材料 4 000 元,直接人工 1 200 元,燃料和动力 480 元,制造费用 4 300 元;乙产品月初在产品成本为 12 410 元,其中,直接材料 6 000 元,直接人工 3 500 元,燃料和动力 850 元,制造费用 2 060 元。

有关基本生产明细账如图表 9-23、图表 9-24 所示。

图表 9-23

"基本生产成本"明细账

户名:甲产品

2019 年		摘要	直接材料	直接人工	燃料和动力	制造费用	合计
月	日						
6	略						

图表 9-24

"基本生产成本"明细账

户名:乙产品　　　　　　　　　　　　　　　　　　　　　　　　　　单位:元

2019 年		摘要	直接材料	直接人工	燃料和动力	制造费用	合计
月	日						
6	略						

课后习题答案

三、要求:
1. 完善相关要素费用分配表,编制会计分录。
2. 列式分配辅助生产费用,编制会计分录。
3. 编制"制造费用分配表",并作会计分录。
4. 登记甲、乙产品成本明细账,按指定方法计算甲、乙产品成本。
5. 编制结转完工产品成本的会计分录。

第10章 成本计算的分批法

◎ **通过本章你可以学习到**

- 分批法的概念
- 分批法的特点和适用范围
- 一般分批法实训
- 简化分批法的特点和适用范围
- 简化分批法实训

小故事:生产车间的故事

> **案例导入**
>
> 东海衬衫厂业务繁忙,每月都有十几甚至几十份订单,产品都是衬衫,但每份订单都各有要求,或样式不同,或原料不同,或版型不同,或批量不同。总之,一份订单一份要求。面对这样的情况,用品种法核算成本就工作量特别大,而且无所适从,怎么办呢?为了适应这种状况,前辈们早已摸索出一种叫做分批法的成本计算方法,可以准确、方便地计算出每批产品的成本。下面我们就来学习一下分批法。

第1节　分批法概述

一、分批法的概念及适用范围

产品成本计算分批法是以产品的生产批别作为成本计算对象,归集生产费用,计算产品成本的方法。它主要适用于小批、单件、单步骤生产,也可用于管理上不要求分步骤计算成本的多步骤生产的企业。例如,重型机器制造、船舶制造、精密工具仪器制造,以及服装、印刷工业等。在这种生产类型的企业中,生产大多是根据购货单位的订货单组织的,因此,分批法也称订单法。

微课:成本计算有方法——分批法

二、分批法的特点

(一)成本计算对象

分批法的成本计算对象是产品的批别(单件产品为件别)或订单。

如果一张订单中要求生产的产品不止一种,则需要按照产品的品种划分批别组织生产,计算成本。

如果一张订单中只要求生产一种产品,但属于大型复杂的产品,价值较大,生产周期较长,如大型船舶制造,则也可以按照产品的组成部分分批组织生产,计算成本。

如果在同一时期内,企业接到不同购货单位要求生产同一产品的几张订单,则也可将其合并为一批组织生产,计算成本。

如果一张订单只有一种产品但数量较多又要求分批交货,则企业生产部门也可以将该订单的产品划分为数批组织生产,计算成本。

(二)成本计算期

分批法的成本计算是不定期的。各批产品的成本在其完工后计算确定,所以其成本计算期就是各批产品的生产周期,一般是产品完工以后计算(完工月份的月末),与会计报告期不一致,但与产品的生产周期基本一致。

(三)生产费用的分配

分批法下生产费用的分配应具体情况具体分析。

单件生产,产品完工以前,产品成本明细账所记的生产费用都是在产品成本;产品完工时,产品成本明细账所记的生产费用都是完工产品成本,因而在月末计算成本时,不存在在完工产品与在产品之间分配费用的问题。

小批生产,批内产品一般都能同时完工,在月末计算成本时,要么全部已经完工,要么全部没有完工,因而一般也不存在在完工产品与在产品之间分配费用的问题。

批内产品跨月陆续完工,并且已完工的产品按合同规定需要销售时,为了计算和结转产品的销售成本,就要先计算产品的生产成本,因而也就要在完工产品与在产品之间分配费用,以便计算完工产品成本和月末在产品成本。

批内产品跨月陆续完工的情况不多、月末完工产品数量占批量比重较小时,可以采用简便的分配方法,如按计划单位成本等计算完工产品成本,从产品成本明细账中转出完工产品成本后,剩余数额就是在产品成本。等到该批产品全部完工时,再计算该批产品的实际总成本和单位成本,但对以前已经结转的完工产品成本,则不作账面调整。

批内产品跨月陆续完工情况较多、月末完工产品数量占批量比重较大时(或未完工产品的数量占批量比重较小时),则应采用适当的方法,在完工产品与月末在产品之间分配费用,计算完工产品成本和月末在产品成本。

温馨提醒

批内产品跨月陆续完工的情况不多、月末完工产品数量占批量比重较小时,可以采用简便的分配方法,如按计划单位成本计价、按定额单位成本计价、按近期相同产品的实际成本计价或按标准成本计价等计算完工产品成本,从产品成本明细账中转出完工产品成本后,剩余数额就是在产品成本。

三、分批法的核算程序

分批法的核算程序与品种法基本相同,所不同的是品种法是按产品品种设置"基本生产成本"明细账户,按产品的品种归集生产费用;而分批法是按产品生产的批别或订单设置"基本生产成本"明细账户,按产品生产的批别归集生产费用。

第2节 一般分批法核算案例

【例10-1】 南湖工厂根据购买单位订货单小批生产甲、乙2种产品,采用分批法计算产品成本。

(一) 2019年7月份的生产情况和生产费用支出情况的资料

1. 本月份生产产品的批号

190519批号甲产品4台,5月份投产,本月全部完工。190620批号甲产品10台,6月份投产,本月完工6台,未完工4台。190731批号乙产品8台,本月投产,计划8月完工,本月提前完工2台。

2. 本月份的成本资料

(1) 各批产品的月初在产品费用资料如图表10-1所示。

图表10-1

月初在产品费用资料　　　　　　　　单位:元

批　号	直接材料	直接人工	燃料和动力	制造费用	合　计
190519(甲产品)	5 576	6 120	1 513.00	3 094	16 303.00
190620(甲产品)	10 931	8 738	4 978.80	3 307	27 954.80

(2) 根据各种费用分配表,汇总各批产品本月发生的生产费用,如图表10-2所示。

图表10-2

本月产品生产费用汇总表

批　号	直接材料	直接人工	燃料和动力	制造费用	合　计
190519(甲产品)		2 677.50	824.50	2 533.00	6 035.00
190620(甲产品)		3 232.00	5 202.00	2 321.00	10 755.00
190731(乙产品)	7 956.00	6 953.00	4 879.00	2 558.50	22 346.50

(二) 在完工产品与在产品之间分配费用的方法

190620批号甲产品,本月末完工产品数量较大。原材料是在生产开始时一次投入,其费用可以按照完工产品和在产品实际数量比例分配;其他费用采用约当产量比例法在完工产品与月末在产品之间进行分配,在产品完工程度为60%。

190731批号乙产品,本月末完工产品数量为2台。为简化核算,完工产品按计划成本转出,每台计划成本为:直接材料986元,直接人工782元,燃料和动力278.80元,制造费用520.20元,合计2 567元。

(三) 登记各批产品成本明细账

根据上述各项资料,登记各批产品成本明细账(见图表10-3至图表10-5)。

图表 10-3

基本生产成本明细账　　　　　　　　　　单位：元

产品批号：190519　　购货单位：华山贸易公司　　投产日期：2019.6
产品名称：甲产品　　　　　批量 4　　　　　　　完工日期：2019.7

2019 年		摘　要	直接材料	直接人工	燃料和动力	制造费用	合计
月	日						
7	略	月初在产品成本	5 576.00	6 120.00	1 513.00	3 094.00	16 303.00
		本月生产费用		2 677.50	824.50	2 533.00	6 035.00
		生产费用合计	5 576.00	8 797.50	2 337.50	5 627.00	22 338.00
		完工产品成本	5 576.00	8 797.50	2 337.50	5 627.00	22 338.00
		完工产品单位成本	1 394.00	2 199.375	584.375	1 046.75	5 584.50

图表 10-4

基本生产成本明细账　　　　　　　　　　单位：元

产品批号：190620　　购货单位：岐山工厂　　　投产日期：2019.6
产品名称：甲产品　　　批量 10（本月完工 6 台）　完工日期：

2019 年		摘　要	直接材料	直接人工	燃料和动力	制造费用	合计
月	日						
7	略	月初在产品成本	10 931.00	8 738	4 978.80	3 307	27 954.80
		本月生产费用		3 232	5 202.00	2 321	10 755.00
		生产费用合计	10 931.00	11 970	10 180.80	5 628	38 709.80
		完工 6 台产品成本	6 558.60	8 550	7 272.00	4 020	26 400.60
		完工产品单位成本	1 093.10	1 425	1 212.00	670	4 400.10
		月末在产品成本	4 372.40	3 420	2 908.80	1 608	12 309.20

直接材料分配率 = 10 931 ÷ 10 = 1 093.10

完工产品直接材料 = 6 × 1 093.10 = 6 558.60（元）

在产品直接材料 = 4 × 1 093.10 = 4 372.40（元）

其他费用约当产量 = 6 + 4 × 60% = 8.4（台）

直接人工分配率 = 11 970 ÷ 8.4 = 1 425

完工产品直接人工 = 6 × 1 425 = 8 550（元）

在产品直接人工 = 2.4 × 1 425 = 3 420（元）

燃料和动力分配率 = 10 180.8 ÷ 8.4 = 1 212

完工产品燃料和动力 = 6 × 1 212 = 7 272（元）

在产品燃料和动力 = 2.4 × 1 212 = 2 908.80（元）

制造费用分配率 = 5 628 ÷ 8.4 = 670

完工产品制造费用 = 6 × 670 = 4 020（元）

在产品制造费用 = 2.4 × 670 = 1 608（元）

图表 10-5

基本生产成本明细账

产品批号：190731　　购货单位：燕山工厂　　投产日期：2019.7
产品名称：乙产品　　批量 8（本月完工 2 台）　　完工日期：
单位：元

2019年		摘　要	直接材料	直接人工	燃料和动力	制造费用	合计
月	日						
7	略	本月生产费用	7 956	6 953	4 879.00	2 558.50	22 346.50
		生产费用合计	7 956	6 953	4 879.00	2558.50	22 346.50
		单台计划成本	986	782	278.80	520.20	2 567.00
		完工2台产品成本	1 972	1 564	557.60	1040.40	5 134.00
		月末在产品成本	5 984	5 389	4 321.40	1 518.10	17 212.50

随时结转本月完工产品成本，作会计分录如下：

借：库存商品——甲产品　　　　　　　　　　　　　48 738.60
　　　　　　——乙产品　　　　　　　　　　　　　 5 134
　贷：基本生产成本——190519 批号　　　　　　　 22 338
　　　　　　　　——190620 批号　　　　　　　 264 00.60
　　　　　　　　——190731 批号　　　　　　　 5 134

第 3 节　简化分批法的核算

一、简化分批法概述

（一）简化分批法的概念

简化分批法是针对特定生产状态的小企业，为简化成本计算而创造的一种成本计算方法。在一些小批、单件生产的企业或车间里，订单多、生产周期长，而实际每月完工的订单并不多。在这种情况下，如果采用当月分配法分配各项费用，由于产品批次众多，费用分配的核算工作量将非常繁重。为了简化间接计入生产费用分配（工费）的核算，简化分批法对间接计入生产费用（工费）采用累计分配法，即每月发生的各项间接计入费用，不按月在各批产品之间进行分配，而是将其先分别按成本项目累计起来，俟产品完工时，按照全部产品的累计加工费用和累计工时计算全部产品的累计加工费用分配率，分配各批完工产品应负担的加工费用，未完工在产品的间接计入费用，不进行分配。分配完工产品间接计入费用的计算公式如下：

微课：简化不简单——聊聊简化分批法

$$\text{全部产品累计间接（加工）费用分配率} = \frac{\text{全部产品累计加工费用}}{\text{全部产品累计工时}}$$

$$\text{某批完工产品应负担的间接（加工）费用} = \text{该批完工产品累计工时} \times \text{全部产品累计加工费用分配率}$$

(二) 简化分批法的核算程序

1. 设立基本生产成本二级明细账

在基本生产成本二级账中登记全部各批产品发生的生产总工时及分成本项目登记直接材料、直接人工、燃料和动力、制造费用等。

2. 按产品批别设立基本生产成本三级明细账

采用简化分批法计算成本时,仍需按产品批别设置基本生产成本明细账,但在这种产品成本明细账中平时只登记直接计入的原材料费用等和发生的生产工时。

3. 计算间接(加工)费用的累计分配率

若当月有产品完工,则在基本生产成本二级账上,分成本项目计算出间接(加工)费用的累计分配率。

4. 计算完工产品成本

在有完工产品的基本生产成本三级明细账上,用基本生产成本二级账计算的间接(加工)费用累计分配率,分成本项目计算完工批别产品应负担的间接计入费用(工费),进而计算出完工产品的全部成本。

二、简化分批法核算举例

【例 10-2】 北极工厂小批生产多种产品,由于产品批数多,为了简化成本计算工作,采用简化的分批法计算成本。该企业 2019 年 7 月份的产品批号有:

190510 批号:甲产品 20 件,5 月投产,本月完工。
190616 批号:甲产品 12 件,6 月投产,尚未完工。
190621 批号:乙产品 14 件,6 月投产,本月完工 4 件。
190721 批号:丙产品 30 件,7 月投产,尚未完工。

北极工厂设立的基本生产成本二级账如图表 10-6 所示。

图表 10-6

基本生产成本二级明细账

(全部产品总成本)　　　　　　　　　金额单位:元

2019 年		摘　要	直接材料	生产工时(小时)	直接人工	制造费用	合　计
月	日						
6	30	余额	59 108	2 970	21 465	17 488	98 061
7	31	本月生产费用	33 138	3 698	37 503	21 122	103 315
	31	累计金额	92 246	6 668	58 968	38 610	196 376
	31	全部产品累计加工费用分配率	—	—	8.84	5.79	—
	31	本月完工产品转出	52 340	3 810	33 680.40	22 059.90	108 080.30
	31	余额	46 458	2 858	25 287.60	16 550.10	88 295.70

在图表10-6基本生产成本二级明细账中,6月30日余额系6月月末在产品的生产工时和各项费用。本月发生的原材料费用和生产工时,应根据本月原材料费用分配表、生产工时记录,并与各批号基本生产成本三级明细账平行登记;本月发生的各项加工费用,应根据各该费用分配表汇总登记基本生产成本二级明细账,不登记三级明细账。7月份全部产品累计加工费用分配率计算如下:

$$累计直接人工分配率 = 58\,968 \div 6\,668 = 8.84(元/小时)$$
$$累计制造费用分配率 = 38\,610 \div 6\,668 = 5.79(元/小时)$$

本月完工转出产品的直接材料、生产工时、直接人工和制造费用,应根据各批号产品的基本生产成本三级明细账中完工产品的记录及会计分录汇总平行登记。以累计数减去本月完工产品转出数,即为7月末余额数。

北极工厂设立的各批号基本生产成本三级明细账见图表10-7至图表10-10。

图表10-7

基本生产成本三级明细账　　金额单位:元

产品批号:190510　　购货单位:华山工厂　　投产日期:5月
产品名称:甲　　批量:20件　　完工日期:7月

2019年		摘　要	直接材料	生产工时（小时）	直接人工	制造费用	合　计
月	日						
5	31	本月生产费用	14 200	820			
6	30	本月生产费用	14 800	1 030			
7	31	本月生产费用	15 300	1 280			
7	31	累计数及累计加工费用分配率	44 300	3 130	8.84	5.79	
	31	本月完工产品转出	44 300	3 130	27 669.20	18 122.70	90 091.90
	31	完工产品单位成本	2 215		1 383.46	906.14	4 504.60

图表10-8

基本生产成本三级明细账　　金额单位:元

产品批号:190616　　购货单位:洞山工厂　　投产日期:6月
产品名称:甲　　批量:12件　　完工日期:8月

2019年		摘　要	直接材料	生产工时（小时）	直接人工	制造费用	合计
月	日						
6	30	本月生产费用	8 520	492			
7	31	本月生产费用	9 180	618			

图表 10-9

基本生产成本三级明细账 金额单位:元

产品批号:190621　　购货单位:庐山工厂　　投产日期:6月
产品名称:乙　　　　批量:14件　　　　完工日期:7月完工4件

2019年		摘要	直接材料	生产工时（小时）	直接人工	制造费用	合　计
月	日						
6	30	本月生产费用	28 140	980			
7	30	本月生产费用		930			
7	30	累计数及累计加工费用分配率	28 140	1 910	8.84	5.79	
	30	本月完工产品转出（4件）	8 040	680	6 011.20	3 937.20	17 988.40
	30	完工产品单位成本	2 010	170	1 502.80	984.30	4 497.10
	30	余额	20 100	1 230			

* 190621批号产品原材料系开工时一次投入,完工产品工时定额为170小时/件。

图表 10-10

基本生产成本三级明细账 金额单位:元

产品批号:190721　　购货单位:泰山工厂　　投产日期:7月
产品名称:丙　　　　批量:30件　　　　完工日期:

2019年		摘要	直接材料	生产工时（小时）	直接人工	制造费用	合计
月	日						
7	30	本月生产费用	8 658	870			

在上列各批号的基本生产成本三级明细账中,平时只需登记原材料费用和生产工时,只有在有完工产品的月份,包括批内产品全部完工或部分完工,除了需累计发生的直接材料和生产工时外,还应根据基本生产成本二级明细账计算出来的累计分配率计算本批号完工产品应负担的间接计入费用(加工费用)。

例如,第190510批号产品,月末全部完工,因而其产品成本明细账中累计的直接材料和生产工时,就是完工产品的原材料费用和生产工时,以其生产工时分别乘以7月份的各项加工费用累计分配率(直接人工8.84,制造费用5.79),即为190510批号完工产品应负担的各项加工费用。

例如,第190621批号产品,月末部分完工、部分在产,因而还应在完工产品与在产品之间分配费用,其原材料在生产开始时一次投入,因而原材料费用按完工产品与在产品的数量比例分配(直接材料:28 140÷14=2 010元/件;

完工 4 件＝2 010×4＝8 040 元),完工产品的工费按定额工时 680 小时(170×4)计算。

编制完工产品成本汇总表见图表 10-11。

图表 10-11

完工产品成本汇总表

2019 年 7 月　　　　　　　　　　　　　　　　　　　　金额单位:元

产品名称	直接材料	生产工时（小时）	直接人工	制造费用	合计
甲产品	44 300	3 130	27 669.20	18 122.70	90 091.90
乙产品	8 040	680	6 011.20	3 937.20	17 988.40
合　计	52 340	3 810	33 680.40	22 059.90	108 080.30

根据完工产品成本汇总表,编制会计分录如下:

借:库存商品——甲产品　　　　　　　　　　　　　　　　90 091.90
　　　　　　——乙产品　　　　　　　　　　　　　　　　17 988.40
　　贷:基本生产成本——160510 批号　　　　　　　　　　90 091.90
　　　　　　　　　　——160621 批号　　　　　　　　　　17 988.40

根据会计分录,平行登记"基本生产成本"总账及二、三级明细账。

三、一般分批法与简化分批法比较

1. 一般分批法与简化分批法适用范围不同

在投产批数不多,或投产批数较多但在期末大部分批次都能完工的情况下,适合采用一般分批法;而在有些单件小批生产的企业或车间中,订单多、生产周期长,而实际每月完工的订单并不多的,适宜采用简化的分批法。

2. 一般分批法与简化分批法账户设置及其记录方法不同

一般分批法下,进行成本核算时,应按各批次产品设置"产品成本明细账",各批次产品成本明细账中记录该批次产品生产所发生的全部费用,包括直接计入费用和间接计入费用,至期末,该批次如有完工产品,则还应在产品成本明细账中分配费用,计算出该批次产品的完工产品成本和期末在产品成本。

简化分批法下,进行初步核算时,除了按各批次产品设置"产品成本明细账"(三级账)外还应设置"基本生产成本二级明细账"。在"产品成本明细账"(三级账)中,记录该批次产品生产所发生的直接计入费用和所耗生产工时,当该批次有完工产品出现时,再记录应负担的间接费用。"基本生产成本二级明细账"记录全部批次产品生产所发生的各项费用及所耗生产工时,并记录各批次完工产品的总成本和单位成本、各批次期末在产品成本。

3. 一般分批法与简化分批法对间接计入费用的处理不同

间接计入费用是指几种或几批次产品共同耗用的,需经过分配才能计入各种或各批次产品成本的费用。一般分批法与简化分批法的最大区别就在于对间接计入费用实务处理不同。

简化分批法之所以能简化产品成本的核算工作,主要是因为它能通过累计间接费用分配率,将在各批产品之间分配间接计入费用的工作以及在完工产品和月末在产品之间分配费用的工作合并在一起进行。也就是说,生产费用的横向分配工作和纵向分配工作在产品完工时是依据同一费用分配率一次性完成的,从而大大简化了生产费用的分配和登记工作。月末末完工产品的批别越多,其核算工作就越简化。

相对一般分批法,简化分批法存在两个缺点:①各张未完工批别的基本生产成本三级明细账内,不反映直接人工、制造费用等加工费用,也就不能随时完整地反映各订单的在产品成本。②如果各月加工费用波动较大,各订单的工时数(即加工费用分配基础)又各月不一,采用这种方法会使加工费用平均化,不能反映真实情况,影响产品成本的正确性。因此,只有在各月加工费用及其分配标准大致均衡的情况下,才可采用这种方法。

蝴蝶效应

知识归纳

1. 产品成本计算分批法是以产品的生产批别作为成本计算对象,归集生产费用,计算产品成本的一种方法。它主要适用于小批、单件、单步骤生产,也可用于管理上不要求分步骤计算成本的多步骤生产的企业。

2. 分批法的特点:①以产品的批别(件别)作为成本计算对象。②成本计算不定期。一般是产品完工以后计算(完工月份的月末),与会计报告期不一致,但与生产周期基本一致。③月末生产费用的分配需根据具体情况而定,单件小批生产一般不需要在完工产品与在产品之间分配费用,跨月陆续完工的可以采用适当的方法,在完工产品与月末在产品之间分配费用。

3. 分批法的核算程序与品种法基本相同,所不同的是品种法是按产品品种设置"基本生产成本"明细账户,按产品的品种归集生产费用;而分批法是按产品生产的批别设置"基本生产成本"明细账户,按产品生产的批别归集生产费用。

4. 简化分批法的核算程序:①设置基本生产成本的二级明细账,登记全部各批产品发生的生产总工时及分成本项目登记直接材料、直接人工、燃料和动力、制造费用等。②按产品批别设立基本生产成本三级明细账,平时只登记直接计入的原材料费用和发生的生产工时。③若有产品完工,在基本生产成本二级明细账上分成本项目计算间接费用的累计分配率。④在基本生产成本三级明细账上,按基本生产成本二级明细账计算的间接费用累计分配率,分成本项目计算完工批别产品应分配的间接费用,进而计算出完工产品的全部成本。

5. 一般分批法与简化分批法比较:①适用范围不同。投产批数不多,或投产批数较多但在期末大部分批次都能完工的情况下,适合采用一般分批法;而在有些单件小批生产的企业或车间中,订单多、生产周期长,而实际每月完工的订单并不多的,适宜采用简化的分批法。②账户设置及其记录方法不同。简化分批法下除了按各批次产品设置"产品成本明细账"(三级账)外还应设置"基本生产成本二级明细账"。在产品成本明细账(三级账)中,记录该批次产品生产所发生的直接计入费用和所耗生产工时,当该批次有完工产品出现时,再记录应负担的间接费用。"基本生产成本二级明细账"记录全部批次产品生产所发生的各项费用及所耗生产工时,并记录各批次完工产品的总成本和单位成本、各批次期末在产品成本。③对间接计入费用的处理不同。简化分批法通过累计间接费用分配率,将在各批产品之间分配间接计入费用的工作以及在完工产品和月末在产品之间分配费用的工作合并在一起进行。即将生产费用的横向分配工作和纵向分配工作在产品完工时依据同一费用分配率一次性完成。

一、单项选择题

1. 采用分批法计算产品成本,如果月末某批产品完工数量较多,下列各种方法中,正确计算该批完工产品成本的方法是(　　)。
   A. 按计划单位成本计算
   B. 按定额单位成本计算
   C. 按近期同种产品实际单位成本计算
   D. 按约当产量比例法分配计算

2. 下列方法中,必须设置基本生产成本二级明细账的是(　　)。
   A. 品种法
   B. 分批法
   C. 简化的分批法
   D. 分步法

3. 采用简化的分批法,在产品完工之前,基本生产成本三级明细账(　　)。
   A. 不登记任何费用
   B. 只登记原材料费用和生产工时
   C. 只登记原材料费用
   D. 只登记加工费用

4. 采用简化的分批法计算产品成本,基本生产成本二级明细账与基本生产成本三级明细账无法核对的项目是(　　)。
   A. 月末在产品原材料项目余额
   B. 月末在产品生产工时项目余额
   C. 月末在产品加工费用项目余额
   D. 完工产品成本合计数

5. 下列情况下,不宜采用简化分批法的是(　　)。

A. 各月加工费用水平相差较多
B. 产品的批数较多
C. 月末未完工产品批数较多
D. 各月加工费用水平相差不多

6. 分批法也称( )。
   A. 订单法   B. 定额法
   C. 分类法   D. 分步法

7. 分批法以( )为成本核算对象。
   A. 产品的品种
   B. 产品的批别
   C. 产品的生产步骤
   D. 产品的定额

8. 简化分批法下,全部产品累计间接(加工)费用分配率等于( )。
   A. 完工产品累计加工费用÷全部产品累计工时
   B. 完工产品累计加工费用÷完工产品累计工时
   C. 全部产品累计加工费用÷完工产品累计工时
   D. 全部产品累计加工费用÷全部产品累计工时

二、多项选择题

1. 采用分批法计算产品成本时,如果批内产品跨月陆续完工的情况不多,完工产品数量占全部批量的比重很小,先完工的产品可以( ),从产品成本明细账转出。
   A. 按计划单位成本计价
   B. 按定额单位成本计价
   C. 按近期相同产品的实际成本计价
   D. 按标准成本计价

2. 采用简化的分批法计算成本,基本生产成本二级明细账中登记的内容有( )。
   A. 本月发生的原材料费用
   B. 本月发生的各项加工费用
   C. 月末在产品的原材料费用
   D. 月末在产品的工时

3. 采用简化的分批法,在产品完工以前,基本生产成本三级明细账登记( )。
   A. 直接计入材料
   B. 人工费用
   C. 制造费用
   D. 生产工时

4. 分批法是以批别或件别为产品成本核算对象,下列做法正确的有( )。
   A. 如果在一张订单中有几种产品,企业生产部门可将该订单按产品的品种划分批别组织生产、计算成本
   B. 如果一张订单只有一种产品但数量较多又要求分批交货,企业生产部门可以将

该订单的产品划分为数批组织生产,计算成本

   C. 如果同一时期,企业接到不同单位要求生产同一产品的几张订单,为经济合理地组织生产,企业生产部门也可以将其合成一批组织生产

   D. 对多步骤生产而且管理上也要求分步骤核算成本的产品,也可以按订单组织生产,并且采用分批法核算生产成本

5. 简化分批法下,基本车间的(　　)不必按月在各批产品之间进行分配。

   A. 直接材料　　　　　　　　B. 人工费用
   C. 制造费用　　　　　　　　D. 生产工时

6. 简化分批法下,将各批别产品的(　　)在记入各批别产品的基本生产成本三级明细账的同时,也记入或汇总记入基本生产成本二级明细账。

   A. 直接材料　　　　　　　　B. 人工费用
   C. 制造费用　　　　　　　　D. 生产工时

三、判断题

1. 采用分批法计算产品成本,在单件生产的情况下,不必将生产费用在完工产品和在产品之间进行分配。（　　）
2. 简化的分批法是不分批计算在产品成本的分批法。（　　）
3. 在小批、单件生产的企业或车间中,如果同一月份投产的产品批数很多,就可以采用简化的分批法计算产品成本。（　　）
4. 采用简化的分批法时,只要产品尚未完工,其产品成本明细账就不登记生产费用。（　　）
5. 简化分批法也称分批计算在产品成本的分批法。（　　）
6. 分批法下,成本计算期与生产周期基本一致,但与会计报告期不一致。（　　）

实战演练

业务题一

一、目的:练习一般分批法的核算。

二、资料:北江工厂生产甲、乙2种产品,生产组织属于小批生产,采用分批法计算成本。2019年6月份生产的产品批号有:190601批号:甲产品10台,本月投产,本月完工6台。190602批号:乙产品10台,本月投产,本月完工2台。本月份发生的各批号生产费用资料见图表10-12。

图表10-12

生产费用分配表　　　　　　　　　　　　　　　　　　　　单位:元

批号	直接材料	直接人工	燃料和动力	制造费用
190601	33 600	23 500	15 600	28 000
190602	46 000	30 500	18 100	19 800

190601 批号甲产品完工数量较大,原材料在生产开始时一次投入,其他费用在完工产品与在产品之间采用约当产量比例法分配,在产品完工程度为50%。190602 批号乙产品完工数量少,完工产品按计划成本结转。每台产品计划成本为:直接材料 460 元,直接人工 350 元,燃料和动力 178 元,制造费用 240 元。

三、要求:根据上列资料,采用分批法,登记基本生产成本明细账(见图表 10-13,图表 10-14),计算各批产品的完工产品成本和月末在产品成本。

图表 10-13

基本生产成本明细账

单位:元

产品批号:　　　　　　　　购货单位:略　　　　　　　　投产日期:
产品名称:　　　　　　　　批量　　　　　　　　　　　　完工日期:

2019年		摘　要	直接材料	直接人工	燃料和动力	制造费用	合计
月	日						
	略	本月生产费用					
		生产费用合计					
		完工产品成本					
		月末在产品成本					

图表 10-14

基本生产成本明细账

单位:元

产品批号:　　　　　　　　购货单位:略　　　　　　　　投产日期:
产品名称:　　　　　　　　批量:　　　　　　　　　　　完工日期:

2019年		摘　要	直接材料	直接人工	燃料和动力	制造费用	合计
月	日						
6	略	本月生产费用					
		生产费用合计					
		单台计划成本					
		完工2台产品成本					
		月末在产品成本					

业 务 题 二

一、目的:练习简化分批法的核算。

二、资料:南平工厂的生产组织属于小批生产,产品批数多,而且月末有许多批号未完工,因而采用简化的分批法计算产品成本。2019 年 6 月月末,在产品状况见图表 10-15。

图表 10-15

2019 年 6 月月末在产品状况   金额单位:元

生产批号	品名	批量	累计完成工时(小时)	成本项目			投产月份	完工状况
				直接材料	直接人工	制造费用		
190507	甲产品	6	11 020	62 000			5	全部完工
190508	乙产品	8	9 500	74 000			5	全部完工
190601	丙产品	10	4 300	95 800			6	完工2件
190602	丁产品	12	4 220	132 000			6	尚未完工
合 计		—	29 040	363 800	174 240	159 720	—	—

原材料在开始时一次投入。190601 批号丙产品完工产品工时定额为 450 小时/件。

三、要求:

1. 根据上列资料,登记基本生产成本二级明细账和各批次基本生产成本三级明细账(见图表 10-16 至图表 10-20)。
2. 计算和登记累计加工费用分配率。
3. 计算各批完工产品成本。
4. 编制"完工产品汇总表"(见图表 10-21)并作会计分录。

图表 10-16

基本生产成本二级明细账
(全部产品总成本)   单位:元

2019 年		摘 要	直接材料	生产工时	直接人工	制造费用	合 计
月	日						

图表 10-17

基本生产成本三级明细账   金额单位:元

产品批号:　　　　　　　　购货单位:001 工厂　　　　　　投产日期:
产品名称:　　　　　　　　批量:　　　　　　　　　　　　完工日期:

2019 年		摘 要	直接材料	生产工时(小时)	直接人工	制造费用	合 计
月	日						

图表 10-18

基本生产成本三级明细账

金额单位:元

产品批号:　　　　　　　　购货单位:002 工厂　　　　　　投产日期:
产品名称:　　　　　　　　批量:　　　　　　　　　　　　完工日期:

2019年		摘要	直接材料	生产工时（小时）	直接人工	制造费用	合 计
月	日						
6							

图表 10-19

基本生产成本三级明细账

金额单位:元

产品批号:　　　　　　　　购货单位:003 工厂　　　　　　投产日期:
产品名称:　　　　　　　　批量:　　　　　　　　　　　　完工日期:

2019年		摘要	直接材料	生产工时（小时）	直接人工	制造费用	合 计
月	日						

图表 10-20

基本生产成本三级明细账

金额单位:元

产品批号:　　　　　　　　购货单位:004 工厂　　　　　　投产日期:
产品名称:　　　　　　　　批量:　　　　　　　　　　　　完工日期:

2019年		摘要	直接材料	生产工时（小时）	直接人工	制造费用	合 计
月	日						

图表 10-21

完工产品成本汇总表

2019 年 6 月　　　　　　　　　　　　　金额单位:元

生产批号	产品名称	直接材料	生产工时（小时）	直接人工	制造费用	合　计
合　计						

课后习题答案

第 11 章 成本计算的分步法

通过本章你可以学习到

- 分步法的特点和适用范围
- 各生产步骤中半成品的核算
- 逐步结转分步法之综合结转的核算
- 成本还原方法
- 逐步结转分步法之分项结转的核算
- 平行结转分步法的核算

案例导入

东海纺织厂共有2个纺纱车间,2个织布车间。另外,还有为纺纱、织布车间服务的辅助生产车间——机修车间。该厂纺纱车间纺的纱一部分对外销售,一部分提供给织布车间作为原材料使用。纺纱和织布的工序包括清花、粗纺、并条、粗纱、细纱、捻线、织布等工序。纺纱车间的成品因为部分销售、部分继续加工,故而先要入半成品仓库,然后按需发出销售或转入下一工序继续加工。在这样的生产组织和生产工艺下,东海纺织厂采用什么样的成本计算方法更好呢?

第1节 分步法概述

一、分步法的概念及适用范围

产品成本计算分步法是以产品的生产步骤作为成本计算对象,归集生产费用,计算产品成本的方法。它主要适用于大量、大批的多步骤生产,如冶金、纺织、造纸、大批量的机械制造等。在这些生产企业中,生产分为若干个步骤进行。例如,冶金生产企业可分为炼铁、炼钢、轧钢等生产步骤;纺织生产企业可分为纺纱、织布、印染等生产步骤;造纸生产企业可分为制浆、制纸、包装等生产步骤;机械制造企业可分为铸造、加工、装配等生产步骤。在这些工业企业中,不仅要求按照产品品种计算成本,而且为了加强各生产步骤的成本管理,还要求按照生产步骤计算成本,为反映各种产品和各生产步骤成本的实际情况提供资料,以便进行成本考核和分析。

二、分步法的特点

(一)成本计算对象

分步法下的成本计算对象就是各种产品的生产步骤。在采用分步法计算产品成本时,产品成本明细账应按照生产步骤和产品品种设立,或者按照生产步骤设立,账中按照产品品种反映。产品成本计算的分步与实际的生产步骤不要求完全一致。

如果企业是按照生产步骤设置生产车间的,那么分步计算成本也就是分车间计算成本。如果企业规模较大,在一个生产车间里可以分成几个生产步骤,而从成本管理的角度来看,又要求分步骤计算产品成本时,也可在车间内分几个步骤计算成本。

如果一个企业规模较小,从成本管理的角度来看,又不要求分车间来计算成本,本着简化成本计算工作的考虑,还可以将几个生产车间合并为一个生产步骤来计算成本。

(二) 成本计算期

在大量、大批、多步骤生产中,由于生产过程较长,可以间断,而且产品往往都是跨月陆续完工,因此,成本计算一般都是按月、定期在月末进行,与会计报告期一致,但与生产周期不一致。

(三) 生产费用的分配

在完工产品与在产品之间进行分步法计算产品成本时,各步骤月末一般都存在尚未完工的在产品,因此,记入各生产步骤和各种产品成本明细账中的生产费用,一般都要采用适当的分配方法在完工产品和月末在产品之间进行分配。

(四) 需要分步骤结转成本

由于产品生产是分步骤进行的,上一步骤生产的半成品是下一步骤加工的对象,因此,为了计算各种产品的产成品成本,还需要按照产品品种,结转各步骤成本。所以,与前面两种成本计算方法不同,在采用分步法计算产品成本时,在各步骤之间需要进行成本的前后结转。这是分步法的一个十分重要的特点。

生产特点和管理要求在产品成本计算分步法中还表现在要不要计算各生产步骤的半成品成本,因此,各生产步骤成本的计算和结转采用逐步结转和平行结转两种方法,这样,分步法也就分为逐步结转分步法和平行结转分步法两种。

第2节 逐步结转分步法

一、逐步结转分步法综述

(一) 逐步结转分步法的概念

逐步结转分步法亦称顺序结转分步法,是按照产品加工顺序逐步计算并结转各步骤半成品的成本,直至最后生产步骤计算出产成品成本的一种成本计算方法。在这种分步法下,先计算第一生产步骤的半成品成本,随着半成品转移到第二步骤继续加工,其成本也随同转移到第二步骤。下一步骤将上一步骤转来的半成品成本,加上本步骤耗用的材料和加工费,计算出本步骤的半成品成本,这样顺序结转,产品成本也随同半成品成本逐步积累直到最后一个步骤,计算出产成品成本。

自制半成品是指已完成一定生产加工阶段并经检验质量合格,但未形成产成品的中间产品。在采用分步法的大量、大批、多步骤生产企业中,由于各生产步骤所生产的半成品不仅用于本企业进一步加工,而且还经常作为商品产品对外销售,成本管理往往需要成本核算提供各个生产步骤的半成品成本资料,以便结转已销售的半成品的成本。即除计算产成品成本外,还要求计算各步骤的半成品成本。

在这种分步法下,要计算各生产步骤完工半成品成本,各步骤耗用上一步骤半成品的成本,则要随着半成品实物的转移,从上一步骤的产品成本明细账转入下一步骤相同产品的成本明细账中,以便逐步计算半成品成本和最后一个步骤的产成品成本。

(二) 逐步结转分步法的核算程序

实际工作中,有的企业,对上一生产步骤完工的半成品,验收合格后,并不入库,而是将验收合格的半成品直接转交下一生产步骤继续进行加工。有的企业对各个生产步骤完工的半成品,先验收入库,下一生产步骤根据生产的需要,再从半成品仓库领取上一生产步骤完工的半成品继续进行加工。逐步结转分步法的成本计算程序,因企业完工的半成品是否验收入库而有所不同。

1. 逐步结转分步法——半成品直接转移的核算程序

(1) 根据第一生产步骤明细账上各成本项目归集的生产费用,计算出完工的半成品成本;根据需转入第二工序的数量,计算结转的完工的半成品成本,借记"基本生产成本——第二步骤"账户,贷记"基本生产成本——第一步骤"账户。

(2) 第二生产步骤根据第一生产步骤转来的半成品成本,加上本步骤领用的原材料和发生的加工费用,计算出第二生产步骤完工的半成品成本,以此类推,直至最后一个生产步骤计算出完工产成品的成本。

逐步结转分步法——半成品直接转移的核算程序如图表11-1所示。

图表 11-1

逐步结转分步法——半成品直接转移的成本核算程序

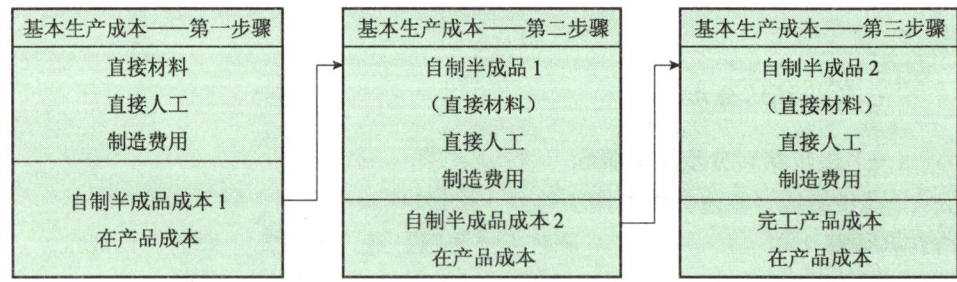

2. 逐步结转分步法——半成品入库的核算程序

自制半成品入库需增设"自制半成品"账户进行核算。"自制半成品"属于资产类账户,用来核算企业自制半成品的收入、发出和结存变动情况。借方登记已经验收入库的自制半成品的实际成本,贷方登记发出自制半成品的实际成本;余额在借方,反映库存自制半成品的实际成本。"自制半成品"账户应按其类别、品种、规格等设置明细账进行明细分类核算。

(1) 根据第一生产步骤明细账上各成本项目归集的生产费用,计算出完工的半成品成本,在半成品验收入库时,借记"自制半成品——第一步骤半成品"账户,贷记"基本生产成本——第一步骤"账户。

(2) 第二生产步骤从半成品仓库领取第一生产步骤的自制半成品时,借记"基本生产成本——第二步骤"账户,贷记"自制半成品——第一步骤半成品"账户。

(3) 第二生产步骤继续加工第一步骤半成品,根据第二生产步骤明细账上各成本项目归集的生产费用,计算出第二生产步骤的完工的半成品成本,同样验收入库半成品仓库。以此类推,直至最后一个生产步骤计算出完工产成品的成本。

逐步结转分步法——半成品入库的核算程序如图表11-2所示。

图表11-2

逐步结转分步法——半成品入库的成本核算程序

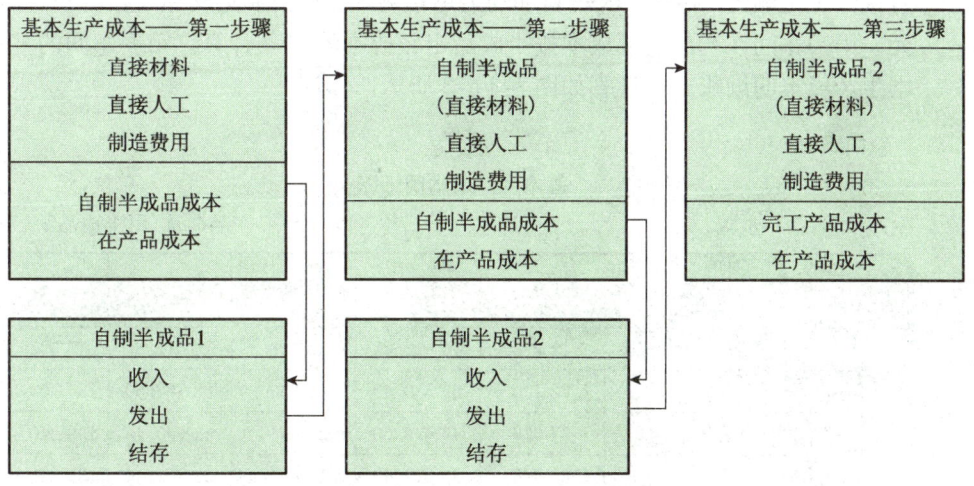

从以上可以看出,采用逐步结转分步法,每月月末,各项生产费用(包括所耗上一步骤半成品成本)在各步骤产品成本明细账中归集以后,如果既有完工半成品,又有加工中的在产品,则应将各步骤的生产费用采用适当的分配方法在其完工半成品与加工中的在产品之间进行分配,以便计算完工半成品成本。然后,通过半成品成本的逐步结转,在最后一个步骤的产品成本明细账中,计算出完工产成品的成本。上述每个步骤都好比是一个品种法,逐步结转分步法实际上就是品种法的多次连接应用。

采用逐步结转分步法,按照半成品成本在下一步骤产品成本明细账中反映形式的不同,又可分为综合结转分步法和分项结转分步法两种方法。

二、综合结转分步法

综合结转分步法,就是将本步骤耗用上一步骤的半成品成本,以合计数综合记入本步骤产品成本明细账中专设的"自制半成品"或"直接材料"成本项目的方法。

综合结转,一般采用半成品按实际成本综合结转,即本步骤耗用上一步骤的半成品费用,根据所耗半成品的实际数量乘以半成品的实际单位成本计算。由于各月生产半成品的实际单位成本不同,因而所耗半成品实际单位成本可采用先进先出法或加权平均法等方法计算。

(一) 综合结转分步法账务处理程序及核算举例

【例11-1】 西溪工厂甲产品的生产分2个步骤,分别由第一、第二车间进行。第一车间生产的甲半成品,通过半成品仓库收发,半成品成本按先进先出法计算;第二车间按所需数量从半成品仓库领用。有关资料及成本计算如下。

(1) 第一车间月初有在产品52件,本月投产218件,月末产成品交库单上列明交库甲半成品220件,月末有在产品50件。单位甲半成品直接材料定额成本为288元(原材料在生产开始时一次投入);工时定额为40小时,每小时直接人工定额为15.98元;燃料和动力定额为8.20元;制造费用定额为14.82元。第一车间在产品定额成本按半成品定额成本的50%计算。第一车间的基本生产成本明细账成本计算如图表11-3所示。

图表11-3

基本生产成本明细账   单位:元

生产步骤:第一步骤   产品名称:甲半成品

2019年		摘 要	直接材料	直接人工	燃料和动力	制造费用	合 计
月	日						
6	1	月初在产品定额成本	14 976	16 619.20	8 528	15 412.80	55 536
	30	本月生产费用	62 100	29 880.40	14 536	28 187.60	134 704
	30	生产费用合计	77 076	46 499.60	23 064	43 600.40	190 240
	30	完工产品成本	62 676	30 519.60	14 864	28 780.40	136 840
	30	月末在产品定额成本	14 400	15 980.00	8 200	14 820.00	53 400

月末在产品定额成本计算如下:

直接材料:$50 \times 288 = 14\,400$(元)

直接人工:$50 \times 40 \times 50\% \times 15.98 = 15\,980$(元)

燃料和动力:$50 \times 40 \times 50\% \times 8.20 = 8\,200$(元)

制造费用:$50 \times 40 \times 50\% \times 14.82 = 14\,820$(元)

产品成本采用倒挤方法算出,即将生产费用合计数减去月末在产品定额成本,倒挤计算出完工产品成本。作会计分录如下:

借:自制半成品——甲半成品   136 840
　　贷:基本生产成本——第一步骤   136 840

(2) 自制半成品明细账如图表11-4所示。

图表 11-4

自制半成品明细账　　　　　　　　　金额单位:元

自制半成品名称:甲半成品　　　　　　数量单位:件

2019年		摘要	收入			发出			结存		
月	日		数量	单价	金额	数量	单价	金额	数量	单价	金额
6	1	期初余额							300	620	186 000
	30	完工入库	220	622	136 840				300 220	620 622	322 840
	30	第二车间领用				300	620	186 000	220	622	136 840

第二车间向半成品仓库领用半成品甲 300 件,根据其领料单用先进先出法计价为 186 000 元。作会计分录如下:

借:基本生产成本——第二步骤　　　　　　　　　　　　186 000
　　贷:自制半成品——甲半成品　　　　　　　　　　　　　　186 000

(3) 第二车间月初有在产品 50 件,本月投产 300 件,月末产成品交库单上列明交库甲产品 310 件,月末有在产品 40 件。单位在产品定额成本为:自制半成品 625 元,直接人工 426.80 元,燃料和动力 158.40 元,制造费用 347.60 元。第二车间的基本生产成本明细账如图表 11-5 所示。

图表 11-5

基本生产成本明细账

生产步骤:第二步骤　　　　　　　　　　　　　　　产品名称:甲产品

2019年		摘要	自制半成品	直接人工	燃料和动力	制造费用	合计
月	日						
6	1	月初在产品定额成本	31 250	21 340	7 920	17 380	77 890
	30	本月生产费用	186 000	127 000	47 500	104 200	464 700
	30	生产费用合计	217 250	148 340	55 420	121 580	542 590
	30	完工产品成本	192 250	131 268	49 084	107 676	480 278
	30	月末在产品定额成本	25 000	17 072	6 336	13 904	62 312

完工产品验收入库时,作会计分录如下:

借:库存商品——甲产品　　　　　　　　　　　　　　480 278
　　贷:基本生产成本—第二步骤　　　　　　　　　　　　　480 278

若上例第一车间完工半成品不通过仓库收发,直接交给第二车间继续加工,则不设"自制半成品"总账和明细账,将第一步骤的完工甲半成品成本直接转入第二步骤基本生产成本明细账中,即在第二车间产品成本明细账本月生产费用"自制半成品"项目中,其金额应改为 136 840 元。作会计分录如下:

借:基本生产成本——第二步骤　　　　　　　　　　　　136 840
　　贷:基本生产成本——第一步骤　　　　　　　　　　　　136 840

采用实际成本计价,后面生产步骤的半成品或产品成本必须等前面生产步骤计算出自制半成品成本以后才能进行,这样就使后续生产步骤的自制半成品或产成品成本的计算受到牵制,不能同步进行,影响了成本计算的时间性要求的完成。为了加速和简化核算工作,自制半成品也可以采用按计划成本计价。届时各生产步骤领用自制半成品时,先按计划成本借记"基本生产成本"账户,贷记"自制半成品"账户。在月末计算出完工自制半成品的实际成本时,根据验收入库的自制半成品数量,按计划成本借记"自制半成品"账户;按实际成本贷记"基本生产成本"账户;计划成本与实际成本的差额则列入"产品成本差异"账户。然后,将月初结存的自制半成品成本差异与本月收入自制半成品成本差异之和,除以月初结存自制半成品计划成本与本月收入自制半成品计划成本之和,求得自制半成品成本差异率;再将发生的自制半成品的计划成本,乘以自制半成品成本差异率,求得发出自制半成品成本差异,并将其列入"基本生产成本"明细账内,将自制半成品的计划成本调整成为实际成本。其具体计算与核算方法与原材料按计划核算基本相同,不再赘述。

(二) 综合结转分步法成本还原

采用综合结转法分步结转半成品成本,各步骤所耗半成品的成本是以"自制半成品"项目综合反映的。这样计算出来的产成品的成本,不能提供按原始成本项目(直接材料、直接人工、制造费用)反映的成本资料;在生产步骤较多的情况下,逐步综合结转半成品成本以后,表现在产成品成本中的绝大部分费用是最后一个步骤所耗半成品的费用,而直接人工、制造费用只是最后一个步骤发生的费用,在产成品成本中所占的比重很小,这样不符合企业产品成本的结构(各成本项目占产品成本的比例)的实际情况,因而不利于从整个企业的角度来考核和分析产品成本的构成水平,也不利于成本分析工作。因此,在管理上要求从整个企业度分析和考核产品成本的构成时,还应将逐步综合结转算出的产成品成本进行成本还原。

☞ 成本还原是指将产成品中所耗费的自制半成品的综合成本,逐步分解还原成直接材料、直接人工、燃料和动力和制造费用等原始成本项目,从而以原始成本项目反映产成品成本的构成。

成本还原的具体做法是从最后生产步骤开始,将其所耗费的上一生产步骤自制半成品的综合成本,按照上一生产步骤本月完工半成品的成本项目比例分解还原为原来的成本项目,从后向前逐步分解还原,一直分解至第一步骤,然后将各生产步骤还原后各成本项目的数额相加,即可取得产成品各成本项目的原始成本。

自制半成品成本还原的方法主要有成本还原率法和项目比重还原法两种。

1. 成本还原率法

☞ 成本还原率法是指根据本月产品成本中所耗费上一步骤半成品的综合成本占本月生产该种半成品的总成本的比例,分别乘以所耗费该种半成品的

各个成本项目金额进行还原,从而取得产成品原始成本结构的方法。其计算公式如下:

$$成本还原率 = \frac{本月完工产品耗费上一生产步骤半成品成本}{本月所产该种半成品成本}$$

$$还原为上一生产步骤各成本项目的金额 = 上一生产步骤本月完工半成品各成本项目金额 \times 成本还原率$$

现按前例甲产品 2 个生产步骤的"基本生产成本"明细账的有关资料(见图表 11-3,图表 11-5),用成本还原率法计算甲产品各成本项目原始结构如图表 11-6 所示。

图表 11-6

产品成本还原计算表(成本还原率法)　　金额单位:元

产品名称:甲产品　　　　　2019 年 6 月　　　　　产量:310 件

行次	项目	还原分配率	自制半成品	直接材料	直接人工	燃料和动力	制造费用	合计
①	还原前产成品成本		192 250		131 268.00	49 084.00	107 676.00	480 278
②	本月所产半成品成本			62 676.00	30 519.60	14 864.00	28 780.40	136 840
③=②×还原率	产成品成本中半成品成本还原	192 250÷136 840≈1.404 9	－192 250	88 053.51	42 876.99	20 882.43	* 40 437.07	－0－
④=①+③	完工产品成本			88 053.51	174 144.99	69 966.43	148 113.07	480 278
⑤=④÷产量	还原后产成品单位成本			284.043 6	561.758 0	225.698 2	477.784 1	1 549.283 9

成本还原分配率=192 250÷136 840≈1.404 9
* 192 250－88 053.51－42 876.99－20 882.43=40 437.07(元)尾差计入"制造费用"。

上例中,成本还原的对象是第二车间完工产品成本中的"自制半成品"成本项目 192 250 元,它是第二车间耗用第一车间半成品的成本中的由产成品成本负担的部分,应当按照第一车间生产该种完工半成品成本结构进行还原。

2. 成本项目比重还原法

☞ 成本项目比重还原法是指根据本月产品成本中所耗费上一生产步骤本月完工产品各成本项目金额占本月完工该种半成品总成本的比重,据以将本步骤耗费的半成品成本分解还原,从而取得产成品原始成本结构的方法。其计算公式如下：

$$上一步骤半成品各成本项目金额占总成本的比重 = \frac{上一步骤完工半成品各成本项目金额}{本月完工该种半成品总成本}$$

$$还原成上一步骤各成本项目金额 = 产成品所耗半成品成本 \times 该半成品成本项目的比重$$

现按前例甲产品 2 个生产步骤的"基本生产成本"明细账的有关资料（见图表 11-3，图表 11-5），用成本项目比重还原法计算甲产品各成本项目原始结构如图表 11-7 所示。

图表 11-7

产品成本还原计算表（成本项目比重还原法）　　金额单位：元

产品名称：甲产品　　　　2019 年 6 月　　　　产量：310 件

行　次	项　目	自　制半成品	直接材料	直接人工	燃料和动力	制造费用	合　计
①	本月所产半成品成本		62 676	30 519.60	14 864.00	28 780.40	136 840
②	半成品各成本项目占总成本比重		0.458 0	0.223 0	0.108 6	0.210 4*	1
③	还原前产成品成本	192 250		131 268.00	49 084.00	107 676.00	480 278
④=自制半成品金额×②	半成品成本还原	−192 250	88 050.50	42 871.75	20 878.35	40 449.40	—0—
⑤=③+④	还原后原始成本项目成本		88 050.50	174 139.75	69 962.35	148 125.40	480 278
⑥=⑤÷产量	还原后产成品单位成本		284.033 9	561.741 1	225.685 0	477.823 9	1 549.283 9

* 1−0.458 0−0.223 0−0.108 6=0.210 4

从上表可以看出，本案例生产是 2 个步骤，成本还原一次，如果生产是 3 个步骤，第一次还原后，还会有自制半成品项目，故还要还原第二次，以此类推。

因为成本还原所采用的条件是一样的，所以两种成本还原方法所得到的结果基本相同，只是在处理计算尾差时出现差额。

需要指出的是，由于各个月份所产半成品的成本构成不可能完全一致，因此，在各月所产半成品的成本构成变动较大的情况下，按照上述方法进行成本还原，对还原结果的准确性就会有较大的影响。因此，如果半成品的定额成本或计划成本比较准确，为了提高还原结果的准确性，产成品所耗半成品费用可以按定额成本或计划成本的成本构成进行还原。采用综合结转分步法逐步结转半成品成本，可以在各生产步骤的产品成本明细账中看出各步骤产品所耗上一步骤半成品费用的水平和本步骤加工费用的水平，从而有利于各生产步骤的管理。但如果管理上要求提供按原始成本项目反映的产成品成本资料，则必须进行成本还原,从而要增加核算工作。因此,这种结转方法只宜在管理上要求计算各步骤完工产品所耗半成品费用,而不要求进行成本还原的情况下采用。

成本还原并非一次完成,其还原次数应是生产步骤数减一。

二、分项结转分步法

分项结转分步法是指各生产步骤将其所耗费的上一生产步骤的自制半成品成本分成本项目记入与其"基本生产成本"明细账户相同的成本项目内反映的方法。如果自制半成品要通过半成品仓库收发,在"自制半成品"明细账户中,也要按照成本项目分别登记。

分项结转法可以按照自制半成品的实际成本结转,也可以按照自制半成品的计划成本结转,然后按成本项目分项调整差异。显然后者计算的工作量大,因此分项结转法通常采用实际成本记账。

【例11-2】 西溪工厂甲产品的生产分两个步骤,分别由第一、第二个车间进行。第一车间生产的甲半成品,通过半成品仓库收发,半成品成本按先进先出法计算;第二车间按所需数量从半成品仓库领用。有关资料及成本计算如下:

(1)第一车间月初有在产品52件,本月投产218件,月末产成品交库单上列明交库甲半成品220件,月末有在产品50件。单位在产品定额成本为:直接材料288元(原材料在生产开始时一次投入),直接人工319.60元,燃料和动力164元,制造费用296.40元。第一车间的基本生产成本明细账成本计算如图表11-8所示。

图表11-8

基本生产成本明细账　　　　　　　　　　单位:元

生产步骤:第一步骤　　　　　　　　　　产品名称:甲半成品

2019年		摘　要	直接材料	直接人工	燃料和动力	制造费用	合　计
月	日						
6	1	月初在产品定额成本	14 976	16 619.20	8 528	15 412.80	55 536
	30	本月生产费用	62 100	29 880.40	14 536	28 187.60	134 704
	30	生产费用合计	77 076	46 499.60	23 064	43 600.40	190 240
	30	完工半成品成本	62 676	30 519.60	14 864	28 780.40	136 840
	30	月末在产品定额成本	14 400	15 980.00	8 200	14 820.00	53 400

作会计分录如下:

借:自制半成品——甲半成品　　　　　　　　　　　　136 840
　　贷:基本生产成本——第一步骤　　　　　　　　　　136 840

(2) 自制半成品明细账如图表 11-9 所示。

图表 11-9

自制半成品明细账

自制半成品名称：甲半成品　　　　　　　　　　　　　　　　金额单位：元
　　　　　　　　　　　　　　　　　　　　　　　　　　　　　数量单位：件

2019年		摘要	数量	直接材料		直接人工		燃料和动力		制造费用		合计	
月	日			单价	金额	单价	金额	单价	金额	单价	金额	单价	金额
6	1	期初余额	300	283.97	85 190	138.28	41 484	67.33	20 200	130.42	39 126	620	186 000
	30	完工入库	220	284.89	62 676	138.73	30 519.60	67.56	14 864	130.82	28 780.40	622	136 840
	30	第二车间领用	300	283.97	85 190	138.28	41 484	67.33	20 200	130.42	39 126	620	186 000
	30	期末余额	220	284.89	62 676	138.73	30 519.60	67.56	14 864	130.82	28 780.40	622	136 840

第二车间向半成品仓库领用半成品甲 300 件，根据其领料单用先进先出法计价为 186 000 元。作会计分录如下：

　　借：基本生产成本——第二步骤　　　　　　　　　　　　　186 000
　　　　贷：自制半成品——甲半成品　　　　　　　　　　　　　　186 000

(3) 第二车间月初有在产品 50 件，本月投产 300 件，月末产成品交库单上列明交库甲产品 310 件，月末有在产品 40 件。单位在产品定额成本为：直接材料 285 元，直接人工 558.80 元，燃料和动力 224.40 元，制造费用 479.60 元。第二车间的基本生产成本明细账如图表 11-10 所示。

图表 11-10

基本生产成本明细账

　　　　　　　　　　　　　　　　　　　　　　　　　　　　　单位：元

生产步骤：第二步骤　　　　　　　　　　　　　　　　　产品名称：甲产品

2019年		摘　要	直接材料	直接人工	燃料和动力	制造费用	合计
月	日						
6	1	月初在产品定额成本	31 250	21 340	7 920	17 380	77 890
	30	本步骤生产费用		127 000	47 500	104 200	278 700
	30	本步骤耗用自制半成品 300 件	85 190	41 484	20 200	39 126	186 000
	30	生产费用合计	116 440	189 824	75 620	160 706	542 590
	30	完工产品成本	105 040	167 472	66 644	141 522	480 678
	30	月末在产品定额成本	11 400	22 352	8 976	19 184	61 912

完工产品验收入库时，作会计分录如下：

　　借：库存商品——甲产品　　　　　　　　　　　　　　　　480 678
　　　　贷：基本生产成本一第二步骤　　　　　　　　　　　　　　480 678

若上例第一车间完工自制半成品不通过仓库收发，直接交给第二车间继续加工,则不设"自制半成品"总账和明细账,将第一步骤的完工甲半成品成本 136 840 元,按成本项目直接转入第二步骤基本生产成本明细账中即可,其会计分录为:

借:基本生产成本——第二步骤　　　　　　　　　　　　136 840
　　贷:基本生产成本——第一步骤　　　　　　　　　　　　136 840

采用分项结转法逐步结转半成品成本,可以较直接、准确地提供按原始成本项目反映的产成品成本资料,便于从整个企业角度考核和分析产品成本计划的执行情况,不需要进行成本还原。但是,这种方法的成本结转工作比较复杂,而且按步骤完工产品成本中看不出所耗上一步骤半成品的费用和本步骤加工费用的水平,不便于进行完工产品成本分析。因此,这种结转方法一般适用于管理上不要求分别提供各步骤完工产品所耗半成品费用和本步骤加工费用资料,但要求按原始成本项目反映产品成本的企业。

第3节　平行结转分步法

一、平行结转分步法综述

(一) 平行结转分步法的概念

平行结转分步法又称为不计列半成品成本分步法,是指各生产步骤不计算半成品成本,只计算本生产步骤所发生的生产费用以及这些费用中应计入产成品成本的数额,然后将各生产步骤应计入同一产成品成本的数额平行结转,汇总计算产成品成本的方法。

微课:平行分布有陷阱

平行结转分步法与企业生产工艺过程特点有着密切的联系。产品的生产过程是先将各种原材料平行地进行加工为各种零、部件,再将零、部件装配成各种产成品,如电子产品制造企业,由多个生产步骤平行生产多种电子元、配件,然后转入装配车间,装配成电子产品。这类企业的特点是各生产步骤生产的自制半成品种类多,自制半成品出售的情况较少,在管理上也不要求计算半成品成本。为了简化成本计算,可以不计算各生产步骤生产的自制半成品成本,也不计算下一生产步骤耗用上一生产步骤自制半成品的成本,在这种情况下,可以采用平行结转完工产成品的成本。

(二) 平行结转分步法的成本核算程序及方法

1. 平行结转分步法的成本核算程序

(1) 按产品的生产步骤和产品品种开设"基本生产成本"明细账户,按成本项目归集本步骤发生的生产费用,但不包括上一生产步骤转来的自制半成品成本。

(2) 月末将各生产步骤归集的生产用按一定的方法在完工产成品与广义

在产品之间进行分配,以确定应计入产成品成本的份额。

(3) 将各步骤中应计入产品成本的份额分成本项目平行结转,汇总计算完工产成品的总成本和单位成本。

现将平行结转分步法成本计算程序列示如图表11-11。

图表11-11　　　　　　**平行结转分步法成本核算程序**

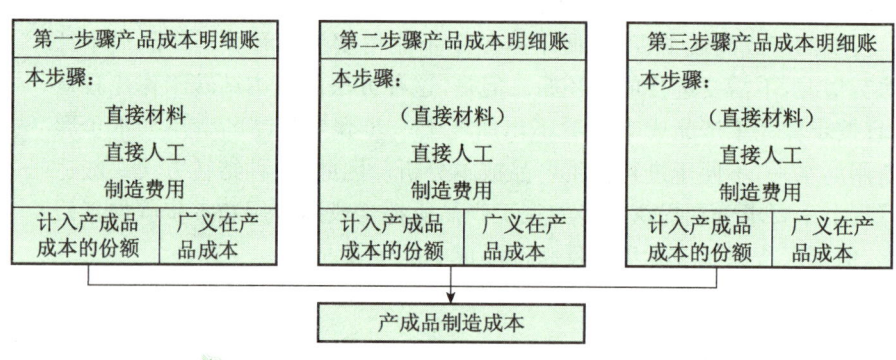

平行结转分步法下的在产品,通常是指广义在产品。

2. 平行结转分步法的成本核算方法

各步骤应计入产成品成本的"份额",一般可按下列公式计算:

$$\text{某步骤应计入产成品成本的份额} = \text{产成品产量} \times \text{单位产成品耗用该步骤半成品的数量} \times \text{该步骤半成品单位成本}$$

式中"该步骤半成品单位成本"可用约当产量法、定额比例法或定额成本法等方法计算求得。

【例11-3】 屹峰工厂丙产品分2个步骤生产,原材料于生产开始时一次投入,月末第一步骤加工中的在产品80件,完工率50%;第二步骤加工中的在产品40件,产成品400件。第二步骤单位产成品(含在产品)耗用第一步骤半成品2件。第一步骤本月生产费用合计为81 200元,其中,原材料72 000元,加工费9 200元。采用约当产量法计算应计入产成品成本的"份额"。

第一步骤半成品的材料单位成本
　　= 原材料费用÷(本步骤在产品数量+第二步骤在产品数量×2+产成品数量×2)
　　= 72 000÷(80+40×2+400×2) = 75(元)

第一步骤半成品单位加工费用
　　= 加工费用÷(本步骤在产品数量×50%+第二步骤在产品数量×2+产成品数量×2)
　　= 9 200÷(80×50%+40×2+400×2) = 10(元)

第一步骤应计入产成品成本份额 = 400×2×(75+10) = 68 000(元)

【例 11-4】 屹峰工厂丁产品分 2 个步骤生产,原材料于生产开始时一次投入,生产费用在完工产品与在产品之间采用定额比例法分配。月末第一步骤加工中的在产品 100 件,第二步骤加工中的在产品 50 件,产成品 300 件。原材料按材料定额消耗量比例分配;加工费用按定额工时比例分配。第一步骤单位半成品原材料定额消耗量为 20 千克,单位半成品定额工时为 10 小时,单位在产品定额工时为 5 小时。第二步骤单位产成品(含在产品)耗用第一步骤半成品 2 件。第一步骤本月生产费用合计为 91 200 元,其中,原材料 67 200 元,加工费 24 000 元。

$$\text{第一步骤单位原材料耗用量应负担材料成本} = \frac{67\ 200}{(100+50\times 2+300\times 2)\times 20} = 4.2(\text{元}/\text{千克})$$

$$\text{第一步骤应计入完工产品的材料成本} = 300\times 2\times 20\times 4.2 = 50\ 400(\text{元})$$

$$\text{第一步骤单位定额工时应负担加工费用} = \frac{24\ 000}{300\times 2\times 10+50\times 2\times 10+100\times 5} = 3.2(\text{元}/\text{小时})$$

$$\text{第一步骤应计入产成品成本的加工费} = 300\times 2\times 10\times 3.2 = 19\ 200(\text{元})$$

则:

第一步骤应计入产成品成本份额 = 50 400 + 19 200 = 69 600(元)

第二步骤的计算方法相同。

二、平行结转分步法应用案例

【例 11-5】 屹峰工厂经过 3 个生产步骤生产戊产品。原材料在第一、第二步骤生产开始时一次投入,在生产过程中第二步骤单位产品(半成品、在产品)耗用第一步骤半成品 2 件,第三步骤单位产品(在产品、产成品)耗用第二步骤半成品 1 件。该企业采用平行结转分步法计算产品成本,月末在产品成本按约当产量法计算,在产品完工程度均按 50% 计算。该企业 2019 年 7 月份有关产量及生产成本明细账资料,如图表 11-12 至图表 11-15 所示。

成本定价方法

图表 11-12

产 量 记 录

2019 年 7 月　　　　　　　　　　　　　　　　单位:件

摘　要	第一步骤	第二步骤	第三步骤	产成品
月初在产品	200	160	220	
本月投入或上步骤转入	1 040	500	400	500
本月完工	1 000	400	500	
月末在产品	240	260	120	

注意:第一步骤本月完工 1 000 件即是第二步骤的上步骤转入 500 件[第二步骤单位产品(半成品、在产品)耗用第一步骤半成品 2 件],第二步骤本月完工 400 件即是第三步骤的上步骤转入 400 件[第三步骤单位产品(在产品、

产成品)耗用第二步骤半成品1件]。

图表 11-13

基本生产成本明细账　　　　　　　　　单位:元

生产步骤:第一步骤　　　　　　　　　　　　产品名称:戊产品-1

2019年		摘　要	直接材料	直接人工	制造费用	合　计
月	日					
7	1	月初在产品成本	22 060	8 290	6 370	36 720
	31	本月生产费用	112 600	55 912	42 980	211 492
	31	生产费用合计	134 660	64 202	49 350	248 212
		单位产品成本	67.33	34.15	26.25	127.73
	31	计入完工产品成本	67 330	34 150	26 250	127 730
	31	月末在产品成本	67 330	30 052	23 100	120 482

第一步骤基本生产成本明细账有关项目计算如下。

1. 单位产品成本

单位产品直接材料成本 $= 134\ 660 \div (500 \times 2 + 120 \times 2 + 260 \times 2 + 240) = 67.33(元)$

单位产品直接人工成本 $= 64\ 202 \div (500 \times 2 + 120 \times 2 + 260 \times 2 + 240 \times 50\%) = 34.15(元)$

单位产品制造费用成本 $= 49\ 350 \div (500 \times 2 + 120 \times 2 + 260 \times 2 + 240 \times 50\%) = 26.25(元)$

2. 计入完工产品成本的份额

$$直接材料 = 500 \times 2 \times 67.33 = 67\ 330(元)$$
$$直接人工 = 500 \times 2 \times 34.15 = 34\ 150(元)$$
$$制造费用 = 500 \times 2 \times 26.25 = 26\ 250(元)$$

3. 月末在产品成本

$$直接材料 = 134\ 660 - 67\ 330 = 67\ 330(元)$$
$$直接人工 = 64\ 202 - 34\ 150 = 30\ 052(元)$$
$$制造费用 = 49\ 350 - 26\ 250 = 23\ 100(元)$$

图表 11-14

基本生产成本明细账　　　　　　　　　单位:元

生产步骤:第二步骤　　　　　　　　　　　　产品名称:戊产品-2

2019年		摘　要	直接材料	直接人工	制造费用	合　计
月	日					
7	1	月初在产品成本	24 470	9 700	7 372	41 542
	31	本月生产费用	74 090	38 600	29 228	141 918
	31	生产费用合计	98 560	48 300	36 600	183 460
		单位产品成本	112	64.40	48.80	225.20
	31	计入完工产品成本	56 000	32 200	24 400	112 600
	31	月末在产品成本	42 560	16 100	12 200	70 860

第二步骤基本生产成本明细账有关项目计算如下。

1. 单位产品成本

单位产品直接材料成本 = 98 560÷(500＋120＋260) = 112(元)
单位产品直接人工成本 = 48 300÷(500＋120＋260×50％) = 64.40(元)
单位产品制造费用成本 = 36 600÷(500＋120＋260×50％) = 48.80(元)

2. 计入完工产品成本的份额

直接材料 = 500×112 = 56 000(元)
直接人工 = 500×64.40 = 32 200(元)
制造费用 = 500×48.80 = 24 400(元)

3. 月末在产品成本

直接材料 = 98 560－56 000 = 42 560(元)
直接人工 = 48 300－32 200 = 16 100(元)
制造费用 = 36 600－24 400 = 12 200(元)

图表 11-15

基本生产成本明细账　　　　　　单位:元

生产步骤:第三步骤　　　　　　　　　　产品名称:戊产品-3

2019年		摘　　要	直接材料	直接人工	制造费用	合　计
月	日					
7	1	月初在产品成本		13 704	6 748	20 452
	31	本月生产费用		41 316	22 260	63 576
	31	生产费用合计		55 020	29 008	84 028
		单位产品成本		98.25	51.80	150.05
	31	计入完工产品成本		49 125	25 900	75 025
	31	月末在产品成本		5 895	3 108	9 003

第三步骤基本生产成本明细账有关项目计算如下。

1. 单位产品成本

单位产品直接人工成本 = 55 020÷(500＋120×50％) = 98.25(元)
单位产品制造费用成本 = 29 008÷(500＋120×50％) = 51.80(元)

2. 计入完工产品成本的份额

直接人工 = 500×98.25 = 49 125(元)
制造费用 = 500×51.80 = 25 900(元)

3. 月末在产品成本

直接人工 = 55 020－49 125 = 5 895(元)
制造费用 = 29 008－25 900 = 3 108(元)

月末,编制产品制造成本汇总表见图表11-16。

图表 11-16

产品制造成本汇总表　　　　　　　单位:元

产品名称:戊产品　　　　2019年7月　　　　完工产品数量:500件

摘　要	直接材料	直接人工	制造费用	合　计
第一步骤份额	67 330	34 150	26 250	127 730
第二步骤份额	56 000	32 200	24 400	112 600
第三步骤份额		49 125	25 900	75 025
产成品总成本	123 330	115 475	76 550	315 355
产品单位成本	246.66	230.95	153.10	630.71

借:库存商品——戊商品　　　　　　　　　　　　315 355
　　贷:基本生产成本——第一步骤　　　　　　　127 730
　　　　　　　　　　——第二步骤　　　　　　　112 600
　　　　　　　　　　——第三步骤　　　　　　　 75 025

三、平行结转分步法的优缺点

(一)平行结转分步法的优点

1. 各个生产步骤能同步计算产品成本

由于各个生产步骤所确定的应计产成品成本的数额仅仅是各个生产步骤生产产品所耗费的原材料和加工费用,不包括前一生产步骤自制半成品成本,因此各个生产步骤可以同步计算本步骤生产产品所耗费的应计入完工产成品成本的数额,通过汇总就可以取得完工产成品成本,从而加速了成本的计算工作。

2. 简化了成本的核算工作

由于各个生产步骤都按产品成本的原始项目进行核算,因此不必进行成本还原,从而节省了成本计算工作,方便及时提供成本信息。

(二)平行结转分步法的缺点

1. 不利于各生产步骤成本的管理、分析和考核

由于不能反映各生产步骤半成品成本,因此难以全面地反映各生产步骤实际耗费的生产费用水平,因此不利于各生产步骤成本的管理、分析和考核。

2. 不利于各生产步骤的实物管理与资金管理

各生产步骤完工的半成品成本在产成品未完工之前,仍保留在原生产步骤中,造成半成品实物转移与资金转移不一致,不利于各生产步骤的实物管理与资金管理。

1. 产品成本计算分步法是以产品的生产步骤作为成本计算对象,归集生产费用,计算

产品成本的方法。它主要适用于大量、大批的多步骤生产,如冶金、纺织、造纸、大批量的机械制造等。按照生产步骤间成本结转的方法不同,可以分为逐步结转分步法和平行结转分步法两种。

2. 分步法的特点:①以产品的生产步骤作为成本计算对象。②成本计算一般都是按月、定期在月末进行,与会计报告期一致,但与生产周期不一致。③月末,生产费用一般都要采用适当的分配方法在完工产品和月末在产品之间进行分配,需要分步骤结转成本。

3. 逐步结转分步法的核算程序

   (1) 半成品直接转移的核算程序:①根据第一生产步骤明细账上各成本项目归集的生产费用,计算出完工的半成品成本,根据需转入第二工序的数量,计算结转的完工的半成品成本,借记"基本生产成本——第二步骤"账户,贷记"基本生产成本——第一步骤"账户。②第二生产步骤根据第一生产步骤转来的半成品成本,加上本步骤领用的原材料和发生的加工费用,计算出第二生产步骤完工的半成品成本,以此类推,直至最后一个生产步骤计算出完工产成品的成本。

   (2) 半成品入库的核算程序:①根据第一生产步骤明细账上各成本项目归集的生产费用,计算出完工的半成品成本,在半成品验收入库时,借记"自制半成品—1"账户,贷记"基本生产成本—第一步骤"账户。②第二生产步骤从半成品仓库领取第一生产步骤的自制半成品时,借记"基本生产成本—第二步骤"账户,贷记"自制半成品—1"账户。③第二生产步骤继续加工第一步骤半成品,根据第二生产步骤明细账上各成本项目归集的生产费用,计算出第二生产步骤的完工的半成品成本,同样验收入半成品仓库。以此类推,直至最后一个生产步骤计算出完工产成品的成本。

4. 逐步结转分步法下的综合结转法是指将本步骤耗用上一步骤的半成品成本,以合计数综合记入本步骤产品成本明细账中专设的"自制半成品"或"直接材料"成本项目的方法。

5. 成本还原是指将产成品中所耗费的自制半成品的综合成本,逐步分解还原成直接材料、直接人工、燃料和动力和制造费用等原始成本项目,从而以原始成本项目反映产成品成本的构成。成本还原的具体做法是从最后生产步骤开始,将其所耗费的上一生产步骤自制半成品的综合成本,按照上一生产步骤本月完工自制半成品的成本项目比例分解还原为原来的成本项目,从后向前逐步分解还原,一直分解至第二步骤,然后将各生产步骤还原后各成本项目的数额相加,即可取得产成品各成本项目的原始成本。自制半成品成本还原的方法主要有成本还原率法和成本项目比重还原法两种。

6. 逐步结转分步法下分项结转法是指各生产步骤将其所耗费的上一生产步骤的自制半成品成本分成本项目记入与其"基本生产成本"明细账户相同的成本项目内反映的方法。如果自制半成品要通过半成品仓库收发,在"自制半成品"明细账户中,也要按照成本项目分别登记。

7. 平行结转分步法是指各生产步骤不计算半成品成本,只计算本生产步骤所发生的生产费用以及这些费用中应计入产成品成本的数额,然后将各生产步骤应计入同一产成品成本的数额平行结转,汇总计算产成品成本的方法。

8. 平行结转分步法的成本计算程序是:①按产品的生产步骤和产品品种开设"基本生产成本"明细账户,按成本项目归集本步骤发生的生产费用,但不包括上一生产步骤转来的自制半成品成本。②月末将各生产步骤归集的生产用按一定的方法在完工产成品与广义在产品之间进行分配,以确定应计入产成品成本的份额。③将各步骤中应计入产成品成本的份额按成本项目平行结转,汇总计算完工产成品的总成本和单位成本。

一、单项选择题

1. 下列方法中,属于不计算半成品成本的分步法是( )。
   A. 逐步结转分步法　　　　　　B. 平行结转分步法
   C. 综合结转法　　　　　　　　D. 分项结转法

2. 逐步结转分步法,按照半成品成本在下一步骤产品成本明细账中的反映方法,可以分为( )。
   A. 综合结转法和平行结转法　　B. 平行结转法和分项结转法
   C. 综合结转法和分项结转法　　D. 实际成本结转法和计划成本结转法

3. 成本还原对象是( )。
   A. 产成品成本
   B. 各步骤半成品成本
   C. 最后步骤产成品成本
   D. 产成品成本中所耗上步骤半成品成本费用

4. 某产品由4个生产步骤组成,采用平行结转分步法计算产品成本,需要进行成本还原的次数是( )。
   A. 2次　　　　　B. 3次　　　　　C. 4次　　　　　D. 5次

5. 在平行结转分步法下,在产品的含义是指( )。
   A. 广义在产品　　　　　　　　B. 自制半产品
   C. 狭义在产品　　　　　　　　D. 本步骤在制品

6. 成本还原应从( )开始。
   A. 第一生产步骤　　　　　　　B. 中间生产步骤
   C. 任意某个生产步骤　　　　　D. 最后一个生产步骤

7. 在成本计算过程中,需要计算自制半成品成本的成本计算方法是( )。
   A. 逐步结转分步法　　　　　　B. 品种法
   C. 平行结转分步法　　　　　　D. 分批法

8. 采用平行结转分步法时,完工产品与在产品之间的生产成本分配,是( )。
   A. 各生产步骤完工半成品与月末加工中在产品之间的生产成本分配
   B. 产成品与月末狭义在产品之间的生产成本分配

C. 产成品与月末广义在产品之间的生产成本分配
D. 产成品与月末加工中在产品之间的生产成本分配

二、多项选择题

1. 采用逐步结转分步法,按照结转的半成品成本在下一步骤产品成本明细账中的反映方法,分为(　　)。
   A. 综合结转法　　　　　　B. 分项结转法
   C. 按实际成本结转　　　　D. 按计划成本结转

2. 采用综合结转法结转半成品成本的优点是(　　)。
   A. 能够看出各步骤产品所耗上一步骤半成品费用的水平
   B. 能够看出本步骤加工费用的水平
   C. 能够直接、正确地提供按原始成本项目反映的产品成本资料
   D. 有利于各生产步骤的管理

3. 平行结转分步法与逐步结转分步法相比,缺点有(　　)。
   A. 各步骤不能同时计算产品成本
   B. 不利于各生产步骤成本的管理、分析和考核
   C. 需要进行成本还原
   D. 不利于各生产步骤的实物管理与资金管理

4. 产品生产成本在完工产品和在产品之间的分配,采用平行结转分步法时,在产品是指(　　)。
   A. 本步骤尚未加工完成的在产品
   B. 本步骤已完工转入半成品仓库的半成品
   C. 各步骤已完工但尚未最终完成的产品
   D. 本步骤已完工,下一步骤尚未完工的在产品

5. 分步法计算成本的主要特点有(　　)。
   A. 成本核算对象是各种产品的生产步骤
   B. 月末,需要将已发生的生产成本在完工产品和在产品之间进行分配
   C. 除了按品种计算和结转产品成本外,还需要计算和结转产品的各步骤成本
   D. 成本计算期是固定的,与产品的生产周期一致

三、判断题

1. 分步法是按照产品的生产步骤归集生产费用、计算产品成本的一种方法。(　　)
2. 分生产步骤计算产品成本不一定就是分车间计算产品成本。(　　)
3. 逐步结转分步法就是为了计算半成品成本而采用的一种分步法。(　　)
4. 采用逐步结转分步法,半成品成本的结转与半成品实物的转移是一致的。(　　)
5. 成本还原的对象是还原前的产成品成本。(　　)
6. 逐步结转分步法下,分项结转半成品成本不需要进行成本还原。(　　)
7. 采用平行结转分步法,各生产步骤不计算半成品成本。(　　)
8. 逐步综合结转法可以在各步骤的产品成本明细账中反映各该步骤完工产品所耗半成品费用的水平和本步骤加工费用的水平。(　　)

9. 在平行结转分步法下,各个生产步骤也需要计算半成品成本。   (   )
10. 采用平行结转分步法,每一生产步骤的生产成本要在最终完工产品与各步骤尚未加工完成的在产品和各步骤已完工但未最终完成的产品之间进行分配。   (   )

实战演练

业务题一

一、目的:练习逐步结转分步法的综合结转。

二、资料:岐山工厂生产的甲产品需分2个步骤(2个车间)进行生产。采用逐步结转分步法的综合结转法计算产品成本。第一车间向第二车间提供甲半成品,第二车间将甲半成品加工为产成品甲。甲半成品通过半成品仓库收发(自制半成品成本采用综合加权平均法计算)。该厂原材料在第一生产步骤开始生产时一次投入,各步骤的月末在产品均按定额成本计价,有关资料如下:

1. 7月1日,基本生产成本各明细账户的余额如图表11-17所示。

图表11-17

基本生产成本明细账期初余额表　　　　　　　　　　单位:元

账户名称	自制半成品	直接材料	直接人工	燃料和动力	制造费用	合　计
第一步骤		28 800	5 992	1 237	3 008	39 037
第二步骤	29 925		4 384	906	2 594	37 809

2. 7月1日,各自制半成品明细账户的余额如图表11-18所示。

图表11-18

自制半成品明细账期初余额表　　　　　　　　　　　　单位:元

账户名称	数　量	单　价	金　额
自制半成品——甲	300	199.92	59 976

3. 7月31日,各项费用分配汇总表分配后,对各生产步骤的生产费用进行了账务处理,记入基本生产成本各个生产步骤明细账的本月生产费用合计(自制半成品除外)如图表11-19所示。

图表11-19

基本生产成本各生产步骤明细账本月生产费用合计(自制半成品除外)表　　单位:元

账户名称	直接材料	直接人工	燃料和动力	制造费用	合　计
第一步骤	169 280	36 260	7 542	21 754	234 836
第二步骤		37 116	7 720	20 656	65 492

第二步骤从仓库领用自制半成品甲1 200件。

4. 各生产步骤的月初在产品数量、本月投产数量、本月完工半成品或产成品数量及月末在产品数量如图表11-20所示。

图表 11-20

各生产步骤本月在产品数量、投产数量及完工数量表
单位：件

生产步骤	月初在产品数量	本月投产数量	本月完工数量	月末在产品数量
第一步骤	200	1 200	1 100	300
第二步骤	150	1 200	1 150	200

5. 各生产步骤月末在产品的单位定额成本如图表11-21所示。

图表 11-21

各生产步骤月末在产品单位定额成本
单位：元

生产步骤	自制半成品	直接材料	直接人工	燃料和动力	制造费用	合　计
第一步骤		142	16.90	3.53	8.76	171.19
第二步骤	199.50		16.60	3.45	9.30	228.85

6. 完工的自制半成品和产成品都已全部验收入库。

三、要求：

1. 根据"资料1"、"资料2"，设置"基本生产成本"明细账和"自制半成品"明细账。

2. 根据"资料3"，登记"基本生产成本"明细账。

3. 根据"资料3"、"资料4"、"资料5"和"基本生产成本"明细账、"自制半成品"明细账，计算第一、第二生产步骤自制半成品成本，并据以用综合结转法编制自制半成品完工验收入库和领用的会计分录，登记相关的"基本生产成本"明细账和"自制半成品"明细账。

4. 根据"资料4"、"资料5"和"基本生产成本—第二步骤"明细账，计算完工产品总成本和单位成本，并编制产品验收入库的会计分录。

5. 将计算的完工产品成本分别用成本还原率法和项目比重还原法编制产品成本还原计算表，进行成本还原。

本业务题表格格式见图表11-22至图表11-26。

图表 11-22

基本生产成本明细账

生产步骤：　　　　　　　　　　　　　　　　　　　　　　　　　　产品名称：

2019年		摘　要	直接材料	直接人工	燃料和动力	制造费用	合　计
月	日						

图表 11-23

自制半成品明细账

自制半成品名称:甲半成品　　　　　　　　　　　　　　　　　　数量单位:件

2019年		摘要	收入			发出			结存		
月	日		数量	单价	金额	数量	单价	金额	数量	单价	金额

图表 11-24

基本生产成本明细账

生产步骤：　　　　　　　　　　　　　　　　　　　　　　　　产品名称：

2019年		摘要	自制半成品	直接人工	燃料和动力	制造费用	合计
月	日						

图表 11-25

产品成本还原计算表(成本还原率法)

产品名称：甲产品　　　　　　　2019年7月　　　　　　　产量：1 150件

行次	项目	还原分配率	自制半成品	直接材料	直接人工	燃料和动力	制造费用	合计
①	还原前产成品成本							
②	本月所产半成品成本							
③=②×还原率	产成品成本中半成品成本还原							
④=①+③	完工产品成本							
⑤=④÷产量	还原后产成品单位成本							

图表 11-26

产品成本还原计算表(成本项目比重还原法)

产品名称:甲产品　　　　　　　　2019 年 7 月　　　　　　　　产量:1 150 件

行　次	项　目	自制半成品	直接材料	直接人工	燃料和动力	制造费用	合　计
①	本月所产半成品成本						
②	半成品各成本项目占总成本比重						
③	还原前产成品成本						
④=半成品×②	半成品成本还原						
⑤=③+④	还原后总成本						
⑥=⑤÷产量	还原后产成品单位成本						

业　务　题　二

一、目的:练习逐步结转分步法的分项结转。

二、资料:山涧工厂乙产品的生产分 2 个步骤连续加工,原材料在生产开始时一次投入,第一步骤生产的乙半成品直接转入第二步骤继续加工,成本计算采用逐步结转分步法的分项结转法。

(1) 第一步骤乙半成品月末完工产品和在产品之间的费用采用约当产量比例法分配。7 月份完工产量 740 千克,期末在产品 120 千克,在产品完工率 50%。其基本生产成本明细账如图表 11-27 所示。

图表 11-27

基本生产成本明细账

　　　　　　　　　　　　　　　　　　　　　　　　　　　　　　　　单位:元

生产步骤:第一步骤　　　　　　　　　　　　　　　　　　产品名称:乙半产品

2019 年		摘　要	直接材料	直接人工	燃料和动力	制造费用	合　计
月	日						
7		月初在产品成本	16 240	12 040	7 820	12 200	48 300
		本月生产费用	78 446	62 020	32 000	40 580	213 046
		生产费用合计					
		完工产品成本					
		月末在产品成本					

(2) 第二步骤乙产品月末在产品按年初固定成本计算。7月份完工产量740千克。其基本生产成本明细账如图表11-28所示。

三、要求：采用逐步结转分步法的分项结转法计算产品成本。

图表11-28

基本生产成本明细账

生产步骤：第二步骤　　　　　　　　　　　　　　　　　　　　　　单位：元
　　　　　　　　　　　　　　　　　　　　　　　　　　　　　　　　产品名称：乙产品

2019年		摘　要	直接材料	直接人工	燃料和动力	制造费用	合　计
月	日						
7		月初在产品成本	8 800	5 620.00	2 200.00	4 210.00	20 830.00
		本月本步骤生产费用		42 050.50	12 154.50	32 060.50	86 265.50

业务题三

一、目的：练习产品成本计算的平行结转分步法。

二、资料：华艺工厂生产的丙产品由2件A部件和1件B部件组成。A部件由第一车间（第一步骤）生产，B部件由第二车间（第二步骤）生产，然后由装配车间（第三步骤）负责装配，第一、第二和第三生产步骤的原材料均在开始生产时一次投入，该企业采用平行结转分步法计算产品成本，月末在产品成本按约当产量法计算，在产品完工程度均按50%计算。该企业2019年7月份各生产步骤有关产量及生产成本明细账资料，如图表11-29至图表11-33所示。

三、要求：填制完整各步骤基本生产成本明细账，计算完工丙产品的总成本及单位成本，编制产品制造成本汇总表。

图表11-29

产量记录

2019年7月　　　　　　　　　　　　　　　　　　　　　　　　　　　　　　单位：件

摘　要	第一步骤（A部件）	第二步骤（B部件）	第三步骤（丙产品）
月初在产品	400	200	200
本月投入或上步骤转入	1 600	800	750
本月完工	1 500	750	700
月末在产品	500	250	250

图表 11-30

基本生产成本明细账

生产步骤：第一步骤　　　　　　　　　　　　　　　　　　　　　　　　　单位：元
　　　　　　　　　　　　　　　　　　　　　　　　　　　　　　　　产品名称：A部件

2019年		摘　要	直接材料	直接人工	制造费用	合　计
月	日					
7	1	月初在产品成本	15 320	7 406	4 980	27 706
	31	本月生产费用	65 520	31 294	20 390	117 204

图表 11-31

基本生产成本明细账

生产步骤：第二步骤　　　　　　　　　　　　　　　　　　　　　　　　　单位：元
　　　　　　　　　　　　　　　　　　　　　　　　　　　　　　　　产品名称：B部件

2019年		摘　要	直接材料	直接人工	制造费用	合　计
月	日					
7	1	月初在产品成本	14 118	7 276	4 533	25 927
	31	本月生产费用	56 418	26 350	20 149	102 917

图表 11-32

基本生产成本明细账

生产步骤：第三步骤　　　　　　　　　　　　　　　　　　　　　　　　　单位：元
　　　　　　　　　　　　　　　　　　　　　　　　　　　　　　　　产品名称：丙产品

2019年		摘　要	直接材料	直接人工	制造费用	合　计
月	日					
7	1	月初在产品成本		8 020	10 008	18 028
	31	本月生产费用		29 270	21 177	50 447

图表 11-33

产品制造成本汇总表

金额单位：元

产品名称：　　　　　　　　　　　年　月　日　　　　　　　　完工产品数量：

摘　要	直接材料	直接人工	制造费用	合　计

课后习题答案

第12章 成本计算的分类法

通过本章你可以学习到

- 分类法的含义、特点及适用范围
- 分类法的成本核算程序
- 分类法的核算
- 联产品和副产品成本的核算

案例导入

嘉林玩具制造厂生产的玩具品种很多，有A、B、C、D、E、F、G七种，这七种产品都属于塑料玩具，它们的原材料和生产工艺相近。该企业采用品种法对这七种产品进行成本核算，由于产品品种繁多，会计核算工作量较大。这天，会计刘欢来学校请教老师："有什么方法可以既保证成本核算的准确性，又能简化核算，降低成本计算的工作量？"老师说："有啊，我们的成本会计课今天讲到的章节，正好解决你的问题，你一起来听课吧。"

究竟是什么方法呢？让我们一起来学习一下。

第1节 分类法概述

一、分类法的适用范围

分类法是指以产品类别为成本计算对象归集生产费用，先计算出各类完工产品的总成本，然后再按一定标准计算类内每一种产品成本的一种成本计算方法。

这种方法主要适用于使用同样的原材料，有着基本相同的加工工艺过程，所生产产品品种、规格、型号繁多，可以按一定标准予以分类的生产企业。例如，无线电元器件厂、五金厂、灯泡灯管厂以及针织等类型的企业。

二、分类法的特点

（一）成本计算对象

在成本计算对象方面，分类法是以产品的类别为成本计算对象，并设置生产成本明细账，归集该类产品的生产费用的。每种产品发生的费用直接计入其所属类别后再采用一定的分配标准在所属类别内进行分配，最后计算出此类产品的成本。

（二）成本计算期

在成本计算期方面，分类法的成本计算期要根据成本管理要求和产品生产类型进行确定。如果是小批生产类型，配合分批法使用，产品成本计算期就可以不固定；如果是大量生产类型，需要配合品种法或分步法进行成本计算，产品成本计算期则是固定的，通常在月末进行成本计算。

(三) 生产费用的分配

在生产费用分配方面,如果月末存在未完工产品,则需要采用约当产量法、定额成本法或定额比例法等分配方法将生产费用在完工产品和月末在产品之间进行分配。

三、分类法成本核算的程序

1. 将产品合理分类

按照一定的标准将产品划分成若干类别,以产品类别作为成本核算对象,设置基本生产明细账,归集生产费用。

2. 选择合适的成本计算基本方法,计算分类产品的总成本

根据产品生产的特点和企业管理的要求,选用某种成本计算的基本方法(品种法、分批法或分步法)计算各类完工产品的总成本。

3. 计算类内各产品成本

划分类内各完工产品成本的方法一般有系数法和定额比例法。按照系数将类别产品总成本在产成品和在产品之间以及在产成品中各种产品之间进行分配的方法被称为系数法。按定额比例将类别产品的总成本在类内各种产品之间进行分配的方法被称为定额比例法。最终计算出各品种或者各规格产品的总成本和单位成本。

分类法成本核算程序如图表 12-1 所示。

图表 12-1

分类法成本核算程序

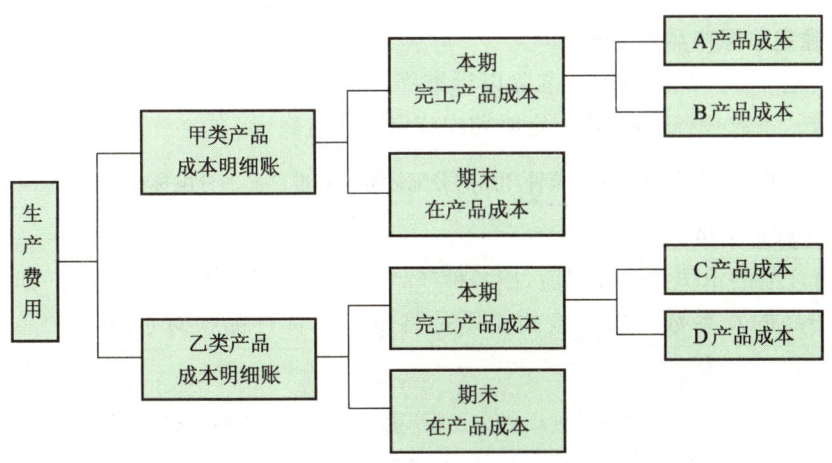

第 2 节　分类法的核算

分类法按照产品的类别归集生产费用,计算类别产品成本,类内不同品种或者规格产品的成本按照一定的方法分配确定。采用分类法计算产品成本时,首先,要根据产品耗用的原材料、工艺过程的特点等,将产品划分成若干类别;以产品类别作为成本核算对象、设置基本生产明细账、归集生产费用,计算出类别完工产品的总成本。然后,选择采用合理的分配标准,将类别完工产品的总成本,分配给该类内各品种或者规格的产品,计算各种或者各规格产品的总成本和单位成本。

同类产品内各产品之间费用分配的标准,一般采用产品的经济指标,如定额消耗量、定额费用、售价;也可以采用产品的技术指标,如含量、重量、体积、长度等。在选择分配标准时,主要应考虑其与产品生产耗费高低的关系,即应选择与产品各项耗费密切相关的分配标准。

在进行类内各产品之间分配费用时,各成本项目可以采用相同的分配标准,也可以分别采用不同的分配标准,如直接材料可以按定额消耗量或者定额费用比例分配,直接人工和制造费用可以按定额工时比例分配。

一、系数法

系数法是运用系数分配计算类内各规格产品成本的一种方法。通常先将某种产品定为标准产品,并把它的系数定为"1",用其他非标产品与标准产品比较,计算出其他产品的系数;利用系数求得各成本项目的费用分配率,最后算出各种产品应分配的费用或成本。具体做法如下所述。

1. 选择标准产品,标准产品的系数为"1"

在同类产品中选择一种产量大、生产稳定或者规格折中的产品作为标准产品,把这种产品的分配系数确定为"1"。

2. 确定非标产品的系数

以其他非标产品的分配标准除以标准产品的分配标准,计算得到非标产品的系数。系数一经确定,在一定时期内应保持相对稳定。

$$某非标产品单位系数 = 该种产品的分配标准 \div 标准产品的分配标准$$

3. 计算总系数

所有产品的单位系数确定后,把各种产品的实际产量乘上其单位系数,即为该种产品的总系数。总系数的实质是将所有非标产品换算成标准产品产量。

$$某种产品总系数 = 某种产品的完工产量 \times 该种产品的单位系数$$

4. 计算分配率,分配生产费用

以类别总成本除以类别总系数之和,求得费用分配率。以费用分配率分别乘以各种产品的总系数,计算出类内每一种产品应负担的成本。

$$类别产品某成本项目费用分配率 = 完工产品某成本项目费用总额 \div 类内产品总系数之和$$
$$某种产品应负担的某成本项目费用 = 该种产品该成本项目总系数 \times 该成本项目费用分配率$$

【例 12-1】 东华工厂由于产品品种繁多,按照各种产品所耗用原材料和工艺过程的不同,将全部产品划分为甲、乙、丙三大类。其中,甲类产品包括A,B,C三种产品,该类产品的直接材料项目按照各种产品的原材料费用系数进行分配,原材料费用系数按原材料定额成本确定,直接人工等其他费用项目均按各种产品的定额工时比例分配。甲类产品规定A产品为标准产品。2019年7月份产量:A产品 320 件;B产品 200 件;C产品 80 件。有关产量、分配标准和成本资料如图表 12-2、图表 12-3 和图表 12-4 所示。

图表 12-2

单位产品直接材料消耗定额和计划单价

2019 年 7 月

产品类别	产品品种	原材料名称或编号	消耗定额(千克)	计划单价(元)
甲类	A产品	1001	9.5	12
		2032	5.4	15
		4014	2.5	18
	B产品	1001	8.5	12
		2032	4.8	15
		4014	3.0	18
	C产品	1001	8.0	12
		2032	7.0	15
		4014	5.5	18

图表 12-3

单位产品工时定额

产品类别	产品品种	工时定额(小时)
甲类	A产品	20
	B产品	16
	C产品	30

图表 12-4

基本生产成本明细账

类别:甲类　　　　　2019 年 7 月　　　　　金额:元

2019 年		摘要	成本项目			合计
月	日		直接材料	直接人工	制造费用	
7	1	月初在产品定额成本	4 410	5 090	3 300	12 800
7	31	本月生产费用	45 470	52 470	33 990	131 930
		生产费用合计	49 880	57 560	37 290	144 730
		完工产品成本	45 750	52 800	34 200	132 750
		月末在产品定额成本	4 130	4 760	3 090	11 980

产成品计算程序如下所述。

(1) 编制直接材料费用系数计算表如图表12-5所示。

图表12-5

直接材料费用系数计算表

2019年7月

产品类别	产品品种	单位产品直接材料定额费用(元)				材料费用系数
		材料名称或编号	消耗定额(千克)	计划单价	定额成本	
甲类	A产品	1001	9.5	12	114	1
		2032	5.4	15	81	
		4014	2.5	18	45	
		小计			240	
	B产品	1001	8.5	12	102	228÷240=0.95
		2032	4.8	15	72	
		4014	3.0	18	54	
		小计			228	
	C产品	1001	8.0	12	96	300÷240=1.25
		2032	7.0	15	105	
		4014	5.5	18	99	
		小计			300	

(2) 编制甲类各种完工产品成本计算表见如图表12-6所示。

图表12-6

完工产品成本计算表

2019年7月

产品类别：甲类　　　　产量：件　　　　金额单位：元

产品品种	产量	原材料费用系数	原材料费用总系数	工时定额	定额工时(小时)	总成本				单位成本
						直接材料	直接人工	制造费用	合计	
	①	②	③=①×②	④	⑤=①×④	⑥=③×率	⑦=⑤×率	⑧=⑤×率	⑨=⑥+⑦+⑧	⑩=⑨/①
分配率						75	4.4	2.85		
A产品	320	1	320	20	6 400	24 000	28 160	18 240	70 400	220
B产品	200	0.95	190	16	3 200	14 250	14 080	9 120	37 450	187.25
C产品	80	1.25	100	30	2 400	7 500	10 560	6 840	24 900	311.25
合计	—	—	610	—	12 000	45 750	52 800	34 200	132 750	—

备注：表中的"率"指的是"分配率"。

产成品直接材料分配率＝45 750÷610＝75
A产品直接材料＝320×75＝24 000(元)
B产品直接材料＝190×75＝14 250(元)
C产品直接材料＝100×75＝7 500(元)
产成品直接人工分配率＝52 800÷12 000＝4.4
A产品直接人工＝6 400×4.4＝28 160(元)
B产品直接人工＝3 200×4.4＝14 080(元)
C产品直接人工＝2 400×4.4＝10 560(元)
产成品制造费用分配率＝34 200÷12 000＝2.85
A产品制造费用＝6 400×2.85＝18 240(元)
B产品制造费用＝3 200×2.85＝9 120(元)
C产品制造费用＝2 400×2.85＝6 840(元)
A产品总成本＝24 000＋28 160＋18 240＝70 400(元)
B产品总成本＝14 250＋14 080＋9 120＝37 450(元)
C产品总成本＝7 500＋10 560＋6 840＝24 900(元)
A产品单位成本＝70 400÷320＝220(元/件)
B产品单位成本＝37 450÷200＝187.25(元/件)
C产品单位成本＝24 900÷80＝311.25(元/件)

本例也可以将工时定额折算成系数进行费用分配。

二、定额比例法

定额比例法是将类别产品的总成本在类内各种产品之间相关定额比例进行分配的一种方法。

【例12-2】 环宇公司是生产A,B,C三种产品的小制造企业。因这三种产品所耗用原材料和生产工艺相近,故设为甲类产品,采用分类法计算成本。

(一) 甲类产品有关资料

1. 甲类产品的月末在产品按定额成本计价。2019年7月份月初、月末在产品定额成本如图表12-7所示。

图表 12-7

甲类产品在产品定额成本资料

2019年7月　　　　　　　　　　单位:元

项　目	直接材料	直接人工	制造费用	合　计
月初在产品定额	14 600	3 000	750	18 350
月末在产品定额	10 400	1 500	600	12 500

2. 产品消耗定额如图表12-8所示。

图表 12-8

产品消耗定额

2019 年 7 月

产品名称	材料消耗定额(千克)	工时消耗定额(小时)
A 产品	24	25
B 产品	16	11
C 产品	20	10

3. 甲类产品 7 月份的生产费用为：直接材料 139 800 元，直接人工 23 000 元，制造费用为 74 850 元，合计 237 650 元。

4. 7 月份各种产品产量为：A 产品 100 件，B 产品 500 件，C 产品 200 件。

(二) 计算完工产品成本

1. 计算甲类完工产品成本，如图表 12-9 所示。

图表 12-9

基本生产成本明细账

类别：甲类产品　　　　　　　　2019 年 7 月　　　　　　　　单位：元

2019 年		摘要	成本项目			合　计
月	日		直接材料	直接人工	制造费用	
7	1	月初在产品定额成本	14 600	3 000	750	18 350
	31	本月生产费用	139 800	23 000	74 850	237 650
	31	生产费用合计	154 400	26 000	75 600	256 000
	31	结转完工产品成本	144 000	24 500	75 000	243 500
	31	月末在产品定额成本	10 400	1 500	600	12 500

2. 用定额比例法将甲类产品完工成本在 A，B，C 三种产品之间进行分配。

编制类内产品成本计算表，见图表 12-10。

图表 12-10

甲类产品内各种成品成本计算表

2019 年 7 月

项目	产量(件)	材料消耗定额	材料定额消耗量	工时定额	定额工时	直接材料	直接人工	制造费用	成本合计	单位成本
	①	②	③=①×②	④	⑤=①×④	⑥=③×率	⑦=⑤×率	⑧=⑤×率	⑨=⑥+⑦+⑧	⑩=⑨/①
分配率						10	2.45	7.5		
A 产品	100	24	2 400	25	2 500	24 000	6 125	18 750	48 875	488.75
B 产品	500	16	8 000	11	5 500	80 000	13 475	41 250	134 725	269.45
C 产品	200	20	4 000	10	2 000	40 000	4 900	15 000	59 900	299.5
合计	—	—	14 400	—	10 000	144 000	24 500	75 000	243 500	—

备注：表中的"率"指的是"分配率"。

产成品直接材料分配率＝144 000÷14 400＝10

A产品直接材料成本＝2 400×10＝24 000(元)
B产品直接材料成本＝8 000×10＝80 000(元)
C产品直接材料成本＝4 000×10＝40 000(元)
产成品直接人工分配率＝24 500÷10 000＝2.45
A产品直接人工＝2 500×2.45＝6 125(元)
B产品直接人工＝5 500×2.45＝13 475(元)
C产品直接人工＝2 000×2.45＝4 900(元)
产成品制造费用分配率＝75 000÷10 000＝7.5
A产品制造费用＝2 500×7.5＝18 750(元)
B产品制造费用＝5 500×7.5＝41 250(元)
C产品制造费用＝2 000×7.5＝15 000(元)
A产品总成本＝24 000＋6 125＋18 750＝48 875(元)
B产品总成本＝80 000＋13 475＋41 250＝134 725(元)
C产品总成本＝40 000＋4 900＋15 000＝59 900(元)
A产品单位成本＝48 875÷100＝488.75(元/件)
B产品单位成本＝134 725÷500＝269.45(元/件)
C产品单位成本＝59 900÷200＝299.50(元/件)

在利用相同原材料，同时生产出多种主要产品的企业里，采用分类法计算产品成本，可以简化成本核算对象，从而简化成本核算工作。因此，这种方法在实际工作中应用比较多。

采用分类法计算产品成本时，产品的分类是否恰当，类内产品的类距是否合适，分配标准的选择是否符合实际，都直接影响成本计算结果的正确性。因此，采用分类法时，必须注意以下三个问题。

第一，分类要恰当。

分类的原则应该是所耗用的原材料和加工过程基本相同或者相近，只有这样才能使其费用相接近，才能合并成一类产品去计算其成本。

第二，类距要合适。

所谓类距，是指类内的不同品种或者规格产品的进一步归类。类距不能过大，否则成本计算就不准不细，就会使品种或者规格相差很大的产品成本都相同，失去计算成本的意义；类距也不能过小，否则成本计算的工作量就会加大。所以，应本着既能简化核算工作，又能比较正确计算各品种或者规格产品成本的原则来确定类距。

第三，分类标准的选择要符合实际。

分类标准的选择是否符合实际，是正确计算各种品种或者规格产品成本的关键。选择的分配标准，必须与成本水平的高低有密切联系，如果各成本项目不宜用同一分配标准，则需要根据各成本项目的性质，分别选用不同的分配标准。但应该看到，采用的分配标准无论怎样科学，其分配结果都会在不同程度上具有一定的假定性。

第3节　联产品和副产品的成本计算

一、联产品的成本计算

（一）联产品的概念及特点

联产品是指利用同一种原材料或者相同的几种原材料，经过同一生产过程，同时生产出的使用价值不同的多种主要产品。如炼油厂从原油中同时提炼出汽油、煤油和柴油等产品，这些都是炼油厂的主要产品，称为炼油厂的联产品。联产品的生产过程是联合加工过程，其特点是同一资源经过同一生产过程后，分离出两种或者两种以上的主要产品。

联产品的特点如下所述。

（1）联产品是在统一生产过程中使用相同的原材料一起生产出来的几种产品，它们的性质和用途各不相同。

（2）联产品在生产过程中所耗费的原材料和投入的加工费用难以直接计入各产品成本。

（3）各种联产品均为主要产品，是企业收入的主要来源，它们在企业中的地位相同。

（二）联产品成本核算的程序

各种联产品一般要到生产过程终了时才能分离出来，有的产品可能在生产过程的某一个步骤中分离，有的产品分离后还需要经过进一步加工才能完成。联产品分离时的节点称为分离点。分离点是联产品联合生产过程的结束。在分离点之前不可能按照每种产品来归集生产费用，各种联产品的生产费用综合在一起，称为联合成本或者分离前成本；而分离后各种产品发生的成本称为可归属成本。联产品成本计算方法是由联产品生产的特点决定的，其计算程序如下所述。

（1）将分离前的联产品作为成本计算对象设置一个生产成本明细账，归集费用计算出联合成本。

（2）选择适当的方法分配计算各种联产品应分配的生产费用。对于分离后可直接对外出售的产品，其所分配的生产费用即为该产品的完工成本。

（3）对于分离后需进一步加工才能完成的产品，应当另设生产成本明细账，在联产品分离环节所分配的生产费用基础上，加上分离后的进一步加工费用，即为该产品的完工成本。

联产品成本核算程序如图表12-11所示。

图表 12-11

联产品成本核算程序

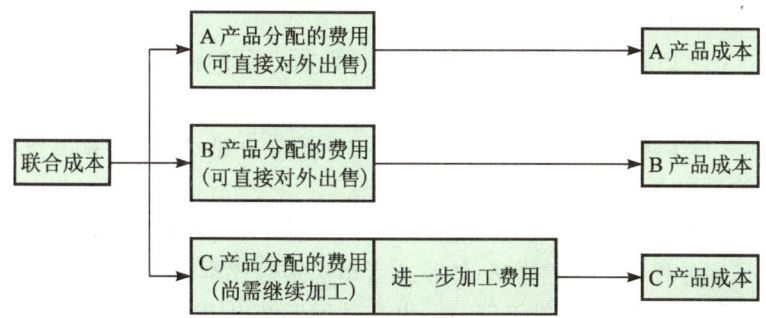

(三) 联产品成本计算方法

联产品成本计算通常需要分以下步骤进行:联产品分离前的成本计算;分离点联合成本的分配;分离后继续加工品成本的计算。联产品分离前联合成本的计算可按分类法进行。分离点联合成本的分配,可根据具体情况采用相应的分配方法。常用的分配方法有:实物量比例分配法、系数分配法(即标准产量法)、售价金额分配法。

1. 实物量比例分配法

实物量比例分配法是将联合成本按照各种联产品实物量(如重量、体积等)进行分配的一种方法。此法适用于发生的成本与实物量密切相关,而且各种联产品的销售价格比较均衡情况下联合成本的分配。

【例 12-3】 东华工厂生产甲、乙、丙三种联产品,本月发生的联合成本为 355 000 元。根据各种产品重量比例分配联合成本,甲、乙、丙三种产品重量分别为 4 500 千克、2 600 千克、2 900 千克。分配结果见图表 12-12。

图表 12-12

联合成本计算分配表

品名	重量(千克)	分配率	分配金额(元)
甲产品	4 500		159 750
乙产品	2 600	35.50	92 300
丙产品	2 900		102 950
合计	10 000	35.50	355 000

2. 系数分配法(即标准产量法)

系数分配法也称标准产量法,它是将各种联产品的实际产量按照系数折算为标准产品产量,然后按照联产品的标准产量比例分配联合成本的方法。其具体分配程序如下所述。

(1) 选取某种产品为标准产品,将其系数定位"1",同时确定非标产品的系数。

(2) 用各种联产品的实际产量乘以各自的系数,计算出各种联产品的总系数,即标准产量。

(3) 以联产品的联合成本除以各种联产品的标准产量之和,求得联合成本分配率。

(4) 以联合成本分配率乘以各种联产品标准产量,计算出各种联产品负担的联合成本。

其中,系数分配法的关键是合理确定各产品系数。实务中,系数的确定可以采用各种联产品的重量、体积或者单位定额成本、单位售价等。

【例12-4】 东华工厂同一生产过程生产出甲、乙、丙三种联产品,确定的各种联产品的系数之比为0.8:1:1.2,本月的产量分别为500千克、400千克、1 000千克。分离乙产品和丙产品可以直接对外出售,甲产品需进一步加工才能最终完成。假设无月初、月末在产品。有关成本资料如图表12-13所示。

图表12-13

联产品成本资料　　　　　　　　　　　　　　金额单位:元

项　目	直接材料	直接人工	制造费用	合　计
分离前联合成本	100 000	60 000	40 000	200 000
成本结构	50%	35%	15%	100%
分离后甲产品加工成本	2 000	2 500	1 000	5 500

根据上述资料,计算甲、乙、丙三种产品成本。

产品成本计算表见图表12-14和图表12-15。

图表12-14

联产品成本计算表　　　　　　　　　　　　　金额单位:元

品名	实际产量(千克)	系数	标准产量(千克)	联合成本	分配率	总成本	单位成本
甲产品	500	0.8	400			40 000	80
乙产品	400	1	400			40 000	100
丙产品	1 000	1.2	1 200			120 000	120
合计	—		2 000	200 000	100	200 000	—

图表 12-15

产品成本计算表

产品名称：甲产品　　　　　　产量 500 千克　　　　　　　　金额单位：元

成本项目	联合成本		分离后甲产品加工成本	总成本	单位成本
	结构比例	金额			
直接材料	50%	20 000	2 000	22 000	44
直接人工	35%	14 000	2 500	16 500	33
制造费用	15%	6 000	1 000	7 000	14
合计	100%	40 000	5 500	45 500	91

将甲产品的联合总成本按成本结构还原为分成本项目的结构成本：

40 000×50%＝20 000(元)

40 000×35%＝14 000(元)

40 000×15%＝6 000(元)

3. 售价金额分配法

☞ 售价金额分配法是指按照各种联产品的销售金额之比分配联合成本的一种方法。需要注意的是，这里的销售金额是按照产品产量计算，而不是按照产品销售量计算的。

【例 12-5】 东华工厂用同一种原材料，在同一个工艺过程中生产出甲、乙、丙三种联产品。这些联产品采用售价作为分配标准。甲产品分离后还要继续加工。2019 年 7 月份联产品的产量和售价见图表 12-16，有关成本资料如图表 12-17 所示。

图表 12-16

联产品产量及售价资料

2019 年 7 月

产品名称	甲产品	乙产品	丙产品
产量(千克)	1 620	400	1 000
单位售价(元)	10	15	7.8

图表 12-17

联产品有关成本资料

2019 年 7 月　　　　　　　　　　　　　　　　　　单位：元

项　目	直接材料	直接人工	制造费用	合计
分离前的联合成本	15 480	7 353	2 967	25 800
各成本项目占总成本的比重	60%	28.5%	11.5%	100%
分离后甲产品的加工成本	810	241.38	406.62	1 458

(1)编制联产品成本计算表,如图表12-18所示。

图表12-18

联产品成本计算表

2019年7月　　　　　　　　　　　　　　　　　　单位:元

品名	产量(千克)	单价	售价金额	分配率	产品成本分配额	单位成本
	①	②	③=①×②	④=③合÷③	⑤=⑤合×④	⑥=⑤÷①
甲产品	1 620	10	16 200	54%	13 932	8.60
乙产品	400	15	6 000	20%	5 160	12.90
丙产品	1 000	7.8	7 800	26%	6 708	6.708
合计	—	—	30 000	100%	25 800	—

(2)编制甲产品成本汇总计算表,如图表12-19所示。

图表12-19

甲产品成本汇总计算表

2019年7月

产品名称:甲产品　　　　　　　产量:1 620千克　　　　　　　单位:元

成本项目	分配的联合成本		分离后加工成本	总成本	单位成本
	结构比例	金额			
直接材料	60%	8 359.20	810	9 169.2	5.66
直接人工	28.5%	3 970.62	241.38	4 212	2.60
制造费用	11.5%	1 602.18	406.62	2 008.80	1.24
合计	100%	13 932	1 458	15 390	9.50

二、副产品的成本计算

(一)副产品的概念

副产品是指在生产主要产品的过程中,附带生产出来的非主要产品。副产品虽然不是企业的主要产品,但尚有一定的经济价值和用途,并可对外销售,因而也应加强管理和核算。例如,高炉炼钢的过程中,在生产主要产品炼钢的同时,还可附带生产出副产品——高炉煤气。炼油厂在提炼原油过程中,在生产汽油、煤油、柴油等主要产品的同时,还会附带生产一些副产品——渣油、石油焦等。还有一些企业在生产过程中所产生的一些废气、废水、废渣,经综合利用,回收或者提炼出的产品也可以作为副产品。

应当注意的是,主要产品和副产品的划分不是固定不变的。随着生产技术的发展和综合利用水平的提高,以及对于产品性质的新发现,副产品也可能转变为主要产品。

(二) 副产品成本的计算方法

由于副产品和主要产品是在同一生产过程生产出来的,在分离前发生的费用难以划分,因此,只能将主要产品和副产品作为一类产品,采用分类法来归集费用计算成本。副产品一般来说价值都较低,在企业全部产品中所占的比重较小,其对企业的贡献大大小于主产品。在计算成本时可以采用简便的计算方法。

副产品的成本是指副产品从共同成本中扣除的价格。副产品成本的计价方法比较灵活,企业可以根据实际情况选择以下方法。

1. 副产品成本按固定成本计价

这种计价方法是指按确定的固定成本作为副产品的成本从共同成本中扣除。固定成本可以按固定价格计价,也可以按计划成本计价。这种计算方法手续简便,但是当副产品成本变动较大、市价不稳定时,会影响主要产品成本计算的准确性。

2. 副产品作价扣除

如果副产品与主产品分离以后还需要进一步加工才能形成市场所需的产品,那么在这种情况下,还应根据副产品加工生产的特点和管理要求,采用适当的方法单独计算副产品的成本。通常是把副产品的销售价格扣除继续加工成本、销售费用、销售税金及合理利润后作为扣除价格,再从共同成本中扣除。

$$\text{副产品扣除单价} = \text{单位售价} - \left(\text{继续加工单位成本} + \text{单位销售费用} + \text{单位销售税金} + \text{合理的单位利润} \right)$$

3. 共同成本在主、副产品之间进行合理分配

如果副产品在企业销售额中能占据一定的比例,可以按照联产品分配的办法来分配共同成本,使副产品占少量成本。这种方法相对准确。副产品所分配的共同成本加上继续加工成本就是副产品的成本。

4. 副产品只负担继续加工成本

这种计价方法是指共同成本归主产品,副产品的收入列入其他业务收入,副产品的继续加工成本列入其他业务支出。

5. 副产品成本不计价

副产品成本不计价是指副产品不负担分离前的成本,共同成本全部由主产品负担,副产品销售取得的收入作为其他业务收入处理。这种方法一般适用于副产品分离后不再加工,而且其价值较低的情况。

以上方法计算的副产品成本,通常是从共同成本的"直接材料"项目中分离出来。也可以分别从各个成本项目中计算扣除。需要进一步加工的副产品,应当根据副产品生产的特点和管理的要求另行计算成本。

副产品成本的合理计价,对于正确计算主要产品成本和副产品成本十分重要。副产品成本的计价既不能过高,也不能过低,否则就会造成主要产品和副产品之间成本转嫁的问题,影响主要产品和副产品成本计算的准确性。

(三) 副产品成本计算举例

【例 12-6】 东竞公司在生产主产品甲产品的同时,附带生产出乙、丙、丁三种副产品。乙产品按售价扣除销售税金、销售费用及合理利润后的余额计价,并按比例从共同成本项目中进行扣除;丙产品按固定成本计价,从共同成本的直接材料项目中扣除;丁产品由于数量很少、价值较低,采用简化的方法,不予计价。2019 年 6 月份有关产量、成本资料如图表 12-20、图表 12-21 所示。

图表 12-20

产品产量等相关资料　　　　　　　　　金额单位:元

产品名称	产量(吨)	单位售价	单位税金	单位销售费用	单位预计利润	单位固定成本
甲产品	1 400					
乙产品	200	80	8	20	20	
丙成品	80					30
丁产品	5					

图表 12-21

有关成本资料　　　　　　　　　单位:元

项 目	直接材料	直接人工	制造费用	合 计
主副产品共同成本	68 000	26 000	18 000	112 000
分离后乙产品追加费用		2 000	1 200	3 200

根据上列资料编制完工产品成本计算表,如图表 12-22 所示。

图表 12-22

产品成本计算单
2019 年 6 月　　　　　　　　　金额单位:元

项目	共同成本		丙产品(80 吨)		乙产品(200 吨)				甲产品(1 400 吨)	
	金额	比重	总成本	单位成本	总成本			单位成本	总成本	单位成本
					分离前	分离后	合计			
直接材料	67 200	60%	2 400	30	1 920		1 920	9.6	63 840	45.60
直接人工	26 880	24%			768	2 000	2 768	13.84	25 536	18.24
制造费用	17 920	16%			512	1 200	1 712	8.56	17 024	12.16
合计	112 000	100	2 400	30	3 200	3 200	6 400	32	106 400	76

丙产品总成本＝80×30＝2 400(元)
乙产品总成本＝200×(80－8－20－20)＝6 400(元)
乙产品分离前总成本＝6 400－3 200＝3 200(元)

其中：直接材料＝3 200×60％＝1 920(元)
　　　直接人工＝3 200×24％＝768(元)
　　　制造费用＝3 200×16％＝512(元)
甲产品总成本＝112 000－2 400－3 200＝106 400(元)
其中：直接材料＝106 400×60％＝63 840(元)
　　　直接人工＝106 400×24％＝25 536(元)
　　　制造费用＝106 400×16％＝17 024(元)

知识拓展

等级产品也可以采用分类法计算产品成本。

等级产品是指品种相同，但在质量上有差别的产品。根据造成差别的原因不同，等级产品可以分为两种。一种是由于自然的原因或工艺条件不同而形成的等级品，如洗煤时就可以把原煤自然分成大、中、小块，这种等级品应按联产品成本计算方法计算；另一种是由于经营管理不好或技术操作的原因形成的等级品，如织布的时候发生的跳线布。

知识归纳

1. 分类法是指以产品类别为成本计算对象归集生产费用、计算产品成本的方法。这种方法主要适用于产品品种或者规格较多的企业或者车间，如无线电元器件厂、五金厂、灯泡灯管厂以及针织等类型的企业。

2. 分类法的特点：①以产品的类别为成本计算对象，并设置生产成本明细账，归集该类产品的生产费用的。每种产品发生的费用直接计入其所属类别后再采用一定的分配标准在所属类别内进行分配，最后计算出此类产品的成本。②分类法的成本计算期要根据成本管理要求和产品生产类型进行确定。如果是小批生产类型，配合分批法使用，产品成本计算期就可以不固定；如果是大量生产类型，需要配合品种法或分步法进行成本计算，产品成本计算期则是固定的。③在成本分配方面，如果月末存在未完工产品，则需要采纳约当产量法、定额成本法或定额比例法等分配方法将生产费用在完工产品和月末在产品之间进行分配。

3. 分类法成本计算的程序：①按照一定的标准将产品划分成若干类别，以产品类别作为成本核算对象，设置基本生产明细账，归集生产费用。②根据产品生产的特点和企业管理的要求，选用某种成本计算的基本方法(品种法、分批法或分步法)计算各类完工产品的总成本。③划分类内各完工产品成本的方法一般有系数法和定额比例法。按照系数将类别产品总成本在产成品和在产品之间以及在产成品各种产品之间进行分配的方法称为系数法。按定额比例将类别产品的总成本在类内各种产品之间进行分配的方法称为定额比例法。最终计算出各品种或者规格产品的总成本和单位成本。

4. 联产品是指利用同一种原材料或者相同的几种原材料,经过同一生产过程,同时生产出的使用价值不同的多种主要产品。联产品的特点有:①是在统一生产过程中使用相同的原材料一起生产出来的几种产品,它们的性质和用途各不相同。②在生产过程中所耗费的原材料和投入的加工费用难以直接计入各产品成本。③各种联产品均为主要产品,是企业收入的主要来源,它们在企业中的地位相同。

5. 副产品是指在生产主要产品的过程中,附带生产出来的非主要产品。

基本训练

一、单项选择题

1. 产品成本计算的辅助方法有(　　)。
   A. 品种法　　　B. 分类法　　　C. 分批法　　　D. 分步法
2. 采用分类法的目的在于(　　)。
   A. 分类计算产品成本　　　B. 简化各种产品的成本计算工作
   C. 简化各类产品成本的计算工作　　　D. 准确计算各种产品的成本
3. 企业在生产主要产品过程中,附带生产出的一些非主要产品,称为(　　)。
   A. 联产品　　　B. 废品　　　C. 副产品　　　D. 次品
4. 联产品成本计算主要指(　　)。
   A. 联产品联合成本的分配　　　B. 联产品可归属成本的分配
   C. 联产品分离前费用的归集　　　D. 联产品的分类问题
5. 采用分类法,应当按照(　　)设置生产成本明细账。
   A. 产品品种　　　B. 产品类别　　　C. 联产品　　　D. 生产步骤
6. 在产品品种、规格较多的企业,为了(　　)可以采用分类法。
   A. 分类计算产品成本　　　B. 简化产品计算工作
   C. 分品种计算产品成本　　　D. 正确计算产品成本
7. 联产品在分离前计算出的总成本称为(　　)。
   A. 直接成本　　　B. 间接成本　　　C. 联合成本　　　D. 分项成本
8. 产品成本计算的分类法适用于(　　)。
   A. 品种、规格繁多的产品
   B. 可以按照一定标准分类的产品
   C. 品种、规格繁多,而且可以按照产品结构、所用原材料和工艺过程的不同划分为若干类别的产品
   D. 只适用于大批大量生产的产品

二、多项选择题

1. 以下不属于产品成本计算辅助方法的有(　　)。
   A. 品种法　　　B. 分批法　　　C. 分步法　　　D. 分类法

2. 采用分类法计算产品成本的优点有( )。
   A. 可以简化成本计算工作
   B. 可以分类掌握产品成本情况
   C. 可以使类内的各种产品成本的计算结果更为准确
   D. 便于成本的日常控制
3. 采用系数法,应在同类产品中选择一种产品作为标准产品,标准产品应具备的条件有( )。
   A. 产量较大   B. 规格居中   C. 成本较高   D. 生产比较稳定
4. 可以或者应该采用分类法计算成本的产品有( )。
   A. 联产品
   B. 部分等级产品
   C. 副产品及零星产品
   D. 品种、规格繁多,但可按一定标准进行分类的产品
5. 在分类法下,同类产品内各种产品之间分配费用的标准通常有( )。
   A. 产品体积   B. 定额费用   C. 产品售价   D. 定额消耗量
6. 分类法对类内产品成本的计算,一般可以采用的方法有( )。
   A. 系数法   B. 实物量分配法   C. 定额比例法   D. 售价金额分配法
7. 可以用于联产品联合成本分配的方法有( )。
   A. 分类法   B. 实物量分配法   C. 系数法   D. 售价金额分配法
8. 采用分类法,可将( )等方面相同或者相似的产品归为一类。
   A. 产品结构和耗用原材料   B. 产品的性质和用途
   C. 产品生产工艺技术过程   D. 产品的售价
9. 下列产品中,可以作为同一个成本核算对象的有( )。
   A. 灯泡厂同一类别不同瓦数的灯泡
   B. 无线电元件厂同一类别不同规格的无线电元件
   C. 炼油厂同时生产出的汽油、柴油、煤油
   D. 机床厂各车间同时生产的车床、刨床、铣床
10. 副产品成本的计算方法有副产品成本不计价,及( )。
    A. 副产品成本按固定成本计价
    B. 副产品只负担继续加工成本
    C. 共同成本在主、副产品之间进行合理分配
    D. 副产品作价扣除

三、判断题

1. 分类法在同类产品之间分配产品成本的方法有系数分配法和定额比例法,企业可以选用。   （ ）
2. 联产品是使用同样的原材料,并在同一生产过程中生产出来的。   （ ）
3. 在实际工作中,分类法不需要与基本方法结合,可以单独使用。   （ ）
4. 按系数在类内各种产品之间分配费用的情况下,若系数是按消耗定额或费用定额计

算确定的,则按系数分配的结果与直接按定额消耗量或定额费用的比例分配的结果相同。   (   )
5. 只要产品的品种、规格繁多,就可以采用分类法计算产品成本。   (   )
6. 在类内各种产品之间分配费用时,只能按照同一的分配标准分配各成本项目的成本。   (   )
7. 由于分类法计算出的类内各种产品的成本具有一定的假定性,因此选择何种分配标准以及如何分类就显得无关紧要。   (   )
8. 主、副产品在分离前应合为一类产品计算成本。   (   )
9. 副产品的计算方法与联产品相同。   (   )
10. 分类法是以产品类别为成本计算对象的一种产品成本计算的基本方法。 (   )
11. 分类法与产品生产类型没有直接关系,原则上可以在各种工艺类型的生产中被采用。   (   )
12. 副产品在与主产品分离后,还需要单独进行加工的,应按其分离后继续加工的生产特点和管理要求单独计算成本。   (   )

实战演练

业务题一

一、目的:练习系数分配法的计算。

二、资料:东华工厂采用分类法计算产品成本,5月份A类甲、乙、丙三种产品的原材料费用定额和当月产量资料如图表12-23所示。

图表12-23

原材料费用定额和产量资料

产品	原材料费用定额(元)	本月产量(件)
产品	原材料费用定额(元)	本月产量(件)
甲	1 032	2 780
乙	860	3 600
丙	688	2 490

类内原材料费用按原材料费用系数分配,原材料费用系数按原材料费用定额计算,乙产品为标准产品。

三、要求:

1. 计算原材料费用系数(列出算式)。
2. 计算原材料费用总系数(列出算式)。
3. 编制原材料费用系数计算表,如图表12-24所示。

解答:

乙产品原材料费用系数=1

甲产品原材料费用系数=1 032÷860=1.2

丙产品原材料费用系数＝688÷860＝0.8
甲产品原材料费用总系数＝2 780×1.2＝3 336(元)
乙产品原材料费用总系数＝3 600×1＝3 600(元)
丙产品原材料费用总系数＝2 490×0.8＝1 992(元)
A类产品原材料费用总系数＝3 336＋3 600＋1 992＝8 928(元)
编制原材料费用系数计算表,如图表12-24所示。

图表 12-24

原材料费用系数计算表

项　目	甲产品	乙产品	丙产品	合　计
原材料费用定额(元)	1 032	860	688	
本月产量(件)	2 780	3 600	2 490	
原材料费用系数	1.2	1	0.8	
原材料费用总系数	3 336	3 600	1 992	8 928

业 务 题 二

一、目的：练习分类法的核算。

二、资料：东华工厂采用分类法计算产品成本,A类产品有甲、乙、丙三种产品购成。

1. 类内各种产品之间分配费用的标准为：原材料费用按原材料费用系数分配,加工费用按定额工时比例分配。

2. 甲、乙、丙三种产品5月份原材料费用总系数、工时定额和产量资料如图表12-25所示。

图表 12-25

原材料费用总系数、工时定额和产量资料

项　目	甲产品	乙产品	丙产品
原材料费用总系数	1 024	896	640
工时定额(小时)	25	20	30
本月产量(件)	120	230	170

根据A类产品成本明细账,A类产品5月份完工产品总成本资料如图表12-26所示：

图表 12-26

A类产品5月份完工产品总成本资料

单位:元

项　目	直接材料	直接人工	制造费用	合　计
完工产品成本	115 200	101 600	114 300	331 100

三、要求：

1. 计算三种产品的定额工时(列出算式)。

2. 计算各成本项目的分配率(列出算式)。
3. 分成本项目计算各产品应分配的总成本(列出算式)。
4. 编制 A 类产品成本计算表(见图表 12-27)。

图表 12-27

产品成本计算表

类别:A 类　　　　　　　　　　　　2019 年 5 月

项　目	分配率	甲产品	乙产品	丙产品	合　计
产量(件)					
原材料费用总系数					
工时定额(小时)					
定额工时					
直接材料(元)					
直接人工(元)					
制造费用(元)					
合　计					

业 务 题 三

一、目的:练习联产品成本的计算。

二、资料:求真公司用同一原材料,在同一工艺过程中生产 A、B、C、D 四种主要产品。采用系数法分配联合成本,以产品售价为标准确定系数,B 产品为标准产品,C 产品分离后还继续加工。有关资料如图表 12-28、图表 12-29 所示。

图表 12-28

联产品产量、售价资料

产品名称	产量(吨)	单位售价(元)
A	22	66
B	40	60
C	30	54
D	10	48

图表 12-29

联产品成本资料
　　　　　　　　　　　　　　　　　　　　　　　　　金额单位:元

项　目	直接材料	直接人工	制造费用	合　计
分离前的联合成本	1 488	744	744	2 976
各成本项目占总成本比重	50%	25%	25%	100%
分离后C产品追加的成本	35	70	75	180

三、要求:按照系数分配法分配联合产品成本,计算各种产品的总成本和单位成本,填制图表 12-30、图表 12-31。

图表 12-30

联产品成本计算单
金额单位：元

产品名称	产量（吨）①	系数②	总系数③＝①×②	联合成本④	分配率⑤＝④÷③	分配的联合成本⑥＝③×⑤
A						
B						
C						
D						
合计						

图表 12-31

C产品成本计算单
金额单位：元

项目	分配的联合成本		分离后追加的成本③	总成本④＝②＋③	单位成本⑤＝④÷产量
	比重①	金额②＝①×②合			
直接材料					
直接人工					
制造费用					
合　计					

业　务　题　四

一、目的：练习副产品成本的计算。

二、资料：东华公司在生产主产品 A 产品的同时，附带生产出 B、C、D 三种副产品。B 产品按售价扣除销售税金、销售费用及合理利润后的余额计价，并按比例从共同成本项目中进行扣除；C 产品按定额成本计价，从共同成本的直接材料项目中扣除；D 产品由于数量很少、价值较低，只负担分离后的追加费用。2019 年 7 月份有关产量、成本资料如图表 12-32、图表 12-33 所示。

图表 12-32

产品产量等相关资料
金额单位：元

产品名称	产量（吨）	单位售价	单位税金	单位销售费用	单位预计利润	单位定额成本
A产品	2 000					
B产品	300	100	10	20	20	
C成品	160					28
D产品	20					

图表 12-33

有关成本资料 单位：元

项　　目	直接材料	直接人工	制造费用	合　　计
主副产品共同成本	84 000	36 000	28 000	148 000
分离后 B 产品追加费用		4 000	3 200	7 200
分离后 D 产品追加费用		700	500	1 200

三、要求：编制完工产品成本计算表，如图表 12-34 所示。

图表 12-34

产品成本计算单

2019 年 7 月 金额单位：元

项目	共同成本		D产品(20吨)		C产品(160吨)		B产品(300吨)				A产品(2 000吨)	
	金额	比重	分离后追加		总成本	单位成本	总成本			单位成本	总成本	单位成本
			总成本	单位成本			分离前	分离后	合计			
直接材料												
直接人工												
制造费用												
合计												

第13章 成本报表与成本分析

通过本章你可以学习到

- 成本报表的概念和分类
- 成本报表编制的依据和要求
- 成本报表编制的方法
- 成本分析的内容和原则
- 成本分析的基本方法

案例导入

肖悦在预习课文时发现最后一章是成本报表与成本分析，心想，财务报表已学过，有资产负债表、利润表、现金流量表和所有者权益变动表，这成本报表派什么用场的？与财务报表有什么关系？于是晚上他在寝室里的"卧谈会"上提出了上述问题，一时间你一言我一语热闹极了。"成本报表，顾名思义肯定是反映成本信息，帮助成本管理的。""企业的成本信息应该是保密的，写在报表上交出去，岂不是给别人看到了？""那成本报表是一个报表，还是很多个报表统称成本报表？"……

成本报表究竟是怎么回事？学了就知道。

第1节　成本报表

一、成本报表的意义

成本报表是根据成本管理的需要，依据日常成本核算资料和其他有关资料编制的，用来反映和控制企业在一定时期内生产费用与产品成本的水平、构成及其升降变动情况，据以考核和分析企业成本计划执行情况和结果的报告文件。正确、及时地编制成本报表，是成本会计的一项重要内容。

成本报表属于企业内部成本管理报表，编报的目的，是向企业管理者提供有关成本信息，便于管理者进行成本分析和成本决策。相对财务报表来说，成本报表具有以下3个特点。

第一，成本报表是为企业内部生产经营管理需要而编制的，具有及时性、灵活性、多样性和实用性的特点。

第二，成本报表与企业生产特点和管理要求密切联系，不同企业的成本报表可以有不同的形式和内涵，具有个性化的特点。

第三，成本报表是企业会计资料和其他技术经济资料相结合的产物，提供的信息具有综合性和全面性的特点。

成本报表是会计报表体系的重要组成部分，对企业加强成本管理，提高经济效益具有重要的意义。具体表现在以下4个方面。

（一）综合反映报告期内的产品成本水平

成本报表综合反映了企业在一定时期内成本费用水平、构成及其升降情况,通过将成本报表中的实际数与计划数相比较,能及时反映企业在生产、技术、管理、质量等方面取得的成绩及存在的问题。

(二) 评价和考核成本计划的完成情况

利用成本报表资料,经过相关指标的计算、分析,可以了解企业成本管理的情况,明确有关部门和人员在执行成本计划中的成绩和责任,以便总结经验教训,提高企业成本管理的水平。

(三) 作为成本分析的依据

企业通过对成本报表资料的分析,揭示成本差异对成本升降的影响程度,将工作重点集中在那些不正常的、对成本有重要影响的关键差异上,查明原因,采取针对性措施来控制成本,实现企业的成本管理目标。

(四) 为编制成本计划提供重要依据

计划期的成本计划是建立在报告期的成本报表基础之上的。因此编制成本计划需以报告年度成本报表资料为重要依据,结合计划年度可能发生的各种有利或不利因素来制订新年度的成本计划。

二、成本报表的分类

成本报表服务于企业内部的经营管理活动,因此,成本报表的编报项目、报送时间、报送对象及报表的格式,都可由企业根据自身生产经营过程的特点、成本管理的要求来设定,并可根据情况的变化加以调整。根据不同的标志,成本报表可作以下分类。

(一) 按报表反映的内容分类

1. 反映成本水平的报表

反映企业成本水平的报表主要有商品产品成本表、主要产品单位成本表等。

2. 反映费用支出情况的报表

反映企业费用支出情况的报表主要有制造费用明细表、销售费用明细表、管理费用明细表和财务费用明细表等。

3. 反映成本管理专题的报表

反映企业成本管理方面某个专题的报表有责任成本报表、质量成本报表等。

(二) 按报表编制的时间分类

1. 定期报表

定期报表是指需按规定期限编报的成本报表。一般可分为月报、季报和年报。此外,如果内部管理有特殊需要,也可按日、按周、按旬编报。

2. 不定期报表

不定期报表是指针对成本管理中出现的某些较大或亟待解决的问题而随时按要求编制的成本报表。例如,发生金额较大的内部故障成本,需立即将信息反馈到有关部门而编制的质量成本报表等。

（三）按报表编制的范围分类

1. 企业（全厂）成本报表

企业成本报表是指反映全厂范围成本费用状况的报表。

2. 车间成本报表

车间成本报表是指反映车间范围成本费用状况的报表。

3. 班组成本报表

班组成本报表是指反映班组范围成本费用状况的报表。

三、成本报表编制的依据和要求

（一）成本报表编制的依据

企业编制成本报表主要依据以下资料：①报告期产品成本的账簿资料，包括总账和相关的明细账。②本期成本计划和费用预算资料。③以前年度的成本报表资料。④本企业内与成本管理有关的统计资料、生产技术资料等其他资料。

（二）成本报表编制的要求

1. 资料真实可靠

成本报表应客观、真实地反映企业成本、费用水平。有关数据必须真实可靠。成本报表必须在账账、账实核对的基础上，根据账簿资料如实编制，如报表资料有假，不仅不能发挥应有的提供信息的作用，而且会误导报表的使用者。

2. 数据计算正确

成本报表的原始资料来源于日常成本核算资料、成本计划、费用预算和有关历史资料，需要通过汇总、计算、分析、综合才能揭示成本的深层次问题。因此，有关计算必须正确无误，才能保证成本报表的质量。

3. 内容全面完整

成本报表应能反映企业成本费用管理的全貌，满足各方面对成本费用管理资料的需要。因此，成本报表中应填报的指标、内容、说明等有关要素必须根据资料进行加工计算后填报，做到内容完整、指标齐全，便于报表使用者运用报表资料进行成本分析。

4. 编制报表及时

成本报表应按规定期限编制、报送给报表使用者。时效性是信息的主要特征之一，只有及时报送报表，才能在第一时间发现问题，并采取措施加以解决，否则，再真实正确、全面完整的成本报表，由于编报不及时，时过境迁，对报表的使用者也毫无价值可言，甚至会耽误大事。

四、成本报表的编制

（一）商品产品成本表

商品产品成本表是指反映工业企业在报告期内（月、季、年）全部产品总成本和单位成本及成本计划完成情况的报表。通过此表,可以反映企业报告期全部商品产品的实际成本资料以及成本计划的完成情况,分析可比产品成本降低任务完成情况,并据以对企业的成本工作进行一般的评价。商品产品成本表是成本报表体系中的主要报表,它由表首、基本内容和补充资料三部分构成。按分类标准不同,可分为按成本项目反映和按产品品种反映的商品产品成本表 2 种。

1. 按成本项目反映的商品产品成本表

按成本项目反映的商品产品成本表由生产费用和产品生产成本两部分构成,是根据成本计算表、产品生产成本明细账及成本计划等有关资料计算填列的。其格式如图表 13-1 所示。

图表 13-1

商品产品成本表(按成本项目反映)

编制单位:东海工厂　　　　　　2015 年 12 月　　　　　　单位:元

项 目	上年实际	本年计划	本月实际	本年累计实际
生产费用				
直接材料	103 500	144 000	14 360	148 500
直接人工	75 900	105 600	10 520	108 900
制造费用	50 600	70 400	7 020	72 800
生产费用合计	230 100	320 000	3 190	330 200
加:在产品、自制半成品期初余额	1 200	1 300	1 300	1 200
减:在产品、自制半成品期末余额	1 300	1 300	1 400	1 400
产品生产成本合计	230 000	320 000	31800	330 000

该表有关栏目的填制方法如下:

(1)"上年实际",根据上年末该表"本年累计实际"数填列。

(2)"本年计划",根据本年成本计划资料填列。

(3)"本月实际",根据各产品本月成本计算表或产品生产成本明细账按成本项目分别汇总填列。

(4)"本年累计实际",根据上期该表"本年累计实际"数加上"本月实际"数计算填列。

(5)"在产品、自制半成品的期初(或期末)余额",根据各种产品生产成本明细账和自制半成品明细账期初(或期末)余额分别汇总填列。

2. 按产品品种反映的商品产品成本表

按产品品种反映的商品产品成本表由基本报表和补充资料两部分构成,是依据报告期产品成本计算表或库存商品明细账计算填列的,如图表 13-2 所示。

图表 13-2

商品产品成本表（按产品种反映）

编制单位：东海工厂　　　　　2015 年 12 月　　　　　单位：元

产品名称	计量单位	实际产量 本月	实际产量 本年累计	单位成本 上年实际平均	单位成本 本年计划	单位成本 本月实际	单位成本 本年累计实际平均	本月总成本 按上年实际单位成本计算	本月总成本 按本年计划单位成本计算	本月总成本 本期实际	本年累计总成本 按上年实际单位成本计算	本年累计总成本 按本年计划单位成本计算	本年累计总成本 本年实际
		①	②	③	④	⑤=⑨÷①	⑥=⑫÷②	⑦=①×③	⑧=①×④	⑨=①×⑤	⑩=②×③	⑪=②×④	⑫=②×⑥
可比产品成本合计		—	—	—	—	—	—	23 700	22 920	23 640	240 000	232 200	231 000
其中：甲	台	250	2 400	50	48	52	50.625	12 500	12 000	13 000	120 000	115 200	121 500
乙	台	280	3 000	40	39	38	36.50	11 200	10 920	10 640	120 000	117 000	109 500
不可比产品成本合计		—	—	—	—	—	—	—	7 980	8 360	—	94 500	99 000
其中：丙	件	380	4 500	—	21	22	22	—	7 980	8 360	—	94 500	99 000
全部商品产品成本		—	—	—	—	—	—	23 700	30 900	32 000	240 000	326 700	330 000

补充资料：
① 可比产品成本降低额_____（本年计划成本降低额_____）。
② 可比产品成本降低率_____（本年计划成本降低率_____）。
③ 按现行价格计算的商品产值_____元。
④ 产值成本率_____（本年计划产值成本率_____）。

表中将全部产品区分为可比产品和不可比产品两部分。可比产品是指以前年度正式生产过的,并有较完备的资料可以进行比较的产品。不具备上述条件的产品为不可比产品。

基本报表部分有关栏目的制方法如下:

(1)"产品名称",应根据企业生产的产品分可比产品和不可比产品,按品种列示,并列明规格和计量单位。

(2)"实际产量",它分为2栏反映,其中,"本月实际"栏根据本月成本计算单或产品生产成本明细账填列;"本年累计"栏根据"产品生产成本"明细账或商品产品成本表上期该栏的数量加本月实际产量计算填列。

(3)"单位成本"栏它分为4栏反映,其中,"上年实际平均"栏应根据上年年末商品产品成本表中"本年累计实际平均数"填列;"本年计划"栏根据本年度成本计划资料填列;"本月实际"栏根据各种产品成本计算单的资料直接填列;"本年累计实际平均"栏根据自年初起至本月末止的成本计算单资料或账簿资料计算填列。

(4)"本月总成本",它分为3栏反映,其中,"按上年实际平均单位成本算"和"按本年计划单位成本算"2栏是以本月实际产量分别乘以上年实际平均单位成本和本年计划单位成本后填列;"本月实际"栏则根据本期成本计算单填列。

(5)"本年累计总成本",它分为3栏反映,其中,"按上年实际平均单位成本算"和"按本年计划单位成本算"2栏只需以本年累计实际产量分别乘以上年实际平均单位成本和本年计划单位成本后填列;而"本年实际"栏则根据上期商品产品成本表此栏数字加上本月实际总成本填列。

补充资料部分有关数据的计算公式如下所列:

(1)可比产品成本降低额=按上年实际平均单位成本计算的可比产品本年累计总成本——本年可比产品累计实际总成本

(2)可比产品成本降低率=可比产品成本降低额/按上年实际平均单位成本计算的可比产品本年累计总成本×100%

(3)"按现行价格计算的商品产值"根据有关统计资料填制。

(4)产值成本率=产品总成本/商品产值×100%

(二)主要产品单位成本表

主要产品是指企业经常生产的,在企业全部产品中所占的比重较大,能概括反映企业生产经营面貌的那些产品。主要产品单位成本表是指反映工业企业在报告期内(月、季、年)生产的各种主要产品单位成本构成情况的报表。通过此表,可以反映生产各种主要产品的实际成本水平及其构成,考核各种主要产品单位成本计划的执行情况及升降原因,为分析各项消耗量指标的变化情况提供资料,便于与同行业同类产品成本进行对比,找出差距,挖掘潜力,降低成本。

主要产品单位成本表是按成本项目反映单位产品成本水平的,它是商品成本表的补充报表,由产量、单位成本和主要技术经济指标三部分构成,主要根据成本计算表和日常积累的技术经济资料填列。其格式如图表13-3所示。

图表 13-3

主要产品单位成本表

编制单位：东海工厂　　　　　　　2018 年 12 月　　　　　　　　金额单位：元

产品名称		甲产品	本月计划产量（台）		220
型号		H-2	本月实际产量（台）		250
计量单位		台	本年计划产量（台）		2 300
销售单价		102	本年累计实际产量（台）		2 400
成本项目	历史先进水平 （2012 年）	上年实际 平均	本年计划	本月实际	本年累计 实际平均
直接材料 直接人工 制造费用	25 14 7	23 18 9	22 16 10	20 20 12	21 20 9.625
单位产品 生产成本	46	50	48	52	50.625
主要经济 技术指标	消耗量	消耗量	消耗量	消耗量	消耗量
1. A 材料	0.98 千克	1 千克	1 千克	1 千克	1 千克
2. B 材料	4 千克	5 千克	5 千克	4 千克	4.5 千克
3. 生产工时	1.95	2.1	2	2.05	2.1

主要产品单位成本表各栏目填列方法如下所列：

（1）"本月计划产量"和"本年计划产量"项目分别根据本月和本年产品产量计划填列。

（2）"本月实际产量"和"本年累计实际产量"项目分别根据统计提供的产品产量资料或产品入库单填列。

（3）"历史先进水平"栏各项目根据有关年度的资料填列。

（4）"上年实际平均"栏各项目根据上年年末本表"本年累计实际平均"栏资料填列。

（5）"本年计划"栏各项目根据成本计划单位成本资料填列。

（6）"本月实际"栏各项目根据产品成本明细账有关资料填列。

（7）"本年累计实际平均"栏各项目根据自年初至本月月末止的有关产品成本明细账资料采用加权平均计算后填列。

（8）"主要技术经济指标"项目应分别根据实际消耗记录、计划、上年度有关数据等业务技术资料和企业或上级机构规定的指标名称、填列方法计算填列。

（三）制造费用明细表

制造费用明细表是反映工业企业在报告期内发生的制造费用总额及其各项费用明细数额的报表。通过此表，可以了解制造费用的实际发生情况、制造费用的构成及其增减变动情况，分析和考核制造费用预算的执行情况及其结果，充分揭示差异及产生的原因。制造费用明细表由表首和基本内容两部分构成，基本内容为本年计划数、上年同期实际数、本月实际数和本年累计实际数四部分。各部分均按制造费用明细项目逐项反映，制造费用明细表格式如图表13-4所示。

图表13-4

制造费用明细表

年　月　　　　　　　　　　　　　　　　　　　单位：元

序号	项　目	本年计划	上年同期实际	本月实际	本年累计实际
1	职工薪酬				
2	办公费				
3	折旧费				
4	修理费				
5	水电费				
6	机物料消耗				
7	低值易耗品摊销				
8	劳动保护费				
9	租赁费				
10	运输费				
11	保险费				
12	差旅费				
13	设计制图费				
14	试验检验费				
15	在产品盘亏（毁损）				
16	其他制造费用				
	合　计				

制造费用明细表各栏目填制方法如下：

（1）"本年计划"，根据本年制造费用预算表资料填列。

（2）"上年同期实际"，根据上年该表同期本月实际数填列。

（3）"本月实际"，根据"制造费用"账户总账及所属明细账计算填列。

（4）"本年累计实际"，根据"制造费用"明细账年初至本月月末止累计数计算填列。

（四）期间费用明细表

1. 管理费用明细表

管理费用明细表是反映企业管理部门在一定时期内为组织和管理生产所发生的费用总和及预算执行情况的报表。

2. 销售费用明细表

销售费用明细表是反映企业销售部门在一定时期内在销售过程中所发生的费用总额及预算执行情况的报表。

3. 财务费用明细表

财务费用明细表是反映企业财务部门在一定时期内在筹资、结算等财务活动过程中所发生的费用总额及预算执行情况的报表。

期间费用明细表的格式与制造费用明细表的格式基本相同，都是按费用项目分别"本期计划""上年同期实际""本月实际"和"本年累计实际"数进行反映,以期达到反映资金耗费及费用任务完成情况的目的,此处不再赘述。

第2节　成本分析

一、成本分析的意义

成本分析是指利用成本核算及相关资料,按照一定的程序,采用专门的方法,对成本水平及其构成情况进行分析与评价,认识和掌握降低成本费用的规律,揭示影响成本升降的各种因素及其变动的原因,挖掘降低成本的潜力,提高企业成本效益的一种管理活动。成本分析是成本管理的重要组成部分。在小型工业企业,成本分析贯穿于成本管理工作的始终,在产品成本形成前、形成中和形成后都离不开成本分析。由于成本计划和成本报表是成本信息的主要载体,因此成本分析也就成为主要是对成本计划和成本报表中提供的成本信息进行的分析。成本管理的目的是要不断降低产品的成本,而成本分析则是寻求降低产品成本途径的重要手段。成本分析在成本管理中具有重要的意义,主要表现在以下3个方面。

(一)为编制成本计划提供依据

企业通过成本分析,可以对成本计划的完成情况进行考核和评价,查明影响成本计划完成的原因,揭示实际与计划的差距,发现成本管理中的薄弱环节。总结经验,为编制下一轮成本计划提供依据。

(二)促使企业完善成本管理责任制

企业通过成本分析,可以揭示影响成本升降的各种原因,检查企业成本管理行为的合法性,分清成本管理中各部门、各环节的成本管理责任,促使企业完善成本管理责任制。

(三)提高企业成本管理水平

企业通过成本分析,可以正确认识和掌握成本变动的规律。为企业的成本预测、成本决策提供信息资料,为改善成本管理工作指出方向,提高企业的成本管理水平。

二、成本分析的内容和原则

(一)成本分析的内容

工业企业成本分析的内容主要包括以下几个方面。①全部商品产品成本计划完成情况分析。②可比产品成本降低计划完成情况分析。③单位产品成本分析。④技术经济指标变动对产品成本影响的分析。⑤其他成本费用分析。

企业产品成本的高低,受多种因素的影响,成本分析就是对影响产品成本的各种因素进行分析。这些因素性质不同,又往往相互作用,使企业的产品成本水平处于不断变化之中。影响企业产品成本的因素主要包括以下2个方面。

首先,是主观因素,又称内部因素。是指由于企业经营管理方面的因素和企业生产技术方面的因素对产品成本的影响。经营管理方面的因素包括:劳动生产率水平、生产设备利用程度、材料、燃料和动力的利用效果、产品的质量水平、工资水平、制造费用水平、企业管理水平等。生产技术方面的因素包括:生产工艺的革新、代用材料的采用、生产技术的改革等。

其次,是客观因素,又称外部因素。是指企业固有的环境状况和先天条件因素以及国家宏观经济政策、社会环境因素对产品成本的影响。企业固有的环境状况和先天条件因素包括:企业所处的地理位置和资源条件、企业的生产经营规模和技术装备水平、企业的专业化协作水平等。国家宏观经济政策和社会环境因素包括:国家宏观经济政策导向、成本管理制度的改革、产品的市场需求和价格水平等。

主观因素与客观因素有时不能截然分开,两者之间相互缠绕。一般来说,主观因素对产品成本造成的不利差异,可通过企业自身的努力来消除;而客观因素对产品成本造成的不利差异则不是企业的责任,往往在短期内不能改变。因此,主观因素是企业成本分析的重点,应紧紧抓住企业可以控制的因素,挖掘一切可以降低成本的潜力,使成本降低由可能变为现实。

(二) 成本分析的原则

成本分析的原则是成本分析工作应遵循的规范。企业进行成本分析时,应遵循的一般原则是:以国家的有关财经政策、会计法规为依据,以成本计划、目标成本为标准,坚持实事求是的精神,对企业的产品成本及成本效益进行及时分析,正确评价。在分析方法上应注意的原则是:①全面分析与重点分析相结合。②经济分析与技术分析相结合。③成本分析与责任分析相结合。④专业分析与群众分析相结合。⑤ 数据资料分析与调查研究相结合。⑥事后分析与事前、事中分析相结合。

三、成本分析的评价标准

正确确定和选择成本分析的评价标准,对于发现问题、找出差距,正确评价成本现状是非常重要的。成本分析的评价标准主要有历史标准、行业标准、预算标准三种。

1. 历史标准

历史标准是指以企业过去某一时间的实际成本业绩为评价标准。历史标准可选择企业在正常经营条件下的平均成本水平,也可选择企业在历史上的最高水平。使用历史标准分析成本现状有较强的说服力,因为那是企业曾经达到的水平。其不足之处是该评价标准比较保守,只能说明企业与历史相比较后的发展变化状况,不能全面分析企业在同行业中的地位和水平。

2. 行业标准

行业标准是指按行业制定的,反映行业基本成本水平或反映行业先进水平的评价标准。使用行业标准分析成本现状可表明企业在行业中所处的地位与水平。其不足之处是该评价标准不能说明目前成本状况对本企业来说是进步了,还是退步了。

3. 预算(计划)标准

预算(计划)标准是指企业根据自身经营状况制定的目标标准。使用预算(计划)标准分析成本现状可考核、评价企业各级各部门的经营业绩以及对企业总体目标实现的影响。其不足之处是该评价标准受人为主观影响较大。

四、成本分析的方法

成本分析采用的技术方法种类较多,有会计的方法、统计的方法和数学的方法。企业应根据已掌握的资料及本企业产品成本费用的特点和管理者对成本分析的要求来确定。常用的方法有以下几种。

(一) 比较分析法

比较分析法是通过对不同时间或不同情况下的成本指标数据的对比,揭示客观存在的差异,从而进一步分析产生差异原因的方法。常用的指标对比形式如下。

1. 实际指标与计划指标对比

可以检查分析成本计划的完成情况,为进一步分析指明方向。

2. 本期实际指标与上期(或上年同期或历史最高水平)实际指标对比

可以观察企业成本指标的变动情况和变动趋势,有助于总结经验,改进成本管理工作。

3. 本期实际指标与国内国外同行业先进指标对比

可以了解企业成本水平在国内外同行业中所处的地位,在更大的范围内揭示差距,激励企业为降低产品成本作出更大的努力。

采用比较分析法,应注意比较指标的同质性,即所对比的指标在内容、计价标准、时间单位、计算方法等方面是可比的。同行业成本指标对比时只有在客观条件基本接近的前提下,技术上、经济上才有可比性。比较分析法简单易懂,便于发现问题,但它只能确定成本指标的差异数,不能找到影响指标变动的具体原因。因此,还需采用其他成本分析方法作进一步的分析。

(二) 比率分析法

比率分析法是通过计算和对比经济指标的比率进行数量分析的方法。常用的比率分析形式如下。

1. 相关比率分析法

相关比率分析法是将两个性质不同但又相关的指标进行对比求出两者的比率,以实际数与计划数(或前期实际数)作对比分析,以便从经济活动的客观联系中,更深入地认识企业的生产经营状况,如成本利润率、产值成本率等。

2. 构成比率分析法

构成比率分析法是以局部数量(数额)与整体数量(数额)相比,反映局部在总体中所占的比重,通过观察产品成本构成的变动,掌握经济活动情况及其

SWOT 分析法

对产品成本的影响。例如,计算各成本项目在产品总成本中所占的比重,确定成本构成的变动等。

3. 动态比率分析法

动态比率分析法是将不同时期同类指标的数值进行对比,计算出动态比率,用以反映分析对象的增减速度和发展趋势,从中发现企业在生产经营方面的成绩或不足,具体又分为定基对比和环比对比两种。

(三) 因素分析法

因素分析法是指将某一综合经济指标分解成若干相互联系的原始因素,采用一定的计算方法,确定各因素变动对该项经济指标的影响方向和影响程度的方法。常用的因素分析法种类如下所述。

1. 连环替代法

连环替代法是因素分析法的基本形式,是将综合性经济指标分解为各个因素,将各因素的实际值按顺序替换成标准值(如计划数、前期实际数等),以此来计算各个因素变动对该项指标的影响程度的方法。

1) 连环替代法的计算程序

(1) 将某项经济指标分解成若干原始因素,按一定顺序列出数字关系式,并计算出所有因素都按比较标准(本期计划或前期实际)数值计算的总值。

(2) 以标准指标的数字关系式为基础,依次以各因素的本期实际数值替换该因素的标准数值,每次替换一个因素,并计算出替换后的数据,有几个因素就替换几次,直至将所有因素逐一替换为止。

(3) 将每次替换后计算的新数据与替换前的数据进行比较,其差额即表示该替换因素变动对综合指标的影响程度。

(4) 计算各因素变动影响数额的代数和,这个代数和应等于该指标的实际指标值与标准指标值的差异总数,否则,计算过程中就有错误。

设成本指标 M 是由 A、B、C 3 个因素的乘积组成,其计划成本指标(比较标准)与实际成本指标列示如下:

$$计划成本: M_1 = A_1 \cdot B_1 \cdot C_1$$
$$实际成本: M_2 = A_2 \cdot B_2 \cdot C_2$$
$$差异额: D = M_2 - M_1$$

以比较标准为基础,依次替换:

$$第一次替换: A_2 \cdot B_1 \cdot C_1 = M_3$$
$$M_3 - M_1 = A(因素变动对综合指标 M 的影响)$$
$$第二次替换: A_2 \cdot B_2 \cdot C_1 = M_4$$
$$M_4 - M_3 = B(因素变动对综合指标 M 的影响)$$
$$第三次替换: A_2 \cdot B_2 \cdot C_2 = M_2(实际成本)$$
$$M_2 - M_4 = C(因素变动对综合指标 M 的影响)$$

计算以上三因素变动影响数的代数和:

$$(M_3 - M_1) + (M_4 - M_3) + (M_2 - M_4) = M_2 - M_1 = D$$

从上式可以看到,各构成因素变动的差异之和与前计算的实际成本脱离计划的总差异是相等的。通过因素分析可以确定各因素对成本升降的影响程度,以便采取改进措施。

2) 连环替代法的特点

(1) 因素替换的顺序性。即计算分析时应按各因素排列的先后顺序逐一替换,一般按如下顺序替换:即先数量因素,后质量因素;先实物因素,后价值量因素;先基本因素,后从属因素。

(2) 因素替换的连环性。即后一因素的计算分析建立在前一因素的基础之上,在全部因素替换完毕后,才完成对该综合经济指标的因素分析。

(3) 计算条件的假定性。即测算某一因素变动的影响是在某种假定条件下进行的,如假定其他因素不变、变动替换顺序,即会造成计算结果的略微不同。而这种假定性的分析方法,是在确定事物内部各种因素影响程序时必不可少的。

【例 13-1】 2019 年 7 月,珊瑚公司原材料费用的实际耗用数为 27 573.75 元,计划数为 24 000 元,实际比计划增加 3 573.75 元。由于原材料费用是由产量、单位产品材料耗用量(单耗)和材料单价 3 个因素的乘积构成,因此把材料费用指标分解为 3 个因素,然后逐个分析它们对材料总额的影响程度。3 个因素的有关数据如图表 13-5 所示。

图表 13-5

材料因素分析资料

项 目	单 位	计划数	实际数	差 异
产品产量	(件)	200	215	15
单位材料消耗量	(千克)	10	9.5	−0.5
材料单价	(元)	12	13.50	1.5
材料费用总额	(元)	24 000	27 573.75	3 573.75

采用连环替代法分析计算如下:

计划指标:200 × 10 × 12 = 24 000(元)　　　　①
第一次替代:215 × 10 × 12 = 25 800(元)　　　　②
第二次替代:215 × 9.5 × 12 = 24 510(元)　　　　③
第三次替代:215 × 9.5 × 13.50 = 27 573.75(元)　　④

其中:

产量增加的影响 = ② − ① = 25 800 − 24 000 = 1 800(元)
材料消耗量的影响 = ③ − ② = 24 510 − 25 800 = −1 290(元)
价格提高的影响 = ④ − ③ = 27 573.75 − 24 510 = 3 063.75(元)
验证结果:1 800 + (−1 290) + 3 063.75 = 3 573.75(元)

2. 差额计算法

差额计算法是连环替代法的简化形式,是将各个因素的实际数与基数进行比较,计算出差额,在其他因素不变的假定前提下,分析各因素对综合经济指标的影响程度。其计算程序如下。

(1) 求实际数与标准数的差额。确定对象因素的实际数,将其与标准(本期计划或前期实际)比较,求得两者的差额。

(2) 求对象因素对综合经济指标的影响程度。以对象因素的差额乘以数学关系式中排列在该因素前的各因素的实际数和排列在该因素后面各因素的标准数,其结果即为该因素对综合经济指标的影响程度。

(3) 求出实际成本脱离标准的总差异。将该指标数学关系式中全部因素计算分析完毕后,各因素的影响数值的代数和即是该综合经济指标的实际成本脱离标准的总差异。

仍设成本指标 M 是由 A,B,C 三个因素的乘积组成,其计划成本指标(比较标准)与实际成本指标列示如下:

计划成本:$M_1 = A_1 \times B_1 \times C_1$,

实际成本:$M_2 = A_2 \times B_2 \times C_2$,

差异额:$D = M_2 - M_1$

以比较标准为基础,依次替换:

第一次替换:$(A_2 - A_1) \times B_1 \times C_1 = M_3$

$M_3 - M_1 = A$ 因素变动对综合指标 M 的影响

第二次替换:$A_2 \times (B_2 - B_1) \times C_1 = M_4$

$M_4 - M_3 = B$ 因素变动对综合指标 M 的影响

第三次替换:$A_2 \times B_2 \times (C_2 - C_1) = M_2$(实际成本)

$M_2 - M_4 = C$ 因素变动对综合指标 M 的影响

计算以上三因素变动影响数的代数和:

$(M_3 - M_1) + (M_4 - M_3) + (M_2 - M_4) = M_2 - M_1 = D$

【例 13-2】 沿用例 13-1 资料。采用差额计算法计算分析如下:

材料费用实际数与计划数的差异 $= 27\,573.75 - 24\,000 = 3\,573.75$(元)

各因素影响分析计算:

产量增加的影响 $= (215 - 200) \times 10 \times 12 = 1\,800$(元)

材料耗用的影响 $= 215 \times (9.5 - 10) \times 12 = -1\,290$(元)

价格提高的影响 $= 215 \times 9.5 \times (13.5 - 12) = 3\,063.75$(元)

验证结果:$1\,800 + (-1\,290) + 3\,063.75 = 3\,573.50$(元)

五、成本计划完成情况的分析

成本计划完成情况的分析,主要是全部商品产品成本计划的完成情况分析和可比产品成本降低目标的完成情况分析,该分析属于成本事后定期分析。

(一) 全部商品产品成本分析

企业的全部商品产品包括可比产品和不可比产品。因为包括不可比产品,企业就不可能有全部商品产品的上年实际成本资料,所以对全部商品产品的成本分析,主要是分析成本计划的完成情况,确定本期全部商品产品的实际成本与计划成本相比较的差异额和差异率,并分析原因,以了解企业完成成本计划的一般情况,为进一步分析指明方向。

对全部商品产品成本计划完成情况的分析,可按产品品种(类别)、成本项目和成本性态 3 个方面进行。

1. 按成本项目进行成本计划完成情况分析

这种分析方法是将全部商品产品总成本按成本项目逐一汇总,与按实际产量调整后的计划总成本对比,确定每成本项目的降低额和降低率,分析总成本变动的原因。

【例 13-3】 东海工厂按成本项目反映的商品产品成本分析表,如图表 13-6 所示。

图表 13-6

2018 年度商品产品成本分析表(按成本项目)

编制单位:东海工厂　　　　　　2018 年 12 月　　　　　　金额单位:元

成本项目	按实际产量计算		实际与计划的差异		各项差异对总成本影响的百分比%
	计划总成本	实际总成本	降低额	降低率%	
	①	②	③=②-①	④=③÷①	⑤=③÷∑①
直接材料	144 200	148 300	4 100	2.84	1.23
直接人工	109 500	108 900	−600	−0.55	−0.18
制造费用	73 000	72 800	−200	−0.27	−0.06
商品产品成本	326 700	330 000	3 300	1.01	1.01

由图表 13-5 可知,东海工厂全部商品产品的实际制造成本比计划超支 1.01%,主要是由于直接材料成本超支 4 100 元,比计划增加 2.84%造成的,而直接人工和制造费用则都比计划成本有所降低,形成了有利差异。对直接材料的超支,企业应作进一步的分析,了解变动因素是由主观因素还是客观因素所致,并采取相应的措施。

2. 按产品品种进行成本计划完成情况分析

这种分析方法所依据的资料是全部产品成本表和按产品品种编制的全部产品成本计划。通过编制商品产品成本分析表,计算确定可比产品、不可比产品和全部商品产品成本的降低额和降低率。其计算公式如下:

$$成本降低额 = 实际总成本 - 计划总成本$$
$$= \sum[实际产量 \times (实际单位成本 - 计划单位成本)]$$

$$成本降低率 = 成本降低额 \div \sum(实际产量 \times 计划单位成本) \times 100\%$$

计算结果为负数表示成本节约,正数表示成本增加。

【例 13-4】 承[例 13-3]东海工厂生产甲、乙、丙 3 种产品,其中甲、乙产品为可比产品,丙产品为不可比产品。2018 年 12 月,对全部商品产品成本的分析计算,如图表 13-7 所示。

图表 13-7

2018 年度商品产品成本分析表(按产品品种)

编制单位:东海工厂　　　　　　2018 年 12 月　　　　　　金额单位:元

成本项目	按实际产量计算		实际与计划的差异		各项差异对总成本影响的百分比
	计划总成本	实际总成本	降低额	降低率	
	①	②	③=②−①	④=③÷①	⑤=③÷∑①
可比产品合计	232 200	231 000	−1 200	−0.52%	−0.37%
其中:甲	115 200	121 500	6 300	5.50%	1.92%
乙	117 000	109 500	−7 500	−6.40%	−2.29%
不可比产品合计	94 500	99 000	4 500	4.80%	1.38%
丙	94 500	99 000	4 500	4.80%	1.38%
商品产品成本	326 700	330 000	3 300	1.01%	1.01%

由图表 13-7 可知:

(1) 该企业全部商品产品成本实际总成本比计划总成本超支 3 300 元(330 000−326 700),超支率为 1.01%。

(2) 全部商品产品成本计划尚未完成,但从产品品种上看,成本计划完成情况不平衡,其中:可比产品中甲产品实际成本比计划增加了 6 300 元(121 500−115 200),成本超支率为 5.5%;乙产品实际成本比计划降低了 7 500 元(109 500−117 000),成本降低率为 6.4%。甲、乙产品构成了可比产品成本降低额 1 200 元(231 000−232 200),成本降低率 0.52%,而不可比产品超支了 4 500 元(99 000−94 500),超支率为 4.8%。

(3) 进一步对超支率较高的甲、丙产品进行分析,究其原因是成本计划制订得不合实际,无法完成;还是实际生产过程中遇到特殊情况;或者人为地将属于可比产品的成本费用挤进不可比产品成本,达到完成可比产品成本降低任务的目的等。

(二)可比产品成本降低情况分析

企业在正确划分可比产品和不可比产品的基础上,还需进一步分析可比产品成本降低计划的完成情况。

1. 可比产品成本降低计划完成情况的分析

对可比产品成本降低计划完成情况的分析主要涉及可比产品成本降低额和降低率,实际成本的降低额和降低率。通过计算,评定企业可比产品成本降低任务的完成情况,确定各因素的影响程度,为进一步挖掘潜力,降低成本指出方向。其计算公式如下:

可比产品成本计划降低额 = $\sum$[计划产量×(上年实际单位成本－本年计划单位成本)]

可比产品成本计划降低率 = $\dfrac{可比产品成本计划降低额}{\sum(计划产量×上年实际单位成本)} \times 100\%$

可比产品成本实际降低额 = $\sum$[实际产量×(上年实际单位成本－本年实际单位成本)]

可比产品成本实际降低率 = $\dfrac{可比产品成本实际降低额}{\sum(实际产量×上年实际单位成本)} \times 100\%$

【例 13-5】 承[例 13-3]、[例 13-4],东海工厂生产甲、乙 2 种可比产品,有关资料如图表 13-8、图表 13-9、图表 13-10 所示。

图表 13-8

2018 年度可比产品成本降低计划

编制单位:东海工厂 　　　　　　　2018 年 12 月 　　　　　　　金额单位:元

可比产品名称	计划产量(台)	单位成本		总成本		成本降低指标	
		上年实际	本年计划	按上年实际单位成本计算	按本年计划单位成本计算	降低额	降低率(%)
	①	②	③	④=①×②	⑤=①×③	⑥=④-⑤	⑦=⑥÷④
甲	2 300	50	48	115 000	110 400	4 600	4.00
乙	2 800	40	39	112 000	109 200	2 800	2.50
合计	—	—	—	227 000	219 600	7 400	3.26

图表 13-9

2018 年度可比产品实际成本

编制单位:东海工厂 　　　　　　　2018 年 12 月 　　　　　　　金额单位:元

可比产品名称	实际产量(台)	单位成本		总成本		成本降低指标	
		上年实际	本年实际	按上年实际单位成本计算	按本年实际单位成本计算	实际降低额	实际降低率(%)
	①	②	③	④=①×②	⑤=①×③	⑥=④-⑤	⑦=⑥÷④
甲	2 500	50	50.625	125 000	126 562.50	-1 562.50	-1.25
乙	3 000	40	36.50	120 000	109 500.00	10 500.00	8.75
合计	—	—	—	245 000	236 062.50	8937.50	3.65

图表 13-10

2018 年度可比产品实际与计划比较

项目	计划	实际	差异
降低额(元)	7 400.00	8937.50	1 537.50
降低率	3.26%	3.65%	0.39%

从上述资料可以看出,东海工厂可比产品的生产成本两项指标都超额完成了任务。但各产品情况还不平衡,其中甲产品实际单位成本超过了上年实际单位成本,没有完成降低成本的要求,其原因需作进一步分析。

2. 可比产品成本降低计划完成情况因素分析

☞ 影响可比产品成本的因素主要有三种,即产量因素、品种结构因素和单位成本因素。通过对这3个因素逐一替换计算,能解剖分析可比产品成本降低的原因。

(1) 产量变动因素的影响。成本计划降低额是根据各种产品的计划产量制定的。实际产量发生变动,必然会影响到成本降低额。当产品的品种结构和单位产品成本不变时,单纯的产量变动只影响产品成本的降低额,而不影响产品成本的降低率。其计算公式如下:

$$\text{产量变动对成本降低额的影响} = [\sum(\text{实际产量} \times \text{上年实际单位成本})$$
$$- \sum(\text{计划产量} \times \text{上年实际单位成本})] \times \text{计划成本降低率}$$
$$= \sum[(\text{实际产量} - \text{计划产量}) \times \text{上年实际单位成本}]$$
$$\times \text{计划成本降低率}$$

上例中,因产量变动对成本降低额的影响如下:

$$[(2\,500 - 2\,300) \times 50 + (3\,000 - 2\,800) \times 40] \times 3.26\% = 586.80(\text{元})$$

(2) 产品品种结构变动因素的影响。全部可比产品成本降低率实质上是在各种产品的个别成本降低率的基础上计算出来的。由于各种产品的成本降低程度的不同,当产品品种结构发生变化时,成本降低额、成本降低率也会随之发生变化。一般情况下,产品成本降低率高的产品在全部可比产品产量中所占的比例比计划提高,就会影响到全部可比产品成本降低率的提高,成本降低额也会随之增加;反之,产品成本降低率、降低额就会降低和减少。其计算公式如下:

$$\text{产品品种结构变动对成本降低额的影响} = \sum(\text{实际产量} \times \text{上年实际单位成本})$$
$$- \sum(\text{实际产量} \times \text{本年计划单位成本})$$
$$- \sum(\text{实际产量} \times \text{上年实际单位成本})$$
$$\times \text{计划成本降低率}$$

$$\text{产品品种结构变动对成本降低率的影响} = \frac{\text{品品种结构变动对成本降低额的影响金额}}{\sum(\text{实际产量} \times \text{上年实际单位成本})}$$
$$\times 100\%$$

上例中因产品品种结构变动对成本降低额、降低率的影响计算如下:

$$\text{产品品种结构变动对成本降低额的影响} = (2\,500 \times 50 + 3\,000 \times 40)$$
$$- (2\,500 \times 48 + 3\,000 \times 39)$$
$$- (2\,500 \times 50 + 3\,000 \times 40) \times 3.26\% = 13(\text{元})$$

$$\text{产品品种结构变动对成本降低率的影响} = \frac{13}{(2\,500 \times 50 + 3\,000 \times 40)} \times 100\% = 0.005\,3\%$$

（3）单位成本变动因素的影响。可比产品计划成本降低额和实际成本降低额都是以上年成本为计算基础的。因此，可比产品成本降低任务的完成程度，实际上是各种产品单位成本发生变化的结果。产品实际单位成本比计划单位成本升高或降低，都会引起成本降低额和降低率的变动。其计算公式如下：

单位成本变动对成本降低额的影响 $=\sum$ 实际产量（计划单位成本－实际单位成本）

单位成本变动对成本降低率的影响 $=\dfrac{\text{单位成本变动对成本降低额的影响金额}}{\sum(\text{实际产量}\times\text{上年实际单位成本})}$

上例中，因单位成本变动对产品成本降低额、降低率的影响计算如下：

单位成本变动对成本降低额的影响 $= 2\,500\times(48-50.625)+3\,000\times(39-36.50)$
$= 937.50$（元）

单位成本变动对成本降低率的影响 $= 937.50\div(2500\times 50+3\,000\times 40)\times 100\%$
$= 0.38\%$

各因素影响可比产品成本降低程度汇总表如图表 13-11 所示。

图表 13-11

各因素影响可比产品成本降低程度汇总表

编制单位：东海工厂　　　　　　　2018 年 12 月　　　　　　　金额单位：元

影响因素	影响程度	
	降低额	降低率
产品产量	586.80	
产品品种结构	13.00	0.005 3%
产品单位成本	937.50	0.380 0%
	1 537.30	0.390 0%

综合各种因素对可比产品成本降低计划完成情况的影响程度可以看到，可比产品成本降低计划完成情况因素分析其结果与之前的计算相符。

六、产品单位成本的分析

对企业全部商品产品成本降低情况进行总结分析，可以得出企业产品成本及其升降的总括情况。但不能了解个体产品的成本指标是怎样完成的，存在哪些超降的因素，还有哪些潜力，这就需要对产品的单位成本进行分析。对生产多种产品的企业，可选择主要产品成本或超降幅度较大的产品进行分析。

单位产品成本计划完成情况分析的内容主要包括：主要产品成本计划完成情况分析，单位产品成本主要项目完成情况分析以及各主要技术经济指标变动对单位成本的影响分析。其中最后一方面内容的分析将在本节第七部分介绍。

（一）产品单位成本计划完成情况分析

产品单位成本计划完成情况的分析，是将分析对象的各成本项目的实际数与计划数进行对比，确定差异额和差异率以及各成本项目变动对产品单位成本计划的影响程度，查明造成产品单位成本升降的原因。

【例 13-6】 承[例 13-2]、[例 13-3]、[例 13-4]，东海工厂甲产品是该厂的主要产品之一，且本年度成本超支，现按成本项目分析如图表 13-12 所示。

图表 13-12

产品单位成本计划完成情况分析表

编制单位：东海工厂　　　　　　　2018 年 12 月　　　　　　　金额单位：元

成本项目	单位成本			与上年实际比		与本年计划比	
	上年实际	本年计划	本年实际	成本降低额	成本降低率	成本降低额	成本降低率
直接材料	23	22	21	2	8.7%	1	4.55%
直接人工	18	16	20	−2	−11.11%	−4	−25%
制造费用	9	10	9.625	−0.625	−6.94%	0.375	3.75%
	50	48	50.625	−0.625	−1.25%	−2.625	−5.47%

从资料分析看，甲产品本年实际单位成本比计划超支了 2.625 元，主要是直接人工费用超支 4 元，影响单位成本降低任务的完成，因此还应对直接人工作进一步分析。

（二）产品单位成本项目分析

产品单位成本项目分析，可按每个成本项目逐一进行分析，也可有选择地对某些成本项目进行重点分析。

1. 直接材料项目的分析

直接材料是直接用于产品生产的原材料，生产一种产品往往要耗用多种原材料。直接材料项目分析应根据耗用的各种原材料进行分析，分析单位产品各种材料的消耗量和相应的材料单价 2 个因素。其计算公式如下：

单位产品直接材料费用 = $\sum$（直接材料消耗量 × 材料单价）

单位产品直接材料差异额 = 单位产品直接材料实际费用 − 单位产品直接材料计划费用

或　　= 单位产品直接材料消耗数量变动的影响 + 单位产品直接材料单价变动的影响

单位产品直接材料消耗数量变动的影响 = $\sum$[（实际材料单耗 − 计划材料单耗）× 计划材料单价]

单位产品直接材料单价变动的影响 = $\sum$[（实际材料单耗 − 计划材料单耗） × 实际材料单价]

影响材料消耗量变动的因素主要有：①材料质量的变化。如使用优质材料可能使材料消耗量降低，使用低质材料可能使材料消耗量增加。②产品生产工艺改变和新技术的采用。一般改进生产工艺、采用新技术会提高材料的利用率，降低材料消耗。③代用材料的使用或配料比例的变化。例如，在保证质量的前提下，用廉价的普通材料代替高价的贵重材料。④原材料的综合利用。例如，将边角余废料利用起来生产副产品等。

影响材料单价变动的因素主要有：①材料买价变动。在市场经济条件下，由于供求关系的影响，在不同的时间、不同的地点采购，乃至不同或相同质量的材料，可能出现不同的单价。②采购费用变动。由于采购地点、运输工具、交货方式等不同，都会影响采购费用的变动。

2. 直接人工项目的分析

单位产品直接人工费用的变动，主要受劳动生产率和人工费用水平2个因素的影响。其计算公式如下：

单位产品直接人工费用 ＝ 单位产品工时消耗量 × 小时人工费用率

单位产品直接人工差异额 ＝ 单位产品直接人工实际费用 － 单位产品直接人工计划费用

或　　　　　　　　 ＝ 单位产品人工效率差异 ＋ 小时人工费用率差异

单位产品人工效率差异 ＝（单位产品实际工时 － 单位产品计划工时）
　　　　　　　　　　 × 计划小时人工费用率

小时人工费用率差异 ＝（实际小时人工费用率 － 计划小时人工费用率）
　　　　　　　　　　 × 单位产品实际工时

其中，单位产品消耗工时数的多少体现劳动生产率（人工效率）的高低。劳动生产率越高，单位产品消耗的工时越少，人工费用就能降低；反之，人工费用就会超支。影响劳动生产率变动的因素主要有生产技术工艺、劳动组织、生产工人的熟练程度、材料质量等。小时人工费用率体现平均人工费用水平的高低，它取决于生产工人职工薪酬总额和生产工时总数。

3. 制造费用项目分析

单位产品制造费用的变动主要受单位产品工时消耗量和每小时制造费用分配率的影响。其计算公式如下：

单位产品制造费用 ＝ 单位产品耗用工时数 × 每小时制造费用分配率

单位产品制造费用差异额 ＝ 单位产品实际制造费用 － 单位产品计划制造费用

或　　 ＝ 工时消耗量变动差异 ＋ 小时制造费用分配率变动差异

工时消耗量变动的影响 ＝（实际单位工时消耗量 － 计划单位工时消耗量）
　　　　　　　　　　 × 计划小时制造费用分配率

小时制造费用分配率变动的影响 ＝（实际小时制造费用分配率 － 计划小时制造费用分配率）× 实际单位工时消耗量

【例13-7】　东海工厂甲产品单位成本有关资料如图表13-13所示。

图表 13-13

甲产品单位成本资料

编制单位:东海工厂　　　　　　　2018 年 12 月　　　　　　　金额单位:元

成本项目	计划金额			实际金额		
直接材料	22			21		
直接人工	16			20		
制造费用	10			9.625		
合　计	48			50.625		
主要技术经济指标	计　划			实　际		
	数量	单价	金额	数量	单价	金额
1. A 材料	1 千克	4	4	1 千克	4.8	4.8
2. B 材料	5 千克	3.6	18	4.5 千克	3.6	16.2
3. 直接人工	2 工时	8	16	2.1 工时	9.523 8	20
4. 制造费用	2 工时	5	10	2.1 工时	4.583 3	9.625
合　计	—	—	48	—	—	50.625

根据图表 13-12 资料,甲产品单位成本实际数比计划数超支额为 2.625 元(50.625－48),超支率为 5.468 8%。具体分析原因如下:

(1) 直接材料项目分析。计算分析如下:

直接材料差异额 = 21 − 22 = −1(元)
材料消耗量变动影响额 = (1−1)×4 + (4.5−5)×3.6 = −1.80(元)
材料单价变动影响额 = (4.8−4)×1 + (3.6−3.6)×4.5 = 0.80(元)

甲产品单位产品成本中直接材料节约了 1 元,其构成因素为:B 材料耗用量减少,节约了 1.80 元;A 材料的价格提高,超支了 0.80 元。

(2) 直接人工项目分析。计算分析如下:

直接人工差异额 = 20 − 16 = 4(元)
人工效率差异 = (2.1−2)×8 = 0.80(元)
小时人工费用率差异 = (9.5238−8)×2.1 = 3.20(元)

甲产品单位产品成本直接人工超支了 4 元,其组成因素为:人工效率降低,超支了 0.80 元,小时人工费用率提高,超支了 3.20 元。

(3) 制造费用项目分析。计算分析如下:

制造费用差异额 = 9.625 − 10 = −0.375(元)
工时消耗量变动影响 = (2.1−2)×5 = 0.50(元)
小时制造费用分配率变动的影响 = (4.583 3−5)×2.1 = −0.875(元)

甲产品单位产品成本制造费用节约了 0.375 元,其组成因素为:工时消耗量增加,超支了 0.50 元,小时制造费用分配率降低,节约了 0.875 元。

对通过因素分析计算出来的数据,有关部门和管理人员应作进一步的调查和分析,巩固有利差异,加强对不利差异的控制。

七、技术经济指标变动对产品成本影响的分析

微课:指标分析灵不灵

技术经济指标是指从各种生产资源的利用情况和产品质量等方面反映生产技术水平的各种指标的总称。例如,原材料利用率指标、产品合格率指标、劳动生产率指标、产量指标等。技术经济指标是产品单位成本的基础,进行产品成本的分析,必须深入到技术经济指标的分析,才能了解产品单位成本变动的原因,找到改善企业技术经济指标,降低产品成本的途径。由于不同行业企业的生产经营活动及管理方法各具特点,故不同行业、企业的技术经济指标各不相同。

(一) 原材料耗用量变动对产品成本影响的分析

1. 原材料利用率变动对产品成本影响的分析

原材料利用率是反映原材料利用程度的相对指标,在不同类型的企业有不同的表达方法,通常用投入原材料的重量与实际利用原材料的重量的比率来表示。原材料利用率提高说明单位产品材料消耗量降低,材料消耗量降低就能使单位产品成本降低。

2. 改进产品设计对产品成本影响的分析

在生产、管理、技术水平较高的企业,若要较大幅度地降低产品成本,提高市场竞争力,必须通过改进产品设计,在保证质量的前提下,使产品的体积变小,重量变轻,结构简化,采用代用材料及消除产品的不必要的功能等来节约原材料的耗费,降低产品材料成本。

3. 原材料综合利用对产品成本影响的分析

企业对原材料或生产过程中产生的废气、废水、废渣等进行综合利用,一方面可以减少对环境的污染,变废为宝,节约有限的资源;另一方面又可以在生产主产品的同时,生产出副产品,分摊主产品的部分原材料成本,使主产品的原材料成本相应降低。

(二) 产品产量变动对产品成本影响的分析

产品成本按其习性分类,可分为固定成本和变动成本,在其他条件不变的情况下,产量与变动成本呈正比例关系,与固定成本呈反比例关系。也就是说,当产量增加,固定消耗利用率(如生产设备利用率)提高,使单位产品分摊的固定费用减少;反之,则使单位产品分摊的固定费用增加。

(三) 工人劳动生产率变动对产品成本影响的分析

工人劳动生产率提高,意味着单位工作时间的产量增加或单位产品的工时消耗减少。劳动生产率直接影响单位成本中的直接人工成本。影响直接人工成本变动的因素包括工人劳动生产率和工人平均人工费用。只有当劳动生产率的增长超过平均人工费用的增长时,才能形成人工成本的降低。

(四) 产品质量变动对产品成本的影响分析

在生产消耗水平不变的条件下,产品质量提高可以使产品成本中废品损失项目的含量降低。同样数量的原材料、直接人工能生产出更多的合格品,从

微课:老方法碰到新业务

而达到降低产品单位成本的目的。反映产品质量的指标主要有废品率、合格品率、等级品率、返修率等。

知识归纳

1. 成本报表是根据成本管理的需要,依据日常成本核算资料和其他有关资料编制的,用来反映和控制企业在一定时期内生产费用与产品成本的水平、构成及其升降变动情况,据以考核和分析企业成本计划执行情况和结果的报告文件。成本报表是会计报表体系的重要组成部分,对企业加强成本管理,提高经济效益具有重要的意义。①综合反映报告期内的产品成本水平。②评价和考核成本计划的完成情况。③作为成本分析的依据。④为编制成本计划提供重要依据。

2. 企业编制成本报表主要依据资料是:①报告期产品成本的账簿资料,包括总账和相关的明细账。②本期成本计划和费用预算资料。③以前年度的成本报表资料。④本企业内与成本管理有关的统计资料、生产技术资料等其他资料。

3. 成本报表编制的要求是:①资料真实可靠。②数据计算正确。③内容全面完整。④编制报表及时。

4. 企业成本报表主要有:①商品产品成本表。商品产品成本表是指反映工业企业在报告期内(月、季、年)全部产品总成本和单位成本及成本计划完成情况的报表。②主要产品单位成本表。主要产品是指企业经常生产的,在企业全部产品中所占的比重较大,能概括反映企业生产经营面貌的那些产品。主要产品单位成本表是指反映工业企业在报告期内(月、季、年)生产的各种主要产品单位成本构成情况的报表。③制造费用明细表。制造费用明细表是反映工业企业在报告期内发生的制造费用总额及其各项费用明细数额的报表。

5. 成本分析是指利用成本核算及相关资料,按照一定的程序,采用专门的方法,对成本水平及其构成情况进行分析与评价,认识和掌握降低成本费用的规律,揭示影响成本升降的各种因素及其变动的原因,挖掘降低成本的潜力,提高企业成本效益的一种管理活动。

6. 工业企业成本分析的内容主要包括:①全部商品产品成本计划完成情况分析。②可比产品成本降低计划完成情况分析。③单位产品成本分析。④技术经济指标变动对产品成本影响的分析。⑤其他成本费用分析。

7. 成本分析的方法主要有:①比较分析法。比较分析法是通过对不同时间或不同情况下的成本指标数据的对比,揭示客观存在的差异,从而进一步分析产生差异原因的方法。②比率分析法。比率分析法是通过计算和对比经济指标的比率进行数量分析的方法。常用的比率分析方法有:相关比率分析法、构成比率分析法和动态比率分析法。③因素分析法。因素分析法是指将某一综合经济指标分解成若干相互联系的原始因素,采用一定的计算方法,确定各因素变动对该项经济指标的影响方向和影响程度的方法。常用的因素分析法种类有连环替代法和差额计算法。

基本训练

一、单项选择题

1. 某项经济指标的各个组成部分占总体的比重,称为(　　)。
   A. 相关指标比率　　　　　　　B. 动态比率
   C. 构成比率　　　　　　　　　D. 效益比率

2. 通过商品产品成本表,可以考核和分析(　　)成本降低计划的执行情况。
   A. 可比产品　　　　　　　　　B. 不可比产品
   C. 全部产品　　　　　　　　　D. 主要产品

3. 可比产品是指(　　),有完整的成本资料可以进行比较的产品。
   A. 试制过　　　　　　　　　　B. 总产值
   C. 企业曾经正式生产　　　　　D. 国内正式生产过

4. 某产品计划单位材料消耗数量为 200 千克,计划单位材料价格 30 元,本月实际单位材料消耗数量为 180 千克,实际单位材料价格 32 元,因材料价格因素导致的差异(　　)元。
   A. −240　　　B. −600　　　C. 360　　　D. 240

5. 某企业按成本项目反映的产品成本表披露的本年生产成本累计实际发生额 450 000 元,其中:直接材料成本 211 000 元,直接人工成本 147 000 元,制造费用 92 000 元。该企业本年生产成本中,直接人工成本的构成比例为(　　)。
   A. 53.11%　　　B. 46.89%　　　C. 32.67%　　　D. 20.44%

6. 某公司生产甲、乙 2 种产品。甲产品上年实际平均单位成本为 800 元,本年计划单位成本为 790 元,本年度实际平均单位成本为 795 元,本年度实际总产量为 600 件;乙产品上年实际平均单位成本为 500 元,本年计划单位成本为 530 元,本年度实际平均单位成本为 510 元,本年度实际总产量为 1 000 件。该公司可比产品成本降低额为(　　)元。
   A. −24 000　　　B. −7 000　　　C. 7 000　　　D. 24 000

7. 某公司实行计时工资制度。本年度生产的丙产品计划单位工时为 16 小时,每小时的工资成本为 120 元;实际单位工时为 15 小时,实际每小时的工资成本为 125 元。该公司当年每小时工资成本变动的影响金额是(　　)元。
   A. −125　　　B. −120　　　C. −45　　　D. 75

8. 定基对比和环比对比方法是(　　)中的分类。
   A. 相关比率分析法　　　　　　B. 构成比率分析法
   C. 比较分析法　　　　　　　　D. 动态比率分析法

二、多项选择题

1. 相对财务报表来说,成本报表具有以下(　　)特点。
   A. 及时性、灵活性、多样性和实用性　　B. 个性化
   C. 综合性和全面性　　　　　　　　　　D. 前瞻性

2. 成本报表按报表反映的内容分类,可分为( )。
   A. 反映成本水平的报表　　　　　B. 反映成本定额情况的报表
   C. 反映成本管理专题的报表　　　D. 反映费用支出情况的报表
3. 成本报表编制的要求有( )。
   A. 资料真实可靠　　　　　　　　B. 数据计算正确
   C. 内容全面完整　　　　　　　　D. 编制报表及时
4. 影响企业产品成本的主观因素主要包括( )。
   A. 企业经营管理方面的因素　　　B. 企业生产技术方面的因素
   C. 企业所处的地理位置和资源条件　D. 企业的生产经营规模
5. 比较分析法中常用的比较标准有( )。
   A. 成本计划或定额指标　　　　　B. 企业历史先进指标
   C. 行业指标　　　　　　　　　　D. 报告期实际指标
6. 成本分析的原则是:全面分析与重点分析相结合;经济分析与技术分析相结合;( )。
   A. 成本分析与责任分析相结合
   B. 专业分析与群众分析相结合
   C. 事后分析与事前、事中分析相结合
   D. 数据资料分析与调查研究相结合
7. 企业编制成本报表主要依据的资料有( )。
   A. 报告期产品成本的账簿资料,包括总账和相关的明细账
   B. 本期成本计划和费用预算资料
   C. 本企业内与成本管理有关的统计资料、生产技术资料等其他资料。
   D. 以前年度的成本报表资料
8. 比率分析法中常用的比率有( )。
   A. 相关指标比率　　　　　　　　B. 综合比率
   C. 动态比率　　　　　　　　　　D. 构成比率
9. 工业企业成本分析的内容主要包括( )。
   A. 全部商品产品成本计划完成情况分析
   B. 可比产品成本降低计划完成情况分析
   C. 单位产品成本分析
   D. 技术经济指标变动对产品成本影响的分析
10. 连环替代法中,确定各因素排列顺序的原则是( )。
    A. 先实际因素,后计划因素　　　B. 先基本因素,后从属因素
    C. 先实物因素,后价值量因素　　D. 先数量因素,后质量因素

三、判断题
1. 成本报表属于内部报表,不对外报送。　　　　　　　　　　　　　　( )
2. 商品产品成本表是指反映工业企业在报告期内(月、季、年)全部产品总成本和单位成本及成本计划完成情况的报表。　　　　　　　　　　　　　　　　　　　( )

3. 主要产品是指企业经常生产的,在企业全部产品中所占的比重较大,能概括反映企业生产经营面貌的那些产品。( )
4. 历史标准是指以企业过去某一时间的实际成本业绩为评价标准。历史标准只可选择企业在历史上的最高水平。( )
5. 甲公司2018年的成本利润率为40%,2014年的成本利润率为35%,表明该公司2018年的经济效益好于2017年。( )
6. 产品品种比重变动、产品产量变动和产品单位成本变动这3个因素对可比产品成本降低额和降低率都有影响。( )
7. 影响材料单价变动的因素主要是材料买价变动。( )
8. 单位产品制造费用的变动主要受单位产品工时消耗量和每小时制造费用分配率的影响。( )
9. 不可比产品是指上一年度没有正式生产过、没有上年成本资料可以进行对比的产品。( )
10. 工业企业的成本报表是对外公布的报表。( )

实战演练

业务题一

一、目的:练习成本报表的编制与分析。

二、资料:珂语工厂2018年度及该年12月份有关产品、产量、单位成本等资料如图表13-14所示。

图表13-14

产品、产量及单位成本资料

金额单位:元

产品名称	全年计划产量(台)	全年实际产量(台)	12月份实际产量(台)	上年实际平均单位成本	本年计划单位成本	12月份实际单位成本	本年累计实际平均单位成本
可比产品							
甲	820	800	68	408	396	385	386
乙	640	700	60	818	802	810	808
不可比产品							
丙	180	200	20	—	320	326	330
丁	310	300	25	—	960	904	900

三、要求:

1. 编制按产品品种反映的"商品产品成本表"(见图表13-15)。

2. 编制"2018年度商品产品成本分析表(按产品品种)"(见图表13-16),并以文字说明产品成本降低计划的完成情况。

3. 对可比产品成本降低计划的完成情况进行三因素分析(填制图表13-17至图表13-20)。

图表 13-15

商品产品成本表(按产品品种反映)

编制单位：　　　　　　　　　　　年　月　　　　　　　　　金额单位:元

产品名称	计量单位	实际产量		单位成本				本月总成本			本年累计总成本		
		本月	本年累计	上年实际平均	本年计划	本月实际	本年累计实际平均	按上年实际单位成本计算	按本年计划单位成本计算	本期实际	按上年实际单位成本计算	按本年计划单位成本计算	本年实际
可比产品成本合计													
其中:甲													
乙													
不可比产品成本合计													
其中:丙													
丁													
全部商品产品成本													

图表 13-16

2018 年度商品产品成本分析表(按产品品种)

编制单位：　　　　　　　　　　　年　月　　　　　　　　　金额单位:元

成本项目	按实际产量计算		实际与计划的差异		各项差异对总成本影响的百分比%
	计划总成本	实际总成本	降低额	降低率%	
可比产品合计					
其中:甲					
乙					
不可比产品合计					
丙					
丁					
商品产品成本					

图表 13-17

2018 年度可比产品成本计划

编制单位：　　　　　　　　　　　　年　月　　　　　　　　　　　　金额单位：元

可比产品名称	计划产量（台）	单位成本		总成本		成本降低指标	
		上年实际	本年计划	按上年实际单位成本计算	按本年计划单位成本计算	降低额	降低率(%)
甲							
乙							
合计							

图表 13-18

2018 年度可比产品实际成本

编制单位：　　　　　　　　　　　　年　月　　　　　　　　　　　　金额单位：元

可比产品名称	实际产量（台）	单位成本		总成本		成本降低指标	
		上年实际	本年实际	按上年实际单位成本计算	按本年实际单位成本计算	实际降低额	实际降低率(%)
甲							
乙							
合计							

图表 13-19

2018 年度可比产品实际与计划比较　　　　金额单位：元

项目	计划	实际	差异
降低额（元）			
降低率（%）			

图表 13-20

各因素影响可比产品成本降低程度汇总表

编制单位：　　　　　　　　　　　　年　月　　　　　　　　　　　　金额单位：元

影响因素	影响程度	
	降低额	降低率(%)
产品产量		
产品品种结构		
产品单位成本		
合计		

业 务 题 二

一、目的:练习成本分析的方法。

二、资料:珂语工厂2019年5月丙产品实际消耗原材料成本39 302.40元,而计划数为36 960元,实际比计划增加2 342.40元。有关数据如图表13-21所示。

图表13-21

材料因素分析资料

项 目	单 位	计划数	实际数	差 异
产品产量	(台)	168	178	10
单位材料消耗量	(千克)	10	9.2	−0.8
材料单价	(元)	22	24	1.5
材料费用总额	(元)	36 960	39 302.40	2 342.40

三、要求:请用连环替代法及差额计算法分析产量、单位产品材料耗用量和材料单价3个因素对丙产品所耗原材料成本的影响。

课后习题答案

附录

关于印发《企业产品成本核算制度(试行)》的通知

财会〔2013〕17号

国务院有关部委、有关直属机构,各省、自治区、直辖市、计划单列市财政厅(局),新疆生产建设兵团财务局,有关中央管理企业:

为加强企业产品成本核算,保证产品成本信息真实、完整,促进企业和经济社会的可持续发展,根据《中华人民共和国会计法》、企业会计准则等国家有关规定,我部制定了《企业产品成本核算制度(试行)》,现予印发,自2014年1月1日起在除金融保险业以外的大中型企业范围内施行,鼓励其他企业执行。执行本制度的企业不再执行《国营工业企业成本核算办法》。

执行中有何问题,请及时反馈我部。

附件:企业产品成本核算制度(试行)

财政部
2013年8月16日

企业产品成本核算制度(试行)

第一章 总 则

第一条 为了加强企业产品成本核算工作,保证产品成本信息真实、完整,促进企业和经济社会的可持续发展,根据《中华人民共和国会计法》、企业会计准则等国家有关规定制定本制度。

第二条 本制度适用于大中型企业,包括制造业、农业、批发零售业、建筑业、房地产业、采矿业、交通运输业、信息传输业、软件及信息技术服务业、文化业以及其他行业的企业。其他未明确规定的行业比照以上类似行业的规定执行。

本制度不适用于金融保险业的企业。

第三条 本制度所称的产品,是指企业日常生产经营活动中持有以备出售的产成品、商品、提供的劳务或服务。

本制度所称的产品成本,是指企业在生产产品过程中所发生的材料费用、职工薪酬等,以及不能直接计入而按一定标准分配计入的各种间接费用。

第四条 企业应当充分利用现代信息技术,编制、执行企业产品成本预算,对执行情况进行分析、考核,落实成本管理责任制,加强对产品生产事前、事中、事后的全过程控制,加强产品成本核算与管理各项基础工作。

第五条 企业应当根据所发生的有关费用能否归属于使产品达到目前场所和状态的原则,正确区分产品成本和期间费用。

第六条　企业应当根据产品生产过程的特点、生产经营组织的类型、产品种类的繁简和成本管理的要求,确定产品成本核算的对象、项目、范围,及时对有关费用进行归集、分配和结转。

企业产品成本核算采用的会计政策和估计一经确定,不得随意变更。

第七条　企业一般应当按月编制产品成本报表,全面反映企业生产成本、成本计划执行情况、产品成本及其变动情况等。

第二章　产品成本核算对象

第八条　企业应当根据生产经营特点和管理要求,确定成本核算对象,归集成本费用,计算产品的生产成本。

第九条　制造企业一般按照产品品种、批次订单或生产步骤等确定产品成本核算对象。

（一）大量大批单步骤生产产品或管理上不要求提供有关生产步骤成本信息的,一般按照产品品种确定成本核算对象。

（二）小批单件生产产品的,一般按照每批或每件产品确定成本核算对象。

（三）多步骤连续加工产品且管理上要求提供有关生产步骤成本信息的,一般按照每种（批）产品及各生产步骤确定成本核算对象。

产品规格繁多的,可以将产品结构、耗用原材料和工艺过程基本相同的产品,适当合并作为成本核算对象。

第十条　农业企业一般按照生物资产的品种、成长期、批别（群别、批次）、与农业生产相关的劳务作业等确定成本核算对象。

第十一条　批发零售企业一般按照商品的品种、批次、订单、类别等确定成本核算对象。

第十二条　建筑企业一般按照订立的单项合同确定成本核算对象。单项合同包括建造多项资产的,企业应当按照企业会计准则规定的合同分立原则,确定建造合同的成本核算对象。为建造一项或数项资产而签订一组合同的,按合同合并的原则,确定建造合同的成本核算对象。

第十三条　房地产企业一般按照开发项目、综合开发期数并兼顾产品类型等确定成本核算对象。

第十四条　采矿企业一般按照所采掘的产品确定成本核算对象。

第十五条　交通运输企业以运输工具从事货物、旅客运输的,一般按照航线、航次、单船（机）、基层站段等确定成本核算对象;从事货物等装卸业务的,可以按照货物、成本责任部门、作业场所等确定成本核算对象;从事仓储、堆存、港务管理业务的,一般按照码头、仓库、堆场、油罐、筒仓、货棚或主要货物的种类、成本责任部门等确定成本核算对象。

第十六条　信息传输企业一般按照基础电信业务、电信增值业务和其他信息传输业务等确定成本核算对象。

第十七条　软件及信息技术服务企业的科研设计与软件开发等人工成本比重较高的,一般按照科研课题、承接的单项合同项目、开发项目、技术服务客户等确定成本核算对象。合同项目规模较大、开发期较长的,可以分段确定成本核算对象。

第十八条　文化企业一般按照制作产品的种类、批次、印次、刊次等确定成本核算对象。

第十九条　除本制度已明确规定的以外,其他行业企业应当比照以上类似行业的企业确定产品成本核算对象。

第二十条　企业应当按照第八条至第十九条规定确定产品成本核算对象,进行产品成本核算。企业内部管理有相关要求的,还可以按照现代企业多维度、多层次的管理需要,确定多元化的产品成本核算对象。

多维度,是指以产品的最小生产步骤或作业为基础,按照企业有关部门的生产流程及其相应的成本管理要求,利用现代信息技术,组合出产品维度、工序维度、车间班组维度、生产设备维度、客户订单维度、变动成本维度和固定成本维度等不同的成本核算对象。

多层次,是指根据企业成本管理需要,划分为企业管理部门、工厂、车间和班组等成本管控层次。

第三章　产品成本核算项目和范围

第二十一条　企业应当根据生产经营特点和管理要求,按照成本的经济用途和生产要素内容相结合的原则或者成本性态等设置成本项目。

第二十二条　制造企业一般设置直接材料、燃料和动力、直接人工和制造费用等成本项目。

直接材料,是指构成产品实体的原材料以及有助于产品形成的主要材料和辅助材料。

燃料和动力,是指直接用于产品生产的燃料和动力。

直接人工,是指直接从事产品生产的工人的职工薪酬。

制造费用,是指企业为生产产品和提供劳务而发生的各项间接费用,包括企业生产部门(如生产车间)发生的水电费、固定资产折旧、无形资产摊销、管理人员的职工薪酬、劳动保护费、国家规定的有关环保费用、季节性和修理期间的停工损失等。

第二十三条　农业企业一般设置直接材料、直接人工、机械作业费、其他直接费用、间接费用等成本项目。

直接材料,是指种植业生产中耗用的自产或外购的种子、种苗、饲料、肥料、农药、燃料和动力、修理用材料和零件、原材料以及其他材料等;养殖业生产中直接用于养殖生产的苗种、饲料、肥料、燃料、动力、畜禽医药费等。

直接人工,是指直接从事农业生产人员的职工薪酬。

机械作业费,是指种植业生产过程中农用机械进行耕耙、播种、施肥、除草、喷药、收割、脱粒等机械作业所发生的费用。

其他直接费用,是指除直接材料、直接人工和机械作业费以外的畜力作业费等直接费用。

间接费用,是指应摊销、分配计入成本核算对象的运输费、灌溉费、固定资产折旧、租赁费、保养费等费用。

第二十四条 批发零售企业一般设置进货成本、相关税费、采购费等成本项目。

进货成本,是指商品的采购价款。

相关税费,是指购买商品发生的进口关税、资源税和不能抵扣的增值税等。

采购费,是指运杂费、装卸费、保险费、仓储费、整理费、合理损耗以及其他可归属于商品采购成本的费用。采购费金额较小的,可以在发生时直接计入当期销售费用。

第二十五条 建筑企业一般设置直接人工、直接材料、机械使用费、其他直接费用和间接费用等成本项目。建筑企业将部分工程分包的,还可以设置分包成本项目。

直接人工,是指按照国家规定支付给施工过程中直接从事建筑安装工程施工的工人以及在施工现场直接为工程制作构件和运料、配料等工人的职工薪酬。

直接材料,是指在施工过程中所耗用的、构成工程实体的材料、结构件、机械配件和有助于工程形成的其他材料以及周转材料的租赁费和摊销等。

机械使用费,是指施工过程中使用自有施工机械所发生的机械使用费,使用外单位施工机械的租赁费,以及按照规定支付的施工机械进出场费等。

其他直接费用,是指施工过程中发生的材料搬运费、材料装卸保管费、燃料动力费、临时设施摊销、生产工具用具使用费、检验试验费、工程定位复测费、工程点交费、场地清理费,以及能够单独区分和可靠计量的为订立建造承包合同而发生的差旅费、投标费等费用。

间接费用,是指企业各施工单位为组织和管理工程施工所发生的费用。

分包成本,是指按照国家规定开展分包,支付给分包单位的工程价款。

第二十六条 房地产企业一般设置土地征用及拆迁补偿费、前期工程费、建筑安装工程费、基础设施建设费、公共配套设施费、开发间接费、借款费用等成本项目。

土地征用及拆迁补偿费,是指为取得土地开发使用权(或开发权)而发生的各项费用,包括土地买价或出让金、大市政配套费、契税、耕地占用税、土地使用费、土地闲置费、农作物补偿费、危房补偿费、土地变更用途和超面积补交的地价及相关税费、拆迁补偿费用、安置及动迁费用、回迁房建造费用等。

前期工程费,是指项目开发前期发生的政府许可规费、招标代理费、临时设施费以及水文地质勘察、测绘、规划、设计、可行性研究、咨询论证费、筹建、场地通平等前期费用。

建筑安装工程费,是指开发项目开发过程中发生的各项主体建筑的建筑工程费、安装工程费及精装修费等。

基础设施建设费,是指开发项目在开发过程中发生的道路、供水、供电、供气、供暖、排污、排洪、消防、通讯、照明、有线电视、宽带网络、智能化等社区管网工程费和环境卫生、园林绿化等园林、景观环境工程费用等。

公共配套设施费,是指开发项目内发生的、独立的、非营利性的且产权属于全体业主的,或无偿赠与地方政府、政府公共事业单位的公共配套设施费用等。

开发间接费,指企业为直接组织和管理开发项目所发生的,且不能将其直接归属于成本核算对象的工程监理费、造价审核费、结算审核费、工程保险费等。为业主代扣代缴的公共维修基金等不得计入产品成本。

借款费用,是指符合资本化条件的借款费用。

房地产企业自行进行基础设施、建筑安装等工程建设的,可以比照建筑企业设置有关成本项目。

第二十七条　采矿企业一般设置直接材料、燃料和动力、直接人工、间接费用等成本项目。

直接材料,是指采掘生产过程中直接耗用的添加剂、催化剂、引发剂、助剂、触媒以及净化材料、包装物等。

燃料和动力,是指采掘生产过程中直接耗用的各种固体、液体、气体燃料,以及水、电、汽、风、氮气、氧气等动力。

直接人工,是指直接从事采矿生产人员的职工薪酬。

间接费用,是指为组织和管理厂(矿)采掘生产所发生的职工薪酬、劳动保护费、固定资产折旧、无形资产摊销、保险费、办公费、环保费用、化(检)验计量费、设计制图费、停工损失、洗车费、转输费、科研试验费、信息系统维护费等。

第二十八条　交通运输企业一般设置营运费用、运输工具固定费用与非营运期间的费用等成本项目。

营运费用,是指企业在货物或旅客运输、装卸、堆存过程中发生的营运费用,包括货物费、港口费、起降及停机费、中转费、过桥过路费、燃料和动力、航次租船费、安全救生费、护航费、装卸整理费、堆存费等。铁路运输企业的营运费用还包括线路等相关设施的维护费等。

运输工具固定费用,是指运输工具的固定费用和共同费用等,包括检验检疫费、车船使用税、劳动保护费、固定资产折旧、租赁费、备件配件、保险费、驾驶及相关操作人员薪酬及其伙食费等。

非营运期间费用,是指受不可抗力制约或行业惯例等原因暂停营运期间发生的有关费用等。

第二十九条　信息传输企业一般设置直接人工、固定资产折旧、无形资产摊销、低值易耗品摊销、业务费、电路及网元租赁费等成本项目。

直接人工,是指直接从事信息传输服务的人员的职工薪酬。

业务费,是指支付通信生产的各种业务费用,包括频率占用费,卫星测控费,安全保卫费,码号资源费,设备耗用的外购电力费,自有电源设备耗用的燃料和润料费等。

电路及网元租赁费,是指支付给其他信息传输企业的电路及网元等传输系统及设备的租赁费等。

第三十条　软件及信息技术服务企业一般设置直接人工、外购软件与服务费、场地租赁费、固定资产折旧、无形资产摊销、差旅费、培训费、转包成本、水电费、办公费等成本项目。

直接人工,是指直接从事软件及信息技术服务的人员的职工薪酬。

外购软件与服务费,是指企业为开发特定项目而必须从外部购进的辅助软件或服务所发生的费用。

场地租赁费,是指企业为开发软件或提供信息技术服务租赁场地支付的费用等。

转包成本,是指企业将有关项目部分分包给其他单位支付的费用。

第三十一条 文化企业一般设置开发成本和制作成本等成本项目。

开发成本,是指从选题策划开始到正式生产制作所经历的一系列过程,包括信息收集、策划、市场调研、选题论证、立项等阶段所发生的信息搜集费、调研交通费、通信费、组稿费、专题会议费、参与开发的职工薪酬等。

制作成本,是指产品内容制作成本和物质形态的制作成本,包括稿费、审稿费、校对费、录入费、编辑加工费、直接材料费、印刷费、固定资产折旧、参与制作的职工薪酬等。电影企业的制作成本,是指企业在影片制片、译制、洗印等生产过程所发生的各项费用,包括剧本费、演职员的薪酬、胶片及磁片磁带费、化妆费、道具费、布景费、场租费、剪接费、洗印费等。

第三十二条 除本制度已明确规定的以外,其他行业企业应当比照以上类似行业的企业确定成本项目。

第三十三条 企业应当按照第二十一条至第三十二条规定确定产品成本核算项目,进行产品成本核算。企业内部管理有相关要求的,还可以按照现代企业多维度、多层次的成本管理要求,利用现代信息技术对有关成本项目进行组合,输出有关成本信息。

第四章 产品成本归集、分配和结转

第三十四条 企业所发生的费用,能确定由某一成本核算对象负担的,应当按照所对应的产品成本项目类别,直接计入产品成本核算对象的生产成本;由几个成本核算对象共同负担的,应当选择合理的分配标准分配计入。

企业应当根据生产经营特点,以正常生产能力水平为基础,按照资源耗费方式确定合理的分配标准。

企业应当按照权责发生制的原则,根据产品的生产特点和管理要求结转成本。

第三十五条 制造企业发生的直接材料和直接人工,能够直接计入成本核算对象的,应当直接计入成本核算对象的生产成本,否则应当按照合理的分配标准分配计入。

制造企业外购燃料和动力的,应当根据实际耗用数量或者合理的分配标准对燃料和动力费用进行归集分配。生产部门直接用于生产的燃料和动力,直接计入生产成本;生产部门间接用于生产(如照明、取暖)的燃料和动力,计入制造费用。制造企业内部自行提供燃料和动力的,参照本条第三款进行处理。

制造企业辅助生产部门为生产部门提供劳务和产品而发生的费用,应当参照生产成本项目归集,并按照合理的分配标准分配计入各成本核算对象的生产成本。辅助生产部门之间互相提供的劳务、作业成本,应当采用合理的方法,进行交互分配。互相提供劳务、作业不多的,可以不进行交互分配,直接分配给辅助生产部门以外的受益单位。

第三十六条 制造企业发生的制造费用,应当按照合理的分配标准按月分配计入各成本核算对象的生产成本。企业可以采取的分配标准包括机器工时、人工工时、计划分配率等。

季节性生产企业在停工期间发生的制造费用,应当在开工期间进行合理分摊,连同开工期间发生的制造费用,一并计入产品的生产成本。

制造企业可以根据自身经营管理特点和条件,利用现代信息技术,采用作业成本法对不能直接归属于成本核算对象的成本进行归集和分配。

第三十七条　制造企业应当根据生产经营特点和联产品、副产品的工艺要求,选择系数分配法、实物量分配法、相对销售价格分配法等合理的方法分配联合生产成本。

第三十八条　制造企业发出的材料成本,可以根据实物流转方式、管理要求、实物性质等实际情况,采用先进先出法、加权平均法、个别计价法等方法计算。

第三十九条　制造企业应当根据产品的生产特点和管理要求,按成本计算期结转成本。制造企业可以选择原材料消耗量、约当产量法、定额比例法、原材料扣除法、完工百分比法等方法,恰当地确定完工产品和在产品的实际成本,并将完工入库产品的产品成本结转至库存产品科目;在产品数量、金额不重要或在产品期初期末数量变动不大的,可以不计算在产品成本。

制造企业产成品和在产品的成本核算,除季节性生产企业等以外,应当以月为成本计算期。

第四十条　农业企业应当比照制造企业对产品成本进行归集、分配和结转。

第四十一条　批发零售企业发生的进货成本、相关税金直接计入成本核算对象成本;发生的采购费,可以结合经营管理特点,按照合理的方法分配计入成本核算对象成本。采购费金额较小的,可以在发生时直接计入当期销售费用。

批发零售企业可以根据实物流转方式、管理要求、实物性质等实际情况,采用先进先出法、加权平均法、个别计价法、毛利率法等方法结转产品成本。

第四十二条　建筑企业发生的有关费用,由某一成本核算对象负担的,应当直接计入成本核算对象成本;由几个成本核算对象共同负担的,应当选择直接费用比例、定额比例和职工薪酬比例等合理的分配标准,分配计入成本核算对象成本。

建筑企业应当按照《企业会计准则第15号——建造合同》的规定结转产品成本。合同结果能够可靠估计的,应当采用完工百分比法确定和结转当期提供服务的成本;合同结果不能可靠估计的,应当直接结转已经发生的成本。

第四十三条　房地产企业发生的有关费用,由某一成本核算对象负担的,应当直接计入成本核算对象成本;由几个成本核算对象共同负担的,应当选择占地面积比例、预算造价比例、建筑面积比例等合理的分配标准,分配计入成本核算对象成本。

第四十四条　采矿企业应当比照制造企业对产品成本进行归集、分配和结转。

第四十五条　交通运输企业发生的营运费用,应当按照成本核算对象归集。

交通运输企业发生的运输工具固定费用,能确定由某一成本核算对象负担的,应当直接计入成本核算对象的成本;由多个成本核算对象共同负担的,应当选择营运时间等符合经营特点的、科学合理的分配标准分配计入各成本核算对象的成本。

交通运输企业发生的非营运期间费用,比照制造业季节性生产企业处理。

第四十六条　信息传输、软件及信息技术服务等企业,可以根据经营特点和条件,利用现代信息技术,采用作业成本法等对产品成本进行归集和分配。

第四十七条　文化企业发生的有关成本项目费用,由某一成本核算对象负担的,应当直接计入成本核算对象成本;由几个成本核算对象共同负担的,应当选择人员比例、工时比例、材料耗用比例等合理的分配标准分配计入成本核算对象成本。

第四十八条　企业不得以计划成本、标准成本、定额成本等代替实际成本。企业采用计划成本、标准成本、定额成本等类似成本进行直接材料日常核算的,期末应当将耗用直接材料的计划成本或定额成本等类似成本调整为实际成本。

第四十九条　除本制度已明确规定的以外,其他行业企业应当比照以上类似行业的企业对产品成本进行归集、分配和结转。

第五十条　企业应当按照第三十四条至第四十九条规定对产品成本进行归集、分配和结转。企业内部管理有相关要求的,还可以利用现代信息技术,在确定多维度、多层次成本核算对象的基础上,对有关费用进行归集、分配和结转。

第五章　附　　则

第五十一条　小企业参照执行本制度。

第五十二条　本制度自 2014 年 1 月 1 日起施行。

第五十三条　执行本制度的企业不再执行《国营工业企业成本核算办法》。